刘峥延 著

# 中国贸易与环境协调发展研究

基于中国加入WTO的环境影响分析

STUDY ON COORDINATED DEVELOPMENT
BETWEEN TRADE AND ENVIRONMENT IN CHINA

BASED ON THE ENVIRONMENTAL IMPACT ANALYSIS OF
CHINA'S WTO ACCESSION

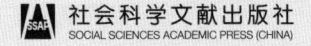

社会科学文献出版社
SOCIAL SCIENCES ACADEMIC PRESS (CHINA)

# 前　言

当今世界，国际环境日趋复杂，不稳定性不确定性因素明显增加，新冠肺炎疫情影响广泛深远，经济全球化遭遇逆流，但全球经济一体化和贸易自由化必将是未来世界发展的趋势。中国一直是经济全球化的坚定支持者，《中共中央关于制定国民经济和社会发展第十四个五年规划和二〇三五年远景目标的建议》提出的以加快构建国内大循环为主体、国内国际双循环相互促进的新发展格局，成为未来一个时期关系我国发展全局的重大战略任务。而贸易自由化与环境的关系一直是一个有争议的话题。一般认为，贸易自由化会对发展中国家特别是环境规制相对薄弱的国家的环境产生负面影响。中国作为最大的发展中国家，自2001年加入世界贸易组织（WTO）以来，贸易自由化进程显著加快，贸易、经济发展迅速，与此同时中国又因为成为"世界工厂"饱受环境污染的困扰。贸易自由化，特别是中国加入WTO，对中国和对世界分别产生了怎样的环境影响？其背后的驱动力是什么？如何在推动贸易自由化的同时加强环境保护，实现经济与环境的协调发展？面对这些现实而又迫切的问题，有必要对21世纪以来全球贸易自由化进程中的典型事件——中国加入WTO的环境影响进行回顾性分析和评价。

本书首先综述了贸易自由化的环境影响以及贸易隐含污染物研究的相关文献，特别是关于中国加入WTO的环境影响研究的进展；其次在对贸易自由化的环境影响进行理论分析的基础上，明确了本书的情景设置与指标体系；进一步，本书在"贸易—经济—环境"系统的框架下，利用多区域递归动态可计算一般均衡（CGE）模型、多区域环境投入产出模型（EIO）等，量化评估中国加入WTO对国内和全球环境的影响。

本书的主要研究内容和研究结果如下：

第一，与出口相关的生产活动确实给中国施加了较大的环境压力，出口隐含排放（Emissions Embodied in Exports，EEE），包括温室气体、$SO_x$和$NO_x$等，占全国总排放量的23.35%～33.71%。而温室气体、$SO_x$和$NO_x$的贸易隐含排放平衡（Balance of Emissions Embodied in Trade，BEET）指标表明，中国国际贸易顺差中也蕴含巨大的温室气体和污染物排放顺差，即环境"逆差"。而净贸易贡献排放（Net Emissions Contributed by Trade，NECT）指标测算结果表明，通过增加进口，中国也规避了大量的国内温室气体和污染物排放，间接减轻了中国的环境负担。

第二，出口额的增长（规模效应）主导了EEE的增长，但技术效应（包括生产效率效应和法规效应）在很大程度上抵消了规模效应的作用，其中逐渐收紧的国内排放控制政策起主要作用，而结构效应对EEE的变化贡献不大。虽然中国的排放强度持续下降，但仍与其主要发达贸易伙伴间存在巨大的差距，这是造成中国在国际贸易中总体上处于相对不利的"环境地位"的主要原因；中国进口污染密集型产品的专业化程度要高于出口污染密集型产品的专业化程度，这在一定程度上缓解了强度效应的作用。

第三，对加入WTO导致出口隐含排放增量（△EEE）的测算结果表明：受加入WTO这一"政策冲击"，中国出口贸易的扩大在一定程度上加重了中国的环境压力。另外，加入WTO后中国进口更多的中间投入品和最终消费品，在进口替代假设下，可以认为这能帮助中国减少或避免一部分国内生产过程排放。对贸易隐含排放平衡增量

（△BEET）的测算（以贸易伙伴的排放系数计算中国进口隐含排放量）结果表明，中国加入WTO后要比其主要贸易伙伴负担更多的生产端污染物和温室气体排放，这意味着加入WTO加重了中国作为净污染出口国的不利地位；而对净贸易贡献排放增量（△NECT）的测算（以中国的排放系数计算中国进口隐含排放量）结果表明，如果考虑进口隐含排放对国内排放的抵消作用，则中国加入WTO对贸易隐含排放的负面作用较小。

第四，由于贸易隐含污染物的变化并不等于实际污染物排放量的变化，为了更加准确地评估中国加入WTO的环境影响，在测算加入WTO对中国贸易中隐含污染物影响的基础上，本书进一步评估了中国加入WTO引致的整体经济系统生产和消费变化所造成的实际污染物排放量的影响。研究表明，加入WTO对中国国内环境虽然产生了一定的负面影响，造成温室气体、$SO_x$和$NO_x$排放量上升，但总体影响处于可控范围内。十年间，加入WTO导致三种污染物实际排放的增长量分别占中国同期总排放量的0.24%、1.05%和0.67%。此外，对比发现，加入WTO带来生产变化造成的中国温室气体和污染物实际排放的增加量，介于贸易隐含排放平衡增量（△BEET）和净贸易贡献排放增量（△NECT）之间。

第五，世界各主要贸易伙伴由于与中国的比较优势不同，中国加入WTO导致这些贸易伙伴的温室气体和污染物排放有升有降。总体来看，十年间，中国加入WTO后引致全球温室气体和污染物排放的累计变化量分别为：2.63亿吨$CO_2$-eq、184.96万吨$SO_x$和100.77万吨$NO_x$。

第六，随着我国融入国际市场，部分大宗商品的对外依存度始终居高不下，大豆就是典型的对外依存度较高的商品。本书针对中国与巴西之间的豆—肉产业链开展案例研究，运用多区域投入产出模型和GTAP模型相关政策模拟分析，结果表明中国畜牧养殖业环境成本内部化政策具有较好的政策效果，不仅有助于缓解中国国内肉类供不应求的矛盾，减少中国畜牧业的环境污染，还可以保护巴西热带雨林免遭破坏，同时可以缓解全球气候变化，且在经济、政治、社会等方面具有可行性。

未来，中国应继续通过推进供给侧结构改革，改善贸易结构，发挥结构效应遏制污染物排放；加快引进先进技术和增强自主创新能力；适度扩大进口，以减缓中国长期贸易顺差所导致的环境压力。

本书是在我的博士生导师毛显强教授的指导下完成的，导师在我学业的指导上倾注了大量的心血，将我从一名环境经济领域的新兵带成了一名老兵，他严谨的治学态度、敏锐的科研思维和踏实的工作作风足够我学习一生。本书还得到了WWF-US中国项目主任胡涛博士、环境保护部环境与经济政策研究中心李丽平所长、重庆大学宋鹏副教授，以及邢有凯、刘昭阳、高玉冰、蒋雅真、何峰、王正早、王沐丹、鲁健宏等课题组兄弟姐妹的帮助。在此向他们表示最诚挚的感谢！

当然，受到时间、能力等各方面因素的限制，本书不能完全阐述清楚中国加入WTO带来的环境影响，希望本书能为决策者提供一些新的视角，为地方实践提供一些研究支撑。对书中的缺点和错误敬请各位读者不吝赐教，批评指正。

# 目 录

前 言 ·················································································· 1

**第1章 绪 论** ································································· 1
　1.1 选题背景 ································································· 1
　1.2 国内外研究进展 ······················································ 7
　1.3 研究意义 ································································ 19
　1.4 研究内容和技术路线 ·············································· 19

**第2章 理论基础与研究方法** ············································ 23
　2.1 贸易自由化环境影响的理论分析 ····························· 23
　2.2 贸易自由化环境影响的情景分析与指标体系 ············ 27
　2.3 可计算一般均衡模型 ·············································· 32
　2.4 环境投入产出模型 ·················································· 33
　2.5 驱动力分析 ···························································· 38

**第3章 加入WTO以来中国经济贸易发展与环境保护的
　　　 事实与特征** ···················································· 42
　3.1 加入WTO以来中国贸易内外部条件的变化 ············ 42

3.2 加入WTO以来中国经济贸易的发展 ………………………………… 51
3.3 加入WTO以来中国的环境保护状况 ………………………………… 60

## 第4章 中国贸易隐含排放核算及其驱动力分析 ……………………… 65
4.1 数据基础 ………………………………………………………………… 65
4.2 中国贸易隐含温室气体和污染物核算 ………………………………… 67
4.3 EEE值和BEET值变化的驱动力分析 ………………………………… 73

## 第5章 加入WTO对中国贸易隐含排放的影响 …………………………… 83
5.1 数据基础与模型检验 …………………………………………………… 83
5.2 加入WTO对中国贸易的影响 ………………………………………… 88
5.3 加入WTO带来的贸易隐含温室气体和污染物变化：
△EEE、△NECT和△BEET ………………………………………… 90

## 第6章 加入WTO对中国及全球温室气体和大气污染物
排放的影响 ………………………………………………………… 94
6.1 数据基础 ………………………………………………………………… 94
6.2 加入WTO对中国温室气体和污染物排放的影响 …………………… 95
6.3 中国加入WTO对全球温室气体和污染物排放的影响 ……………… 102

## 第7章 加入WTO后中巴大豆—肉类产业链替代性及其
环境影响研究 ……………………………………………………… 115
7.1 大豆贸易现状及趋势 …………………………………………………… 115
7.2 中巴肉类贸易现状及趋势 ……………………………………………… 122
7.3 中巴大豆-肉类产业链替代程度分析 ………………………………… 128
7.4 有关中国以"肉"换"豆"政策的建议 ……………………………… 132
7.5 其他可选政策分析 ……………………………………………………… 151

## 第8章 结论与政策建议 ·············· 160
### 8.1 主要结论 ·············· 160
### 8.2 推动贸易自由化与环境协调发展的政策启示 ·············· 163
### 8.3 创新点与未来展望 ·············· 166

## 参考文献 ·············· 168

## 附录 ·············· 185
附录一 指标分解分析与对数平均迪氏指标法综述 ·············· 185
附录二 加入WTO对中国环境规制产生正面影响 ·············· 189
附表1 本研究使用的各数据库部门集结汇总 ·············· 194
附表2 动态CGE模型模拟的主要假设 ·············· 196
附表3 中国各部门$CO_2$完全排放强度 ·············· 199
附表4 中国各部门$CH_4$完全排放强度 ·············· 199
附表5 中国各部门$N_2O$完全排放强度 ·············· 200
附表6 中国各部门$NO_x$完全排放强度 ·············· 200
附表7 中国各部门$SO_x$完全排放强度 ·············· 201
附表8 中国贸易伙伴各部门$CO_2$综合完全排放强度 ·············· 201
附表9 中国贸易伙伴各部门$CH_4$综合完全排放强度 ·············· 202
附表10 中国贸易伙伴各部门$N_2O$综合完全排放强度 ·············· 202
附表11 中国贸易伙伴各部门$NO_x$综合完全排放强度 ·············· 203
附表12 中国贸易伙伴各部门$SO_x$综合完全排放强度 ·············· 203
附表13 中国贸易隐含温室气体和污染物平衡分解 ·············· 204

# 第 1 章
# 绪　论

习近平总书记指出，经济全球化是社会生产力发展的客观要求和科技进步的必然结果，是不可逆转的时代潮流。中国是全球经济一体化和贸易自由化的积极参与者和坚定支持者。自 2001 年 12 月 11 日正式成为世界贸易组织（WTO）成员以来，中国极大地加快了对外开放和融入世界经济体系的步伐，进出口贸易增长迅猛，而与此同时，环境污染和碳排放形势也日益严峻。通过多方面的文献综述，本文认为，针对中国加入 WTO 这一全球最重要的贸易自由化事件的环境影响开展研究，具有重要的学术和政策意义。

## 1.1　选题背景

### 1.1.1　贸易自由化成为发展趋势

近年来，全球贸易迅猛发展，贸易自由化进程也在不断推进。贸易自由化，作为全球经济一体化的重要环节，是指逐步消除贸易壁垒，减少政府对贸易活动的直接干预，扩大对外开放的过程（俞会新和薛敬孝，2002）。根据联合国贸发会议（UNCTAD）统计数据，世界货物贸易额从 1980 年的 2 万亿美元上升至 2020 年的 17.6 万亿美元；各国关税水平逐渐下降，2015 年欧盟和美国的矿石及工业制成品的平均关税税率分别仅为 3.87% 和 3.13%，而中国相应的关税水平更是从 1992 年的 42.3% 下降至 2020 年的 7.5%。

世界贸易组织（World Trade Organization，WTO），前身是成立于 1947 年的关贸总协定（GATT），于 1995 年正式开始运作，是拥有 164 个成员，组织内成员贸易总额占全球总贸易额高达 98% 的当今全球最重要的国际经济组织之一。WTO 的宗旨，是通过推进市场开放与非歧视、公平贸易等实现全球贸易自由化。

中国于 2001 年 12 月 11 日正式加入 WTO，贸易自由化、便利化水平得到加强。近年来由于经济发展进入新常态，为应对经济社会发展中面临的困难和挑战，实施更高水平的开放，中国加快推进自由贸易区战略，目前已签署并实施多达 21 项自贸协定，分别是《区域全面经济伙伴关系协定》（RCEP）、中国—东盟自贸协定及其升级版、《内地与香港关于建立更紧密经贸关系安排》（CEPA），中国与新加坡、巴基斯坦（含第二阶段）、新西兰（含升级）、智利、秘鲁、哥斯达黎加、冰岛、瑞士、韩国、澳大利亚、格鲁吉亚、马尔代夫、毛里求斯、柬埔寨等国的自贸协定等。此外，有多个自贸协定谈判正在推进中，包括：中国—海湾合作委员会自贸区、中国—挪威自贸区、中日韩自贸区、中国—斯里兰卡自贸区、中国—摩尔多瓦自贸区、中国—韩国自贸协定第二阶段等[①]。

## 1.1.2 贸易自由化对环境产生影响

1999 年，来自世界各地的政策制定者齐聚华盛顿州西雅图市，进行 WTO 下一回合贸易谈判，但这次会议因被聚集街头的大批抗议者打断而没有达成该目标，抗议活动最终演变成了街头暴力行动，被称为"西雅图事件"。大多数国家都有环境保护法律（如杀虫剂或者转基因有机体的使用、保护濒危物种、控制大气污染物排放量等），

---

① 数据来源：国家商务部官网，作者整理。

其中部分法规不可避免会影响国际贸易,为此,在乌拉圭回合谈判中(1986~1994年),WTO强化了其自身法规以约束成员经济体国内法律对国际贸易的影响,使得那些出口产品被进口国以相关环境标准加以排斥的经济体,可以将争端提交给WTO进行裁决。各国NGO对于WTO贸易自由化规则会弱化各国环境标准或规则对环境的保护力度表示强烈担忧,进而引发了此次事件。贸易带来的环境问题一直成为全球化反对者的主要攻击点(George,2010)。

随着全球经济一体化的发展和贸易自由化的加深,发达国家在逐利动机驱使下调整自身产业结构,将产业转移到人力、原材料等成本更为低廉的发展中国家和地区,而承接这些产业也帮助发展中国家和地区实现经济发展目标和解决就业问题,这是世界经济发展到一定阶段的必然选择(胡俊文,2004)。从20世纪60年代起,欧美等国开始将钢铁、纺织等传统行业向日本迁移。20世纪80年代以后,美国、日本和欧洲发达国家和地区大力发展知识密集型产业,而劳动密集型产业和技术密集型产业向次发达国家和地区转移,以"亚洲四小龙"为代表的国家和地区获得了长足的发展,之后中国和东盟逐渐成为世界加工制造中心和电子信息产品中心(原小能,2004)。但在产业转移的过程中,接受产业转移的国家和地区往往发展水平相对落后,环境规制水平比较低,生产技术不够"清洁",造成其环境污染加剧,也使得全球总的温室气体和污染物的排放量上升(Kanemoto et al.,2014)。2006年京都议定书缔约方(京都议定书附件B国家)的$CO_2$排放量比1990年平均下降了7.3%,但其他国家和地区$CO_2$排放量反而增加了63%,导致全球总体排放量上升了33.4%(李小平和卢现祥,2010)。贸易产品或服务产生的$CO_2$从1990年的43亿吨(占全球总排放的20%)上升至2008年的78亿吨(占全球总排放的26%),通过贸易从发达国家(京都议定书附件B国家)向发展中国家和地区(京都议定书非附件B国家)的净转移量从4亿吨(1990年)上升至16亿吨(2008年),超过了京都议定书产生的减排量(Peters et al., 2011)。另外，贸易自由化也能够通过改善贸易和经济结构、提高生产与环保技术水平等方式，对一些国家和地区的环境保护起到积极作用，有利于促进经济绿色低碳发展（Antweiler et al., 2001；Dean, 2002；Frankel and Rose, 2005；Chintrakarn and Millimet, 2006；彭水军和刘安平，2010；林伯强和刘泓汛，2015）。

学术界关于贸易自由化与环境的关系的研究一直在进行，由于其影响因素众多，机理复杂，目前还难有定论。

### 1.1.3　中国加入WTO作为贸易自由化的典型案例值得深入研究

1. 加入WTO是迄今为止中国最重要的贸易自由化举措

中国的贸易自由化、便利化水平在加入WTO之后得到显著的提高。首先，中国的总体进口关税水平由2001年的15.3%下降至2020年的7.5%，超额实现了加入WTO承诺；其次，中国逐步减少使用不符合WTO规则的非关税壁垒手段，如配额、许可证等，并对法律法规、部门规章与地方性政策进行大规模的清理修订工作；再次，中国不断放开外资准入领域，农业、制造业与服务业利用外资水平不断提高，大幅提高了服务贸易开放水平[①]。与此同时，中国在所有WTO成员方享受多边的、无条件的、稳定的最惠国待遇，使中国在世界范围享有有利的贸易竞争条件，从而促进了出口规模的不断扩大。同时中国出口的制成品、半制成品享受普惠制待遇（发达成员给予发展中成员的一种关税优惠制度），对中国扩大出口起到了极大的推动作用。

2001年中国进出口总额仅为5098亿美元，在世界货物贸易中排名第6位，仅占全球总贸易量的4%，2009年中国货物出口首次超过德国成为世界第一大出口国，2013年中国货物进出口总额首次超过美国，

---

① 数据来源：《胡锦涛在中国加入WTO十周年高层论坛上的讲话》，http://news.sina.com.cn/c/2011-12-11/161523613785.shtml，作者整理。

跃居世界第一位，2014年对外服务贸易总额超过德国跃居世界第二位。加入WTO以来，中国的贸易顺差不断扩大，仅在受全球金融危机影响的2009~2011年有所下降，在2015年顺差值达到5939亿美元，是2001年贸易顺差值的26倍，2020年中国贸易顺差仍维持在5350亿美元。加入WTO后对外贸易对中国经济发展的拉动作用明显，出口成为经济增长的"三驾马车"之一，中国出口额占国内生产总值（GDP）的比重由2001年的4.1%上升至2020年的17.7%。2001~2020年，中国GDP保持了年均8.7%的增长速度，远高于世界年均3%的水平。中国经济在全球的排名不断前移，根据国际货币基金组织（International Monetary Fund，IMF）的数据，2001年中国GDP为1.3万亿美元，世界排名第六位；2010年达到5.9万亿美元，超过日本成为世界第二大经济体；2015年达到10.98万亿美元，占世界GDP总量的15%，同时成为世界经济增量的第一大贡献国；2020年中国GDP达到14.73万亿美元，连续12年对全球经济增长的贡献超两成。

2. 加入WTO后经贸快速增长增加了中国环境压力

贸易的发展在推动中国经济规模不断扩大和经济结构逐步调整的同时，势必会引起能源和资源消费与污染物排放的变化。随着贸易自由化的发展和参与全球经济一体化程度的不断加深，中国甚至被称为"世界工厂"，对外贸易大幅顺差之中蕴含了巨大的"环境逆差"（胡涛等，2011）。2002~2007年中国出口隐含的$SO_2$贡献了全国排放量的15.17%~22.08%（Liu and Wang，2015）。1997~2007年中国生产出口产品排放的$CO_2$占全国总排放量的10.03%~26.54%，但同时期进口中隐含的$CO_2$只占中国总排放量的4.4%~9.5%（Yan and Yang，2010）。

与此相印证，加入WTO以来，中国能源消费总量持续增长（由2001年的15.6亿吨标准煤增加到2020年的49.8亿吨标准煤），且能源消费结构以煤炭为主（2020年煤炭占总能源消费的比重仍高达56.8%）；IEA数据显示，中国2019年与能源相关的$CO_2$排放量高达98亿吨，占全球总排放量的约三分之一，碳排放强度是世界平均水平的两倍①。虽然从"十一五"开始，中国实施了严格的污染物总量控制措施，2015年全国化学需氧量、二氧化硫、氨氮和氮氧化物排放总量比2010年分别下降了12.9%、18.0%、13.0%和18.6%，但环境保护形势仍然严峻，2020年，在开展空气质量监测的全国337个地级以上城市中，135个城市环境空气质量超标，占40.1%，在1937个地表水国控断面中，低于Ⅲ类水质标准的比例达到16.6%②。

这些情况表明，加入WTO后，中国贸易自由化程度不断加深，对外贸易的蓬勃发展很可能对环境产生了一定的压力，中国贸易自由化与环境保护之间可能存在不协调之处。从国内来看，虽然出口总量增长迅速，但在产品大量出口的同时却将污染留在了国内（Pan et al.，2008），随着国内经济发展转入"新常态"和环境问题逐渐显现，调整经济结构、促进节能减排的要求提高，中国面临着巨大的节能减排压力。从国际上来看，伴随着全球经济一体化而产生的一系列全球环境问题已成为世界各国关注的焦点，各种多边环境协议日渐增多，自贸协定中开始增加环境章节或条款。随着支撑中国贸易飞速发展的低成本劳动力、资源、环境等要素的比较优势正在逐步丧失，国际金融危机、世界经济疲软和人民币汇率波动等更迫使中国对外贸易发展面临转型，在扩大贸易自由化的同时兼顾环境利益，转变贸易增长方式，促进中国贸易绿色转型就显得日益迫切和重要。

十八届五中全会提出"创新、协调、绿色、开放、共享"的五大发展理念，环境保护受到前所未有的重视。"开放发展"要求我们积极推进实施贸易自由化战略，而"绿色发展"则要求我们在推进开放发展的同时，更加注重对环境的保护。在对外贸易领域落实五大发展理念的要求，就需要我们摸清中国对外贸易与环境保护的相互关

---

① IEA, $CO_2$ Emissions from Fuel Combustion 2019 highlights. http://www.iea.org/CO2highlights/CO2highlights.pdf。

② 《2020中国生态环境状况公报》，生态环境部，http://www.mee.gov.cn/hjzl/sthjzk/zghjzkgb/202105/p020210526572756184785.pdf。

系，针对贸易自由化对环境产生的正面及负面影响，不断调整中国贸易自由化政策，加大绿色贸易转型力度和广度，优化贸易结构，促进外贸行业产业技术升级，通过贸易发展促进中国环境保护及生态文明建设。随着中国贸易自由化的不断深入，如何协调贸易与环境的关系显得日益重要，而对贸易自由化环境影响的研究是提出针对性对策的重要基础和依据。

中国的贸易自由化策略对于节能减排、保护环境有哪些有利和不利影响？影响程度有多大？未来应如何调整以更好地促进经济和贸易发展方式转变，更好地适应"五大发展理念"的要求？为了回答这些问题，有必要全面综合评估"中国加入WTO"这一重要的贸易自由化事件的环境效应，为优化贸易自由化政策、促进国内经济绿色低碳转型提供科学的决策支持。

## 1.2 国内外研究进展

### 1.2.1 贸易自由化的环境影响研究

学术界对于贸易产生的环境影响，可以分为三类观点，即贸易对环境有害论（Chichilnisky，1994；Dua and Esty，1997）、贸易对环境有益论（Burniaux，1992；Antweiler et al.，2001）、贸易环境效应复杂论（Grossman and Krueger，1993；Runge，1993；Stevens，1993；Copeland and Taylor，1994）。

20世纪70年代，学者们就开始关注贸易与环境的关系问题（Baumol，1971；Magee and Ford，1972；Walter，1973）。这一时期一般采用对长时间序列数据或面板数据（Panel Data）统计回归等方法，研究自由贸易与环境的关系，如考察污染排放强度与贸易额之间的相关关系，但缺乏对贸易环境影响的机理和路径的分析。

随着国际贸易规模的不断扩大，贸易带来的相关环境问题逐渐凸显。20世纪90年代出现了贸易与环境问题研究的热潮，并开始重视贸易对环境产生影响的作用机理研究。其中，最为重要的研究成果当数 Grossman 和 Krueger 在分析北美自贸区协议（NAFTA）的环境影响时所建立的理论框架，即将国际贸易通过影响经济发展对环境产生的影响分解为规模效应（scale effect）、结构效应（composition effect）和技术效应（technique effect）三个方面（Grossman and Krueger, 1991, 1993）。

有学者对贸易的三种环境效应进行了理论和经验分析，结果表明当经济规模扩大1%时，会使样本国家和地区的污染浓度上升0.25% ~0.5%，但相应收入提高造成的技术效应会使得污染浓度降低1.25% ~1.5%，而结构效应对一国污染排放的作用比较小，所以综合来看，自由贸易有利于环境改善（Antweiler, 2001）。这种观点也得到其他一些研究结果的支持（Dean, 2002；Frankel and Rose, 2005；Chintrakarn and Millimet, 2006）。使用1973 ~2000年88个国家的数据分析发现，贸易对污染排放的降低只存在于 OECD（Organization for Economic Co-operation and Development）国家，在非 OECD 国家和地区贸易会增加污染的排放（Managiet al., 2009）。此外，一些经验分析的研究结论认为贸易会增加能源消费量和 $CO_2$ 排放，环境质量也会随之恶化（Cole, 2006；Li et al., 2015；Shahbaz et al., 2015）。

此外，"要素禀赋假说"（Factor Endowment Hypothesis, FEH）认为，污染密集型产品往往同时也具有资本密集的特征，因此具有资本比较优势的发达国家和地区会多出口资本密集型产品，造成污染排放增加；而发展中国家和地区反而会选择进口资本密集型产品，使得污染排放下降（Copeland and Taylor, 2003）。而"环境成本转移说"则认为，污染密集型产品的生产容易从发达国家向发展中国家转移，发达国家扩大污染密集型产品的进口有利于本国改善环境质量（Robinson, 1988；Anderson and Blackhurst, 1992）。一般来说，发达

国家是净贸易隐含 $CO_2$ 进口国,而发展中国家是净贸易隐含 $CO_2$ 出口国(Davis and Caldeira,2010),并且发达国家进口隐含 $CO_2$ 和传统大气污染物确实呈现上升趋势(Kanemoto et al.,2014)。

对于环境规制与贸易的关系,一些学者认为贸易自由化会对各国的环境规制产生影响:各国将不断降低本国环境质量标准,以降低本国产品的成本,提高竞争力,这就是所谓的"向(环境标准)底线赛跑"(race to the bottom)假说(Dua and Esty,1997;Esty,1997)。但也有观点认为贸易自由化可以将发达国家和地区较高的环境标准传递到发展中国家和地区,从而促进其环境标准的提高及生产技术的进步(Eliste and Fredriksson,1998;Lucas et al.,1992;Birdsall and Wheeler,1992)。反过来,不同的环境规制水平也会对贸易产生影响。有学者认为自由贸易会加重资源环境产权制度不成熟导致的资源环境破坏问题(Chichilnisky,1994)。也有学者认为发展中国家和地区受内部相对宽松的环境规制的影响,会在污染密集型产品上形成比较优势,即"污染避难所(pollution haven)"假说(Copeland and Taylor,1995,2003)。发展中国家和地区接受发达国家和地区的产业转移会导致其环境污染加剧,甚至使得全球温室气体和污染物排放总量上升(Peters et al.,2011)。由于要素禀赋差异和环境规制差异对一国污染密集型产品的比较优势会产生截然不同的影响,所以在考虑自由贸易对一国环境质量影响时,应同时对上述两个因素进行分析,只有这样才能更加准确地制定相应的环境政策和贸易政策(王文治和陆建明,2012)。

以上研究工作在分析贸易的环境效应时,除采用传统的统计回归方法外,还使用计量模型、投入产出(IO)模型、生命周期分析(LCA)和效应分解技术等方法,研究的空间尺度也从一国贸易向多边甚至全球贸易扩展。这些成果一方面揭示了贸易与环境相互影响的决定因素,另一方面为深入分析贸易对于环境保护的影响提供了理论基础和方法借鉴。

近年来，学术界对于贸易与环境关系的研究更倾向于探讨如何促进贸易自由化与环境保护协调发展，降低自由贸易对环境的不利影响、增强其有利影响等问题，从而出现了贸易与环境双赢理论、自由贸易的环境规制理论等（Hua and Boateng，2015）；同时，更加普遍地运用 CGE 等结构化模型，对实际发生的世界或区域贸易自由化事件进行政策模拟和影响预测。如对中国入世后 $SO_2$ 排放的变化进行预测（He，2005），运用静态环境 CGE 模型对中国入世后的环境影响进行估测（Vennemo et al.，2008），以及分析贸易自由化对于印度尼西亚的经济发展和环境保护的影响（Gumilang et al.，2011）等。对欧洲经济区协定（EEA）、欧洲自贸区关于渔业的决议（the EFTA Resolution on Fisheries）以及 WTO 协定三个跨国贸易协定的经济和环境影响的研究结果表明，自由贸易协定会使温室气体排放上升 0.4%，$SO_2$、CO 和 PM 排放量上升 1%～2%，只有氨的排放量会下降 2.7%（Fæhn and Holmøy，2003）。随着对于气候变化加剧的强烈担忧，近期的研究也更多倾向于考察贸易与碳减排、经济低碳化发展的关系等问题（Lu et al.，2010；Dai et al.，2011；Jakob and Marschinski，2013）。

国内关于贸易与环境问题的研究起步较晚，但随着中国逐步成为贸易大国，贸易过程中显现的环境问题也日益受到关注，国内于 20 世纪 90 年代后期介绍和引进了相关概念和理论，相关研究成果则在 2000 年之后开始见诸报道。

在国内贸易与环境研究的初期，贸易与环境关系研究主要集中在定性分析方面（陆穗峰，1997；蒋勇和左玉辉，2000；叶汝求，2001；赵玉焕，2001）。从事相关研究的学者们一般都主张以环境成本内部化的方式来化解贸易影响下的环境问题（胡涵钧，2000；曲如晓，2002；傅京燕和陈红蕾，2002；谷祖莎等，2005）。之后定量分析逐渐成为贸易与环境关系研究的主导方法。

目前国内学术界对贸易与环境的关系研究多集中在以下两个方面：

1）贸易的环境效应分解分析。一些研究认为中国对外贸易与污染排放存在正相关关系，且出口贸易是造成中国污染排放的重要原因之一（陈继勇等，2005；党玉婷和万能，2007；朱启荣，2007）。还有学者认为出口贸易对我国环境影响的技术效应为正，结构效应和规模效应为负，且规模效应的作用较大（张友国，2009；张根能等，2014）。通过核算污染物的进出口隐含量和污染贸易条件，有学者发现中国的出口品比进口品更"清洁"（彭水军和刘安平，2010），但也有学者认为中国进出口结构仍需进一步优化（党玉婷，2013）。贸易技术效应的相关研究认为出口企业所面对的市场竞争增强，是促进污染治理技术进步（技术效应）的积极因素（何洁，2010），对外贸易可以促进国内能源环境效率的提高（林伯强和刘泓汛，2015）。

2）贸易自由化政策的环境影响分析。有学者曾预计中国加入WTO会在纺织、化工行业等领域对环境造成巨大压力（沈晓悦，2007；李丽平，2007），入世后中国在取得巨额贸易顺差的同时，也处于巨大的"环境逆差"之中（胡涛等，2011）。一些研究对中国参与的自由贸易协定，如拟议中的中日韩自贸协定（CJK-FTA）的环境影响进行了预测评估（俞海，2007；Liu et al.，2012）。有研究认为中国与出口相关的空气污染排放甚至影响到了美国西部地区（Lin et al.，2014）。也有学者对实施APEC环境产品清单的环境影响进行了初步的分析（李丽平和张彬，2014）。

在大量关于贸易与环境关系研究的基础上，可以辨析"贸易自由化政策→贸易结构与规模变化→经济（生产、消费）活动变化→环境影响（温室气体与污染物排放变化）"的链式反应逻辑下的传导过程（毛显强等，2010；Mao et al.，2015）（见图 1-1），关于贸易自由化环境影响的分析可以遵循此逻辑框架开展。

### 1.2.2 贸易隐含污染物研究

在开放的经济系统中，国家之间存在密切的贸易往来，大量贸易

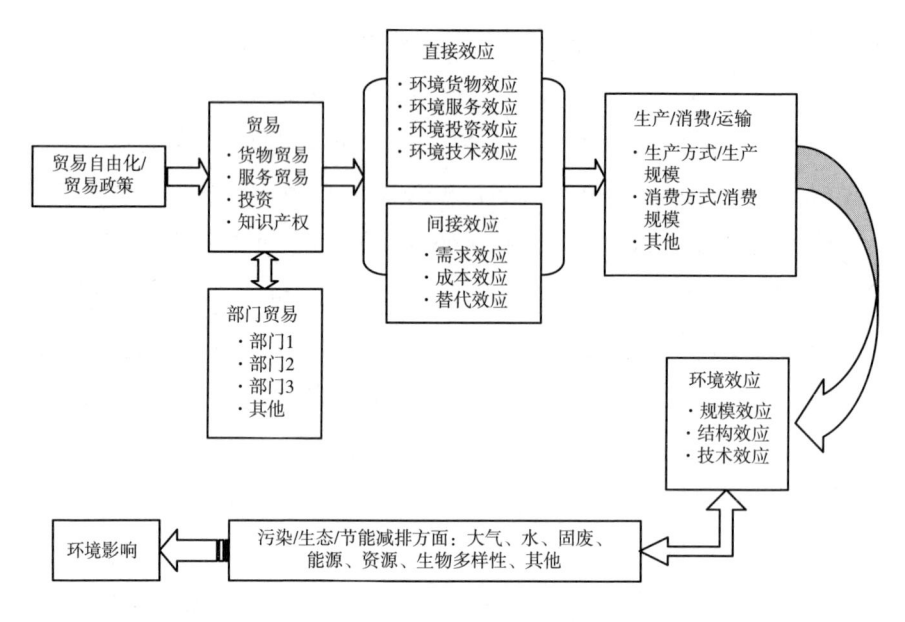

图 1-1 从贸易政策到环境影响的逻辑过程（毛显强等，2010）

产品的流动也隐含着资源环境要素的流动。20 世纪 90 年代兴起的国家物质流账户核算，被应用到国际贸易背后隐含的资源环境消耗的研究中，并引发对贸易所带来的环境影响的机理分析与计量研究（刘巧玲等，2011）。为了衡量某种产品或服务生产过程中直接和间接消耗的某种资源的总量，可以使用"隐含（embodied）"这一概念，其不仅包括产品最终生产环节对资源能源的直接消耗以及温室气体和污染物的直接排放，还包括其上游原材料生产、加工、运输等环节对能源资源的间接消耗和温室气体、污染物的间接排放（齐晔等，2008）。原则上，"embodied"后可加任何资源（如土地、水、能源、劳动力等）或者排放（如各种温室气体、污染物等）的名称。

一般来说，资源能源消耗和温室气体等排放的数据统计都是基于生产侧而不是消费侧，出口国生产出口产品的能源消耗和排放都计入出口国名下，而与消费这些产品的进口国无关。实际上，正是进口国的消费行为导致进口品相应的温室气体和污染物的排放。为了从消费侧研究消费行为引起的能源消耗和环境影响，需要对隐含能源消耗和隐含排放进行定量分析（陈迎等，2008）。近年来贸易隐含排放（尤其是 $CO_2$）与由此引发的基于消费（consumption-based）的排放责任问题逐渐成为研究热点，使用的研究方法为投入产出（Input-Output，IO）模型（Wiedmann et al.，2007；Wiedmann，2009）。投入产出模型由美国著名经济学家里昂惕夫（Leontief）提出后，最早应用于国民经济核算。自 20 世纪 70 年代开始，由于能源危机、环境污染问题日益突出，投入产出模型被应用于分析能源消耗、温室气体与污染物排放等问题，并发展出能源投入产出模型、环境投入产出模型等拓展模型（Leontief，1970）。目前关于贸易隐含污染物研究的文献大致可以分为以下几类：

一是贸易隐含污染的核算研究（Pan et al.，2008；Weber et al.，2008；Lin and Sun，2010；Yan and Yang，2010；Yang et al.，2014；Liu and Wang，2015）。"隐含排放"与"转移排放"具有相似的含义。由于一般发展中国家和地区的生产技术相对落后且环境标准较低，而制造业的转移等同于化石能源消费和污染物排放的转移，"碳泄露"（carbon leakage）问题变得越来越严重（Peters and Hertwich，2006；Aichele and Felbermayr，2012）。大多数的研究结论均认为贸易确实带来了国家和地区间污染的转移，这进一步引出了关于温室气体排放责任划分的讨论。目前国家和地区尺度的温室气体排放核算体系采用基于生产的原则（production-based principle）进行计算，这使得温室气体排放责任更多地落在贸易隐含碳的净出口国（多是发展中国家和地区），而这些国家和地区一般不承担强制性的减排任务；发达国家和地区则通过大量进口高碳产品，减少了本国自身的排放；从全球的角度来看，发展中国家和地区温室气体排放的增加幅度高于发达国家的减排幅度，从而削弱了温室气体减排的效果。基于此，学者们提出应采用基于消费的原则（consumption-based principle）核算各国温室气体排放量，将国际贸易隐含的碳排放主要归因于发达国家和地区（Munksgaard and Pedersen，2001；Peters，2008；Davis and Caldeira，

2010；Peters et al.，2011），并讨论运用贸易政策手段（如边境碳调节，BCA）平衡这一问题（Fischer and Fox，2012；张宏和张海玲，2013；Sakai and Barrett，2016）。这类研究使用的方法可以分为单区域投入产出模型法和多区域投入产出模型法（Wiedmann，2009）。单区域投入产出模型法是基于单区域投入产出表来核算贸易中的隐含排放，该方法在计算某地区贸易隐含污染时只能采用"进口规避排放"假设（Ma and Chen，2011），即在测算进口产品隐含污染时，使用本国的投入产出表和污染物排放系数（Weber and Matthews，2007；Tukker et al.，2013）。多区域投入产出模型法是指利用多国或者多区域的投入产出表，使用本国投入产出表和污染物排放系数测算本国出口产品隐含污染物，采用贸易伙伴的投入产出表和污染物排放系数测算进口产品隐含污染（Wiedmann，2009）。由于"进口规避排放"假设是从一国的角度考虑污染问题，并不是实际发生的情况，不能反映真实的隐含在进口中的隐含污染物量，越来越多的研究开始采用多区域投入产出模型法（Xu et al.，2012；Su and Ang，2014；Wu et al.，2016）。一些研究主要关注不同核算方法的使用对贸易隐含污染计算结果的影响，如在使用投入产出模型时，不同的部门和地区集结分类水平会影响贸易隐含污染的核算结果（Su et al.，2010）；而在考虑加工贸易情况时，普通出口商品和加工贸易出口商品的投入结构不同，会对隐含污染计算结果产生影响，尤其是类似中国这样加工贸易占比高的国家，接近一半的出口产品中投入了大量的进口中间产品，因而只隐含了较小的污染排放的增量（Su et al.，2013；Weitzel and Ma，2014）。在核算过程中使用方法、核算原则以及数据来源的不同，会对核算结果产生非常显著的影响，以 2007 年中国贸易隐含 $CO_2$ 排放为例，不同文献测算的出口隐含 $CO_2$ 排放量最低为 4.78 亿吨，最高超过 30 亿吨，而进口隐含 $CO_2$ 排放量最低为 1.40 亿吨，最高超过 17 亿吨（Zhang et al.，2017）。

二是在贸易隐含污染核算的基础上进一步分解贸易隐含污染变化

的驱动力，对贸易的环境效应开展机理分析。目前主流的两种分解方法分别是指标分解分析（Index Decomposition Analysis，IDA）和结构分解分析（Structural Decomposition Analysis，SDA）（Hoekstra and van den Bergh，2003）。SDA方法需要使用投入产出研究框架进行分解分析，而IDA方法仅需要使用部门层面的集结数据进行分解分析（Wu et al.，2016）。IDA方法又可以进一步分为时间尺度IDA（temporal IDA）和空间尺度IDA（spatial IDA）：时间尺度IDA可用来分析一国出口或者进口贸易隐含排放随时间变化的驱动力，一般按照贸易对环境影响效应将其分解为规模效应、结构效应和技术效应（Dong et al.，2010；Wu et al.，2016）；空间尺度IDA可用来分析不同国家或地区之间的贸易隐含排放形成的驱动力，与规模、结构和技术效应相对应，空间尺度IDA分析一般分解为贸易平衡效应、专业化效应和强度效应（Jakob and Marschinski，2013；Gasim，2015）。

最新的具有重要研究意义的方向是探讨政策变动对贸易隐含污染的影响。例如，有学者考察了边境碳调节（BCA）政策对贸易隐含污染及碳泄露的影响，结果显示该政策并不是解决碳泄露问题的最优选择（Sakai and Barrett，2016）。综合运用多区域投入产出模型法和多区域一般均衡模型（CGE）研究2001～2007年间各国的贸易隐含能源流，以及中国能源密集型产业出口限制政策对贸易隐含能源流影响的研究表明，该政策可以降低中国出口、进口及净出口的隐含能源（Cui et al.，2015）。在有、无减小贸易顺差政策存在时，对能源密集型出口产品征税以及中国进行产业结构调整两种政策影响的评估结果表明，如果不能有效降低中国贸易顺差，则两种政策对降低中国净出口隐含$CO_2$的效果均十分有限（Qi et al.，2014）。通过将环境投入产出模型与大气化学扩散模型相结合，有学者研究了中国向美国出口造成的环境影响，结果显示，2006年中国对美国的出口隐含污染排放，对美国西部地区的大气硫酸盐和臭氧浓度的贡献分别高达3%～10%和0.5%～1.5%，美国将生产外包给中国使得其西部地区的污染排放上升而东海岸的污染排放下降（Lin et al., 2014）。

核算贸易隐含污染物，并认清对贸易隐含污染产生影响的经济、政策因素，可以为决策者改进贸易政策、环境政策提供帮助。

### 1.2.3　中国加入 WTO 的环境影响研究

作为新千年最重要的贸易自由化事件，中国加入 WTO 吸引了大量学者对其可能造成的经济影响进行研究（Ianchovichina and Martin, 2001；Gilbert and Wahl, 2002；Daniel, 2004；Hertel and Zhai, 2006；齐志强等，2011；郑思宁和黄祖辉，2013）。有学者通过构建多区域多部门的递归动态 CGE 模型深入分析了中国加入 WTO 对世界贸易格局的影响，模拟结果显示中国加入 WTO 最主要的受益国是中国，但世界其他地区，尤其是发达国家和地区、亚洲新兴经济体和最不发达的国家和地区也将由于世界贸易规模的扩张和自身贸易条件的改善而受益，仅有少数一些要素禀赋条件与中国相似的国家（如南非和东南亚国家等）会因劳动密集型产品出口的激烈竞争，造成本地区贸易出现一定程度的下降（Wang, 2003）。同样运用动态多区域 CGE 模型对中国加入 WTO 的经济影响进行预测的研究结果显示，由于纺织服装行业生产的扩大，中国 GDP 将会上升约 2%，美国、加拿大等北美国家纺织服装行业的产值和就业则会出现 20%～30% 的下降，但其他行业产值与就业的上涨足以抵消纺织服装行业的下降，同时中国与北美国家的双边贸易会有 15%～20% 的提升（Ghosh and Rao, 2010）。而由于中国加入 WTO 后对原材料的巨大需求，全球资源丰富国家（resource-rich countries）经济增长中的约十分之一是由中国加入 WTO 贡献的（Andersen et al., 2014）。有学者认为中国加入 WTO 后进口自由化带来的进口竞争促进了本土企业平均全要素生产率的增长，但不同的企业产生的影响不同，低效率企业全要素生产率的增长受到阻碍，而高效率企业全要素生产率的增长得到促进（简泽等，2014）。

然而，对中国加入 WTO 的环境影响进行分析的报道却比较鲜见，且已有的研究多为定性分析，如预测中国加入 WTO 对环境整体的影响（胡涛等，2000；鞠建林，2000），分析中国加入 WTO 后农业贸易政策变化对环境的影响等（毛显强等，2005），而对定量分析方面的报道极少。

自从中国加入 WTO 后，中国贸易飞速发展，巨大的贸易顺差中隐含了大量的资源环境逆差（Kirkpatrick and Scrieciu, 2008; George, 2010; Song et al., 2015）。有学者运用中国投入产出模型及 CGE 模型对进出口产品隐含污染物进行定量核算，以此指标来衡量加入 WTO 之后三个时间点（2002、2005 和 2007 年）中国对外贸易的环境影响。结果表明，中国净出口产品隐含 $SO_2$ 排放约占全国排放总量的 1/4；净出口产品隐含 $CO_2$ 排放占全国排放总量的 30% 以上；净出口产品隐含 COD 排放占全国排放总量的 20% 以上。在不采取其他措施的情况下，中国在未来 20 年仍将处于巨大的贸易环境逆差之中（胡涛等，2011）。但该研究还是关于中国贸易隐含污染物的研究，并不等同于中国加入 WTO 带来的实际排放变化。

也有研究通过运用静态环境 CGE 模型，在假设情境下对中国加入 WTO 后的环境影响进行预测，结果表明，在结构效应作用下，加入 WTO 之后温室气体、颗粒物及 $SO_2$ 的排放量会下降，但氮氧化物和可挥发性化合物的排放量会上升，而由于颗粒物和 $SO_2$ 排放量的下降，公众健康水平将得到提高（Vennemo et al., 2008）。通过分析中国加入 WTO 和 $SO_2$ 排放的关系对中国加入 WTO 的环境影响进行预测，研究结果显示，虽然加入 WTO 的环境影响是负面的，但贸易自由化使得中国专业化分工向劳动密集型转变，从而改变了中国的工业结构，使得对环境造成的负面影响较小，并没有发现中国变成"污染避难所"的证据（He, 2005）。

### 1.2.4 小结

综上所述，国内关于贸易自由化对于环境保护影响研究的深度、丰度均显不足，研究手段、方法单一，研究案例较少，多聚焦于某一政策、某一行业或某一污染物排放问题。而国外研究起步较早，已初步建立了一套理论分析框架和方法体系，广泛运用定量分析手段。贸易自由化对环境的影响机理非常复杂（见图1-2），贸易/贸易自由化的环境影响方向和程度受不同国家和地区经济发展水平、经济结构、产权制度、技术水平、比较优势、环境规制水平等诸多因素的影响。由于这一问题本身及其影响因素的复杂性，各方研究在理论假说上各执一词，不同的观点和结论之间往往存有较大分歧甚至相互冲突，需要补充更多的研究案例，特别是来自中国这样的贸易大国的研究案例。

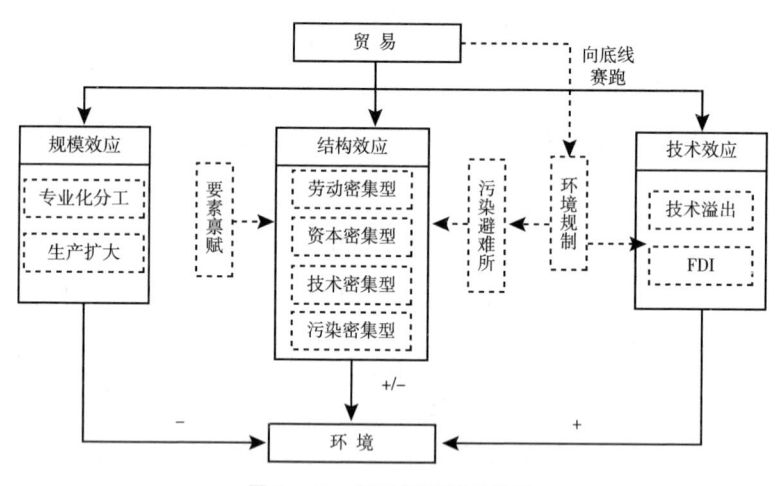

图1-2 贸易与环境的关系

具体到中国加入WTO的环境影响分析评价方面，国内外均鲜见对其进行系统、综合的回顾性定量研究的相关文献。目前文献主要集中于研究加入WTO对中国经济结构、就业、进出口、GDP等的经济影响，对环境影响涉及较少且多是定性分析，目前仅有的定量报道大多为中国加入WTO前的预测性分析研究，或较早前的回顾分析，且采用的环境影响指标也较单一，研究深度不足，尚缺乏全面的较长时间序列研究。

## 1.3 研究意义

从以上研究背景分析和文献综述看，以中国加入 WTO 为案例进行贸易自由化的环境影响分析研究，具有重要的学术和政策意义。

首先，目前国内外关于中国加入 WTO 环境影响全面的回顾性分析评估的研究尚未有报道。本文针对中国加入 WTO 环境影响，采用多种环境指标开展长时间序列分析，并兼顾国内和全球环境影响分析，对贸易与环境学术研究领域进行有益补充。

其次，随着当今全球经济一体化不断深入，贸易的自由化、便利化已是大势所趋，中国正积极同各方谈判以期达成新的自由贸易协定。在这种形势下，对新出台的和业已实施的贸易自由化政策的环境影响进行综合评估就显得更为重要。随着中国经济迈入以经济增速下降和结构调整为特征的"新常态"，中国也迫切需要调整其经济、贸易及相关环境政策，使其国际贸易和 GDP 增长方式向更可持续的方向转变。本研究对中国加入 WTO 的环境影响进行综合分析，对这一重要的贸易自由化事件开展回顾性环境影响评价，是为探索和丰富贸易政策环评理论、方法所做的一次有益尝试，可为政策环境影响分析提供参考。

本文通过量化分析中国加入 WTO 的环境影响，可以为进一步挖掘贸易政策手段的减排潜力，为探索贸易绿色转型调整的方向提供决策参考，这使得本研究具有了更加重要的政策参考意义。

## 1.4 研究内容和技术路线

本研究在"贸易—经济—环境"系统框架下，选取中国加入 WTO

这一重要的贸易自由化事件作为研究对象，运用"反现实情景"分析方法，通过构建多区域动态可计算一般均衡（CGE）模型、环境投入产出模型（EIO）等，量化评估中国加入 WTO 的环境影响，为中国进一步协调贸易自由化与环境保护提供政策建议。具体研究过程如下：

（1）相关研究文献综述

分别从贸易自由化的环境影响、贸易隐含污染物以及中国加入 WTO 的环境影响三个方面展开文献综述。具体地，首先梳理国际和国内学术界有关贸易与环境关系相关研究进展，就研究问题、理论支撑和分析方法等进行比较分析；然后回顾总结国内外关于贸易隐含污染物研究的几个领域，辨析其前沿的研究角度和方向；最后梳理国内外关于中国加入 WTO 的环境影响的相关研究并进行评述，发现研究存在的不足，为开展本研究做铺垫。

（2）理论基础与研究方法

对贸易自由化的环境影响问题进行理论分析，从国际贸易基础理论出发，分析贸易及贸易自由化对环境产生影响的基本原理，明确对贸易自由化政策开展环境影响分析的逻辑思路。以此为基础和指导，建立用于分析中国加入 WTO 后贸易隐含温室气体和污染物核算的多区域环境投入产出模型，并进一步选定用于分解贸易隐含温室气体和污染物时间和空间维度驱动力的分析方法；构建用于"现实情景"与"反现实情景"模拟对比分析的动态 CGE 模型，为具体开展模拟研究奠定基础。

（3）加入 WTO 以来中国经贸与环境保护发展回顾

首先对加入 WTO 以来中国国际贸易的内外部环境条件进行梳理与回顾，分别从中国享受的 WTO 相关政策待遇、进出口关税手段、非关税手段以及配套环境政策工具手段等方面展开具体分析；其次对加入 WTO 以来中国经济贸易发展状况进行归纳总结，重点对中国外贸进出口的规模和结构变化情况，以及中国贸易区域格局与战略的形成与变化进行分析；最后研究了这一时期中国环境保护工作的开展情况，总结近年来环保工作新的特点。

(4) 中国贸易隐含温室气体和污染物核算及驱动力分析

运用环境投入产出模型（EIO），构建出口隐含排放（EEE）、进口隐含排放（EEI）、贸易隐含排放平衡（BEET）和净贸易贡献排放（NECT）等指标，描述 2002～2011 年中国贸易隐含温室气体和污染物的变化趋势，并分析各指标所反映的中国贸易与环境关系的内涵；分别通过时间维度 IDA 和空间维度 IDA 分解方法分析 EEE 随时间序列变化及 BEET 受中国与其贸易伙伴经济和环境特征影响的驱动力。

(5) 加入 WTO 对中国贸易隐含温室气体和污染物的影响

构建多区域动态 CGE 模型，运用"反现实情景"分析方法，辨析加入 WTO 对中国进出口的影响，并通过 EIO 模型进一步得到加入 WTO 对中国贸易隐含温室气体和污染物等指标的影响，通过分析这些指标的变化揭示加入 WTO 对中国贸易过程中环境利益得失的影响。

(6) 加入 WTO 对中国与全球温室气体和大气污染物排放的影响

利用构建的动态 CGE 模型和"反现实情景"设定，得到全球各个国家和地区（包括中国）的中国加入 WTO 造成的各部门产值的变化，并由此得到加入 WTO 通过影响生产对全球各个国家和地区温室气体和污染物实际排放的影响，随后对本研究划分的每一个区域的变化情况进行进一步分析，阐述每个区域产生变化的原因。

(7) 结论与政策建议

对本研究的主要结论进行总结和提升，归纳判断中国加入 WTO 对中国乃至全球环境的影响。从推动贸易自由化与环境协调发展的角度出发，指出中国贸易和环境政策进一步改革和调整的方向，给出具体的政策建议。

本研究的技术路线如图 1-3 所示。

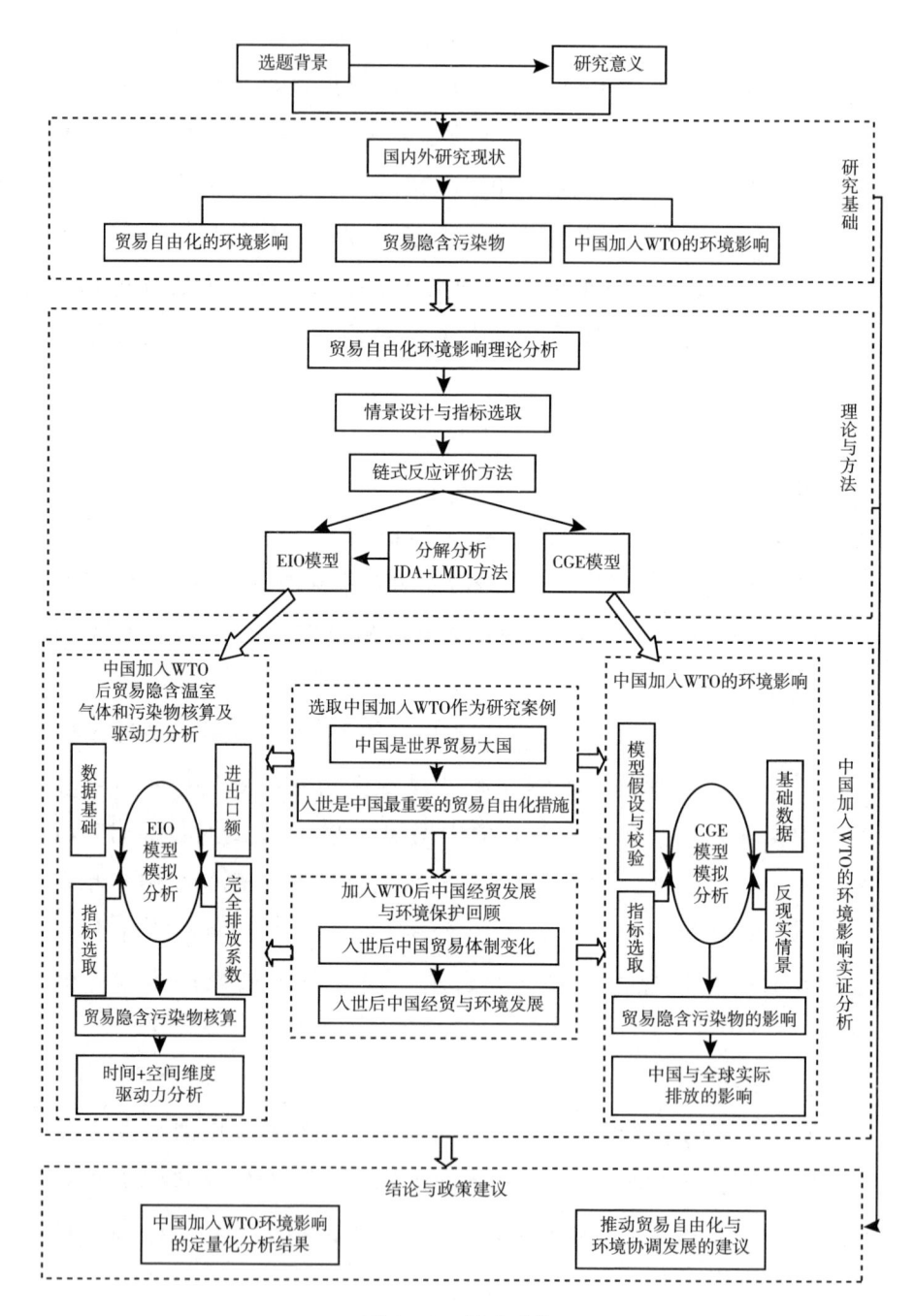

图 1-3 技术路线

# 第 2 章
# 理论基础与研究方法

本章首先在国际贸易理论基础上,通过一个一种商品的简单两国贸易模型阐明贸易及贸易自由化对环境产生影响的基本原理,明确对贸易自由化政策开展环境影响分析的逻辑框架,并由此设计"贸易隐含污染物排放"和"实际污染物排放量"两套指标表征中国加入 WTO 带来的环境影响。在此基础上,对用于分析中国加入 WTO 后贸易隐含温室气体和污染物核算的多区域环境投入产出模型,用于分解贸易隐含温室气体和污染物时间和空间维度驱动力的分析方法,以及用于"现实情景"与"反现实情景"模拟对比分析的多区域动态 CGE 模型进行详细介绍,为具体开展模拟研究奠定基础。

## 2.1 贸易自由化环境影响的理论分析

由于温室气体和污染物的排放与生产过程直接相关,因此在探讨贸易和贸易自由化的环境影响机理前,需要厘清贸易分别对进出口和生产的影响。

在只有一种商品的简单两国(出口国与进口国)贸易模型中,假设国家 1 是出口国,国家 2 是进口国,$P^w$ 是商品在世界市场的价格,$P_1^*$ 和 $P_2^*$ 分别是商品在两国国内市场的均衡价格。当两国间没有贸易往来时，如图 2-1 所示，$O_1Q_1^*$ 和 $O_2Q_2^*$ 分别是两国该商品的均衡产量和消费量。如果假设 $E_1$ 和 $E_2$ 分别是两国的污染物排放强度（单位产出的污染物排放量），则 $O_1Q_1^* \cdot E_1$ 和 $O_2Q_2^* \cdot E_2$ 分别是两国总的污染物排放量。

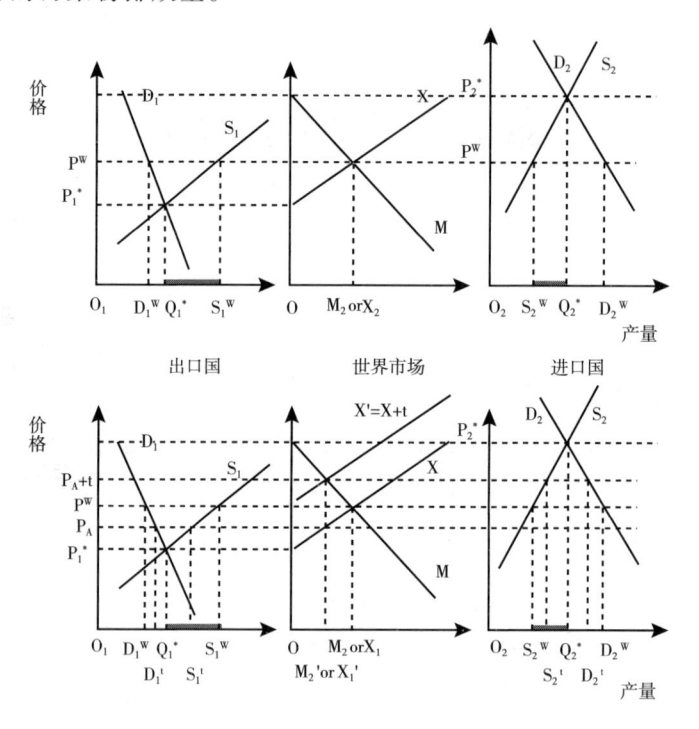

**图 2-1 贸易与贸易自由化的两国分析模型**

资料来源：参考《国际贸易》（芬斯特拉和泰勒，2011），作者自绘。

当考虑两国间存在贸易往来时，则会存在一个比国家 1 国内商品价格 $P_1^*$ 高，但是比国家 2 国内商品价格 $P_2^*$ 低的世界价格 $P^w$，这样才能促使两国之间产生贸易。依据大卫·李嘉图的贸易理论，国内价格低于世界价格的国家 1 将会生产更多的产品并且出口，因此其产量将会扩大至 $O_1S_1^w$，但是其国内需求将会下降至 $O_1D_1^w$。与之相对应的，国家 2 由于其国内价格高于世界价格，将会进口更多的商品，其国内商品产量将会下降至 $O_2S_2^w$。所以当两国间存在贸易往来时，国家 1 商品的生产量将会上升但消费量下降，而国家 2 商品的生产量将会下降但消费量上升。$D_1^W S_1^W$ 和 $S_2^W D_2^W$ 分别是出口量（国家 1 出口至国家 2）和进口量（国家 2 从国家 1 进口），且两者相等。

因而贸易使得国家 1 增加了产量 $Q_1^* S_1^W$，其污染物排放增加量为 $Q_1^* S_1^W \cdot E_1$，国家 2 产量减少 $S_2^W Q_2^*$，其污染物排放减少量为 $S_2^W Q_2^* \cdot E_2$，这可以看作是贸易对国家 1 和国家 2 温室气体和污染物排放的影响。则全球（假设只有两国）总的污染物排放变化量为（$Q_1^* S_1^W \cdot E_1 - S_2^W Q_2^* \cdot E_2$），这可以看作是贸易对全球温室气体和污染物排放的影响。

从贸易隐含污染物的角度来看，$D_1^W S_1^W$ 和 $S_2^W D_2^W$ 分别是国家 1 的出口量和国家 2 的进口量，由于仅有一种商品，所以两个国家该种商品的完全排放强度也是 $E_1$ 和 $E_2$。若采用进口规避排放假设，则国家 1 的出口隐含污染物为 $D_1^W S_1^W \cdot E_1$，国家 2 的进口隐含污染物为 $S_2^W D_2^W \cdot E_2$，若以贸易隐含污染物作为贸易带来的环境影响，则对国家 1 来说增加的排放量为 $D_1^W S_1^W \cdot E_1$，对国家 2 来说减少的排放量为 $S_2^W D_2^W \cdot E_2$，对全球的环境影响是 $D_1^W S_1^W \cdot (E_1 - E_2)$，与生产变化带来的实际排放变化量并不相同；若不采用进口规避排放假设，进出口隐含污染物均按出口国排放强度计算，则国家 1 的出口隐含污染物和国家 2 的进口隐含污染物均为 $D_1^W S_1^W \cdot E_1$（或 $S_2^W D_2^W \cdot E_1$），与生产变化带来的实际排放变化量也不相同。

进一步，我们对贸易自由化的环境影响进行分析，贸易自由化包括一系列减少贸易壁垒（包括关税、配额及其他非关税壁垒等）的措施。在之前的一种商品简单两国贸易模型中，当进口国对进口商品设置进口关税 t 时，由于生产商的成本增加 t，则世界市场上的出口供给曲线按关税额 t 上移（由 X 变为 X + t）。X + t 与进口需求曲线 M 相交点对应的价格为（$P_A$ + t），因为出口国商品需要负担关税，所以出口国商品得到的实际价格为 $P_A$。值得注意的是，新的进口价格比征收关税之前的世界价格 $P^W$ 加上关税 t 要低，是由于出口国将价格从 $P^W$（自由贸易时）降为 $P_A$（征收关税时）的原因。则在征收关税 t 时，国家 1 的产量为 $O_1S_1'$，国内消费量为 $O_1D_1'$，出口量为 $D_1'S_1'$。国家 2 国内消费量为 $O_2D_2'$，产量为 $O_2S_2'$，进口量为 $S_2'D_2'$。

由此我们可以得到两国在"有关税贸易"情景和"自由贸易"情景下产量的差别为 $S_1'S_1^W$ 和 $S_2^WS_2'$。对于国家 1 来说，消除关税 t 的贸易自由化措施使其产量增加 $S_1'S_1^W$，相应的污染物排放量会增加 $S_1'S_1^W \cdot E_1$；对于国家 2 来说，贸易自由化将使其产量减少 $S_2^WS_2'$，相应的污染物排放量会减少 $S_2^WS_2' \cdot E_2$。则贸易自由化的全球环境影响为（$S_1'S_1^W \cdot E_1 - S_2^WS_2' \cdot E_2$）。

同样的，从贸易隐含污染物的角度来看，$D_1^WD_1' + S_1'S_1^W$ 和 $S_2^WS_2' + D_2'D_2^W$ 分别是国家 1 和国家 2 在自由贸易情况下出口和进口的增量（二者相同）。若采用进口规避排放假设，则国家 1 的出口隐含污染物增量为（$D_1^WD_1' + S_1'S_1^W$）$\cdot E_1$，国家 2 的进口隐含污染物增量为（$S_2^WS_2' + D_2'D_2^W$）$\cdot E_2$，若以贸易隐含污染物的变化作为贸易自由化带来的环境影响，则对国家 1 来说增加的排放量即为（$D_1^WD_1' + S_1'S_1^W$）$\cdot E_1$，对国家 2 来说减少的排放量为（$S_2^WS_2' + D_2'D_2^W$）$\cdot E_2$，对全球的环境影响为（$D_1^WD_1' + S_1'S_1^W$）$\cdot (E_1 - E_2)$，与生产变化带来的实际排放变化量不相同；若不采用进口规避排放假设，进出口隐含污染物均按出口国排放强度计算，则国家 1 的出口隐含污染物和国家 2 的进口隐含污染物的增量均为（$D_1^WD_1' + S_1'S_1^W$）$\cdot E_1$（或（$S_2^WS_2' + D_2'D_2^W$）$\cdot E_1$），也不同于生产变化带来的实际排放变化量。

从以上理论模型分析可以看出，出口国由于贸易造成的生产增加量小于其实际出口量，因而由此产生的污染增量小于其出口隐含污染物（以出口国排污系数计）的量；进口国由于贸易造成的生产减小量小于其实际进口量，因而由此产生的污染减少量小于其进口隐含污染物（以进口国排污系数计）的量。

自由贸易情景和非自由贸易（有关税贸易）情景相比，贸易自由化使得出口国生产的增加量要小于其实际出口的增量，而贸易自由化造成进口国生产的减少量也要小于其实际进口的增量。贸易自由化使得各国更专注于生产具有比较优势的产品，促进全球总生产量和总消费量的上升。具体生产量和消费量的变化与出口国、进口国和世界市场的需求曲线和供给曲线的斜率（需求价格弹性和供给价格弹性）有关。

因此通过使用模型工具，进行政策情景模拟，分析贸易自由化政策对各国生产的实际影响，即可得到贸易自由化对全球温室气体和污染物排放的影响。此外，对贸易隐含温室气体和污染物指标的效应分解分析也具有其特有的政策含义，既可以通过分析其变化的驱动力，了解引起隐含污染物变化的规模、结构、技术、法规等效应，也可以揭示一国与其贸易伙伴相比，在贸易中的环境利益得失，并分析一国贸易对环境有利（进口替代生产）、有弊（出口扩大生产）的不同影响。

## 2.2 贸易自由化环境影响的情景分析与指标体系

### 2.2.1 反现实情景分析方法

反现实情景分析方法是模拟从过去某一时间点开始，将"如果现实中已存在的某种政策、规划、行为当初并未实施"所应产生的后果，与现实情况（即政策、规划、行为已经实施的后果）相对比，以期得到这些政策、规划、行为等产生的影响的一种分析方法。这一方法在政策分析、城市规划等领域有着较好的应用（Lenihan and Hart, 2004; Lundquist, 2006; He et al., 2013）。

本文以"中国未加入 WTO"作为反现实情景，"推测"这一情景下的各项经济与环境指标，同中国现实情景（即已经于 2001 年加入 WTO）下的经济与环境指标相对比，找出其差距，以表征中国加入WTO对中国自身和全球的环境影响。本研究以2001年（中国加入WTO的起始年）作为基准年，以2002~2011年（中国加入WTO后十年）作为研究的时间序列范围。本研究先将现实情景（中国已加入WTO情景）设为基准情景，进行经济发展过程的模型模拟。各项宏观经济参数、外生增长系数（如劳动力供给、资本积累）和贸易参数（特别是加入WTO后经减让的中国进口关税以及其他国家和地区对中国商品的进口关税税率）均来自真实的统计数据。调整技术进步系数对模型进行校准，使模拟过程和模拟结果符合现实情景。然后，在基准情景模拟基础上，令中国的贸易自由化水平回到"未加入WTO的状态"，即令中国对其他国家和地区的进口商品关税、其他国家和地区对中国的进口商品关税回到"中国加入WTO之前的水平"，以此作为政策冲击，即可得到"反现实情景"的模拟结果。"反现实情景"模拟中，除中国以外的其他国家和地区之间的进出口关税水平与现实情景保持相同。

### 2.2.2 表征环境影响的指标

本研究首先使用可计算一般均衡模型（CGE）对现实情景与反现实情景进行模拟，并比较分析两种情景的模拟结果，将其相关经济指标的差值作为加入WTO带来的经济影响，随后通过设置和测度其对不同污染物排放指标的影响，表征加入WTO带来的环境影响。

令$i$表示不同行业部门，$j$表示不同的国家或地区，$R_{ij}^f$和$R_{ij}^{cf}$分别代表现实和反现实情景下，不同国家和地区不同部门的政策水平（如关税等）。将$R_{ij}^f$和$R_{ij}^{cf}$的量化数值分别输入模型进行模拟，通过对比其模拟结果，可以计算得到中国加入WTO对不同国家和地区各部门经济的相对影响$\alpha_{ij}$，其代表某国家或地区$j$的部门$i$的某项经济指标（如产值、出口、进口等经济指标）在相应政策冲击下的变化率。

随后可以计算得到贸易自由化政策对经济的绝对影响$VO_{ij}$，

$$VO_{ij} = \alpha_{ij} \cdot V_{ij} \quad (2.2.1)$$

其中，$VO_{ij}$ 为某国家或地区 $j$ 的部门 $i$ 的某项经济指标的价值变化量，$V_{ij}$ 为某国家或地区 $j$ 的部门 $i$ 的某项经济指标的价值量。经济变量包括产值、出口、进口等经济指标，不同的经济变量对应不同的环境影响指标。

由本章 2.1 的理论分析可知，贸易隐含污染物可以反映一国（或地区）进出口中"带出或带入"的污染物排放量，可以反映国家或地区间贸易的"环境公平性"。如果要评估贸易或者贸易自由化的直接环境影响，则使用贸易或者贸易自由化对一国或地区生产影响下，所造成的污染物排放变化量更为准确。然而，贸易隐含污染物指标仍具有较好的政策含义和研究价值，特别是其可用来分析一国或地区在国际贸易中的环境利益得失，并可通过分解方法分析其在时间维度和空间维度变化的驱动力，为制定与调整贸易政策以协调贸易利益与环境利益提供依据。

因此，本文在研究中国加入 WTO 的环境影响时，选取了两套评价指标：（1）以贸易隐含温室气体和局地污染物的量及其受政策冲击后的变化为评价指标；（2）以受贸易政策冲击导致生产规模、结构等发生变化而引起的温室气体和局地污染物排放变化作为评价指标。并对其结果进行比较分析。

（1）贸易隐含污染物排放

出口隐含排放（Emissions Embodied in Exports，EEE）是指与本国出口商品生产相关联的排放，包括直接排放和间接排放，使用国内各部门完全排放强度（Total Domestic Sectoral Emission Intensity）计算得出；进口隐含排放（Emissions Embodied in Import，EEI）是指从其他贸易伙伴国进口的商品中隐含的排放（Ma and Chen，2011），其既可使用国内各部门的完全排放系数计算，用 $EEI_d$ 表示；也可以使用贸易伙伴国的完全排放强度 [Total Sectoral Emission Intensity of Trade

Partner（s）] 计算，用 $EEI_{tp}$ 表示。

贸易隐含排放平衡（Balance of Emissions Embodied in Trade，BEET）用于表征出口与进口隐含排放之间的实际差异，即 EEE 和 $EEI_{tp}$ 之差（Xu et al.，2012；Su and Ang，2014；Wu et al.，2016）。这一概念类似于 Arto 等（2014）提出的"排放贸易平衡（Emission Trade Balance）"。BEET 可以作为衡量一个国家或地区是污染净出口国（当 BEET 为正值）还是污染净进口国（当 BEET 为负值）的指标，反映一个国家或地区的贸易商品生产过程是否比它的贸易伙伴排放了更多（或较少）的污染物。

根据 Arto 等（2014）的研究，本文还构建了净贸易贡献排放（Net Emissions Contributed by Trade，NECT）指标，用以评估一国通过贸易聚集或规避本国污染的程度。NECT 的引入以进口规避排放假设（Ma and Chen，2011）或国内技术假设（Weber and Matthews，2007；Tukker et al.，2013）为基础，假设认为如果不进口这些产品，就要在本国生产等量等质的产品供国内使用，进口隐含排放（EEI）能够抵消部分本国国内排放（Sánchez-Chóliz and Duarte，2004）。在这种情况下，进口隐含排放（$EEI_d$）使用本国的国内完全排放系数进行计算。净贸易贡献排放（NECT）表征了净出口（出口与进口的差异）中隐含的排放，即净出口与国内完全排放系数的乘积。NECT 为正值，表示贸易增加国内排放，对环境造成负面影响；反之，表示贸易减少国内排放，对环境有正面效应。

在分析中国加入 WTO 对贸易隐含温室气体和污染物影响时，用下标 $f$ 表示现实情景（factual scenario），即中国加入 WTO 情景；用下标 $cf$ 表示反现实情景（counter-factual scenario），即中国未加入 WTO 情景。以现实情景指标（$EEE_f$、$BEET_f$ 和 $NECT_f$）与反现实情景指标（$EEE_{cf}$、$BEET_{cf}$ 和 $NECT_{cf}$）的差值 △EEE（$EEE_f - EEE_{cf}$）、△BEET（$BEET_f - BEET_{cf}$）以及 △NECT（$NECT_f - NECT_{cf}$），表示中国加入 WTO 对贸易隐含温室气体和污染物的影响。

贸易隐含温室气体和污染物的核算方法将在本章 2.4 进行详细介绍。

（2）实际污染排放量

更直接、更准确地反映贸易影响一个国家或地区的环境，特别是影响温室气体和污染物排放变化情况的指标，是由产出变动带来的实际污染物排放量的变化。遵循本研究第 1 章 1.2.1 中的链式反应逻辑（毛显强等，2010），可以辨析中国加入 WTO 后，中国自身以及世界各国各地区实际温室气体和污染物排放变化量的传导链条。即中国加入 WTO 带来的贸易自由化（贸易政策冲击），先传导至各国家和地区各部门的贸易量和价格（贸易变动），贸易量和价格的变化影响各国各地区生产规模和结构（经济影响），最后影响各国家和地区温室气体和污染物排放量（环境影响）。若公式 2.2.1 中 $VO_{ij}$ 表示某国家或地区 $j$ 的部门 $i$ 的产值变化量，则有，

$$VQ_{ijk} = \varepsilon_{ijk} \cdot VO_{ij} \qquad (2.2.2)$$

$\varepsilon_{ijk}$ 为某国家或地区 $j$ 的部门 $i$ 的第 $k$ 种温室气体或污染物当年排放系数（用该部门的排放量/产值表示），则 $VQ_{ijk}$ 为某国家或地区 $j$ 的部门 $i$ 的第 $k$ 种温室气体或污染物排放变化量。由于污染排放系数 $\varepsilon_{ijk}$ 是基于各地区各行业的当年统计值或投入产出表中环境账户计算得到，公式 2.2.2 也反映了技术进步和能源结构变动所引起的污染排放变化。此外，为方便研究，对本文模型中各地区各部门产品产量以当年价格进行"货币化"表达，并不影响其变动率的估算。

受限于研究精力和数据可获得性，本文对中国加入 WTO 的环境影响的研究对象仅限于温室气体和大气污染物，没有分析对水体污染物和固体废物等的影响。中国作为温室气体排放大国，除 $CO_2$ 之外，$CH_4$ 和 $N_2O$ 也较常见且排放量较大。同时中国还是世界上 $SO_x$ 和 $NO_x$ 排放量最大的国家，且这两种大气污染物均被列为国家总量减排目标

污染物。综合考虑指标和数据的全面性、典型性、可得性，本研究选取的环境指标包括 $CO_2$、$CH_4$、$N_2O$、$SO_x$ 和 $NO_x$。其中，$CH_4$ 和 $N_2O$ 根据 IPCC（IPCC，2006）全球变暖潜势（Global Warming Potential，GWP）转换为 $CO_2$ 当量（$CO_2$ - eq）再与 $CO_2$ 合并计算。

## 2.3　可计算一般均衡模型

可计算一般均衡模型（Computable General Equilibrium，CGE）的理论基础是瓦尔拉斯一般均衡理论，其数据集建立在投入产出表基础上，通过设置的均衡条件求解出各市场和账户的一般均衡价格和数量。当政策变化冲击整个经济系统的均衡状态时，当前的均衡价格和数量会发生变动，直至达到新的均衡，比较两次均衡状态的差异即可得到政策冲击对经济系统的影响。

GTAP 模型（Global Trade Analysis Project，GTAP）是一个基于 GTAP 数据库的多区域、多部门 CGE 模型，常用于评估国际贸易政策，一般通过 General Equilibrium Modeling PACKage (GEMPACK) 软件求解。GTAPinGAMS 模型是在标准 GTAP 模型基础上发展而来的[1]，使用通用代数建模系统（The General Algebraic Modeling System，GAMS）语言编写而成，其特点是使用一般均衡的数学规划系统（Mathematical Programming System for General Equilibrium，MPS/GE）进行编程，可以省略大量复杂的建模步骤（Rutherford，2005）。本文使用的 CGE 模型即以该模型为基础。

本研究采用的 CGE 模型使用递归动态技术实现模型的动态化，递归动态技术揭示了系统的经济行为仅取决于本期的情况。本研究采

---

[1] GTAPinGAMS 模型是 GTAP（Global Trade Analysis Project）模型的一个版本，是在 GAMS 中运行的 GTAP 模型。GTAP 模型由美国普渡大学开发，是基于 GTAP 数据库的多区域、多部门 CGE 模型，常用于评估贸易政策。详见：https：//www.gtap.agecon.purdue.edu/。

用索洛模型（Liu et al., 2014），确定了拉动经济发展的四个主要生产要素：资本存量的积累、熟练劳动力的变化、非熟练劳动力的变化和全要素生产率（Total Factor Productivity，TFP）。模型中资本存量的积累取决于折旧和实际总投资率，其中后者是根据 2002~2011 年各国家或地区（具体请见后文各章节"数据基础"部分）真实数据外生设立的。熟练劳动力的增加是基于 2002~2011 年各国家或地区受教育劳动力存量的增加，这也可以作为表征有资格成为职业工人和技术工人的劳动力数量变化的指标。非熟练工人即只受过基础教育的工人，其数量等于总就业人数减去熟练劳动力人数。整个经济系统的 TFP 参数通过内生求解并校验得到，用以拟合各地区的真实 GDP 增长。在进行反现实情景模拟时保持 TFP 变量固定不变，实际 GDP 的增长率通过内生求解得到。按照"贸易自由化政策冲击→贸易变化→经济影响→环境影响"的逻辑思路，运用 CGE 模型分析贸易自由化冲击（中国加入 WTO）带来的中国进出口额以及全球各国家和地区各部门产值变化量，随后运用本章 2.2.2 中表征环境影响的指标分析中国加入 WTO 的环境影响。

## 2.4　环境投入产出模型

投入产出分析法最早由美国经济学家瓦西里·里昂惕夫（Wassily W. Leontief）在 1936 年提出，现已经应用到经济研究领域的各个方面。本研究在投入产出基本模型基础上进行环境模块的拓展，建立用以核算中国加入 WTO 以来进出口贸易中隐含温室气体和污染物排放情况的环境投入产出模型。

投入产出分析的基本框架，利用矩阵代数可以表示为：

$$AX + Y = X \tag{2.4.1}$$

假设经济体中有 n 个部门（或者商品），则

$$A = \begin{Bmatrix} a_{11} & a_{12} & \cdots & a_{1n} \\ a_{21} & a_{22} & \cdots & a_{2n} \\ & \cdots & \cdots & \\ a_{n1} & a_{n2} & \cdots & a_{nn} \end{Bmatrix} \quad X = \begin{Bmatrix} X_1 \\ X_2 \\ \vdots \\ X_n \end{Bmatrix} \quad Y = \begin{Bmatrix} Y_1 \\ Y_2 \\ \vdots \\ Y_n \end{Bmatrix}$$

$X$、$Y$ 分别是国民经济中部门总产出向量和最终需求向量（货币价值量形式）；$A$ 为直接消耗系数矩阵，其第 $i$ 行第 $j$ 列的元素 $a_{ij}$ 表示第 $j$ 部门生产单位产品直接消耗第 $i$ 部门的产品数量，直接消耗系数反映了部门之间的直接经济技术联系。

上式 2.4.1 又可写成

$$Y = (I - A)X \tag{2.4.2}$$

其中，$I$ 是 $A$ 的同阶单位矩阵，而 $(I-A)$ 则被称为里昂惕夫矩阵，其具体形式为：

$$(I - A) = \begin{Bmatrix} 1-a_{11} & -a_{12} & \cdots & -a_{1n} \\ -a_{21} & 1-a_{22} & \cdots & -a_{2n} \\ & \cdots & \cdots & \\ -a_{n1} & -a_{n2} & \cdots & 1-a_{nn} \end{Bmatrix}$$

如果 $(I-A)$ 可逆，求解 $X$，可以得出

$$X = (I - A)^{-1} Y \tag{2.4.3}$$

其中，$(I-A)^{-1}$ 为完全需求系数矩阵，也称为 Leontief 逆矩阵，其第 $i$ 行第 $j$ 列的元素 $b_{ij}$ 表示第 $j$ 部门每单位最终产品和服务对第 $i$ 部门产品和服务的所有直接和间接需求量之和。

环境投入产出模型（EIO）的构建存在两种思路。一种是不改变模型的数学表达形式，而对基础数据表进行拓展。即将需要考察的多种能源、温室气体和污染物分别作为不同的投入产出部门重新编制含有环境部门的投入产出表。此时，仅需依照上述公式计算"环境部门"的投入产出关系即可。然而，由于环境投入产出表的编制需要大量的额外信息，而现实数据的搜集在可获得性、准确性等多方面存

在困难,这种方法会降低研究结果的辨析度和准确率,增加主观性和不确定性。另一种是简便易操作的系数法。即保持基础数据表不变,而在模型的数学表达上纳入能源消耗强度、污染排放强度等环境系数。其主要建模思想及构建步骤如下:

假如表征环境影响的环境指标有 m 种,那么总产出的环境影响可以由基于产值的环境系数与总产值的乘积得出。此时,式 2.4.3 变为:

$$P = F(I - A)^{-1} Y \qquad (2.4.4)$$

其中,$P$ 是一个 $m \times 1$ 的矩阵,其元素 $P_h$ 表示总需求所引致的环境指标 $h$ 的变动情况,$1 \leqslant h \leqslant m$。$F$ 是一个 $m \times n$ 的矩阵,其元素 $f_{hi}$ 表征 $i$ 部门对环境指标 $h$ 的影响强度,即生产单位 $i$ 对环境指标 $h$ 所产生的影响,也就是造成的环境代价。因此,$F(I-A)^{-1}$ 就是一个 $m \times n$ 的矩阵,可以理解为各部门最终产品的完全(包括直接和间接)污染排放强度矩阵,也叫作部门完全排放强度矩阵,其元素 $B_{hj}$ 表征第 $j$ 部门单位货币价值产品产生的第 $h$ 种污染物排放量。

由于统计口径存在差异,现实中能源消耗和污染排放数据的部门分类(比如环境统计年鉴)与投入产出表中的部门分类往往不一致,这就需要进行部门统一化处理。假设环境统计年鉴中分类部门有 $l$ 种,那么此时 $F$ 为 $m \times l$ 的矩阵,其元素 $f_{hg}$ 为 $g$ 部门对 $h$ 的影响强度。此时就需要一个 $l \times n$ 的调整矩阵 $K$,对上式 2.4.4 进一步调整为:

$$P = FK(I - A)^{-1} Y \qquad (2.4.5)$$

其中,$F$ 为 $m \times l$ 的矩阵,$I$ 和 $A$ 为 $n \times n$ 的矩阵,$Y$ 为 $n \times 1$ 的矩阵,$K$ 为 $l \times n$ 的矩阵。矩阵 $k$ 中的元素 $k_{gi}$ 满足 $0 \leqslant k_{gi} \leqslant 1$,当需要进行部门集结时,$k_{gi}$ 值为 1;当需要进行部门拆分时,$k_{gi}$ 值介于 0 和 1 之间,具体值可参照其经济权重设定;当部门相同而不需要变动时,

$k_{gi}$ 值为 0。

这样,$FK(I-A)^{-1}$ 就成为一个 $m \times n$ 的矩阵,是"调整了的"各部门最终产品的完全能源消耗或污染排放系数矩阵,其元素 $\delta_{hj}$ 表示第 $j$ 部门单位货币价值最终产品完全消耗的第 $h$ 种能源或产生的第 $h$ 种污染排放量。

要想辨析贸易隐含污染物或隐含能耗,需要将以上 EIO 模型进一步分解为国内部分和贸易部分,将国内生产、进口和出口情况表达出来。以单区域模型为例,此时,

$$P = FK(I-A)^{-1}(C+E-M) \qquad (2.4.6)$$

其中,$C$、$E$ 和 $M$ 均为 $n \times 1$ 矩阵,$C$ 代表国内生产且消费的产出;$E$ 为国内生产且出口的产出;$M$ 为国外生产但进口至国内消费的产出。

考虑 EIO 模型的线性假设,可以将式 2.4.6 进行拆分:

$$P^C = FK(I-A)^{-1}C \qquad (2.4.7)$$

$$P^E = FK(I-A)^{-1}E \qquad (2.4.8)$$

$$P^M = FK(I-A)^{-1}M \qquad (2.4.9)$$

其中,$P^C$ 的元素记为 EED(Emissions Embodied in Domestic Production for Domestic Demand),表示供国内消费的国内产出所引致的温室气体或污染物排放;$P^E$ 的元素记为 EEE(Emissions Embodied in Exports),表示出口隐含温室气体或污染物排放;$P^M$ 的元素记为 EEI(Emissions Embodied in Imports),表示进口隐含温室气体或污染物排放。

EEI 的计算可以有两种方式,一是运用单区域投入产出模型,采用国内的完全排放系数计算得到 $EEI_d$;另一种是运用多区域投入产出模型,采用贸易伙伴的完全排放系数计算得到 $EEI_{tp}$。

上述模型的一个隐含假设是所有中间投入品都是在国内生产的,

其投入产出系数未对中间投入的国产品和进口品进行有效区分。这种情况下，不管是国产品还是进口品，其中间投入每增加一单位都会使本国的能耗和污染排放增加。考虑到中国外向型经济存在大量加工贸易型产出的情况，而加工贸易的典型特点就是部分中间投入品来源于进口，并未参与中国的能耗和污染排放，因而需将各部门对部门 $i$ 投入的进口品分离，即把加工贸易部分排除。具体在模型中，就是把直接消耗系数矩阵 $A$ 中包含的进口中间投入品排除，计算出更加精确的 EEE 和 EEI。

在很多国际通用的多区域投入产出表中，中间投入部分已经将国内投入和进口中间品投入区分开来（如 WIOD 数据库[①]、Eora 数据库[②]和 EXIO 数据库[③]等），在计算贸易品的完全需求矩阵时，将投入产出系数 $A$ 替换为国内投入产出系数 $A^d$ 即可。

综上所述，出口隐含污染物（EEE）、贸易隐含污染物平衡（BEET）和净贸易贡献污染物（NECT）的计算方法如下：

$$EEE = F_d \times E \qquad (2.4.10)$$

$$EEI_{tp} = F_{tp} \times M \qquad (2.4.11)$$

$$EEI_d = F_d \times M \qquad (2.4.12)$$

$$BEET = EEE - EEI_{tp} \qquad (2.4.13)$$

$$NECT = EEE - EEI_d \qquad (2.4.14)$$

其中 $F_d$ 表示调整后与进出口部门相对应的国内各部门完全排放强度矩阵，$F_{tp}$ 表示调整后与进出口部门相对应的贸易伙伴的各部门完全排放强度矩阵。

---

[①] World Input-Output Database（WIOD）：http://www.wiod.org/new_site/home.htm.
[②] Eora multi-region input-output table database：http://worldmrio.com/.
[③] EXIOBASE：http://www.exiobase.eu/index.php/about-exiobase.

## 2.5 驱动力分析

使用多区域环境投入产出方法（Multi-Region Environmental Input-Output，MREIO）计算EEE、EEI和BEET等贸易隐含污染物指标后，下一步是对这些指标进行适当的指数分解，以确定其变化的驱动力。分解分析是理解和量化经济、环境或能源相关指标变化背后的驱动力的重要工具（Ang and Zhang，2000）。指数分解分析（Index Decomposition Analysis，IDA）是一种广泛应用于行业层面指标变化分解的方法，它可用于考察碳排放（Wang et al.，2005）、历史碳强度变化（Zhang，2009）和贸易隐含碳排放（Du et al.，2011；Xu and Dietzenbacher，2014）等的驱动因素。这种方法也可以应用于区域或城市尺度（Tian et al.，2011）。IDA模型对基础数据的要求较低，仅需要集成的部门层面的信息。本文选择这一方法，也是因为IDA可以对结果进行明确的、与政策制定紧密相关的解释。

在本研究中，我们采用时间维度和空间维度IDA方法分别分解EEE和BEET的驱动力。时间维度的IDA说明了一个指标（如本研究中的EEE指标）在时间尺度上如何受与国内贸易相关的环境和经济因素驱动而发生变化（Dong et al.，2010）。空间维度IDA可用于说明不同国家和地区之间（如本文的中国与其贸易伙伴之间）因存在与贸易相关的环境和经济特征差异而造成的BEET的不同（Jakob and Marschinski，2013；Gasim，2015）。

具体的分解方法为对数平均迪氏指数法（Logarithmic Mean Divisia Index，LMDI），该方法是解决IDA问题的一种较为常见的算术方法。这一方法的优点是可以避免残差项，得到完全分解结果，并且可以处理数据集中零值相关的计算问题。该方法的使用指南由Ang（2005）提供。

IDA有三种指标形式：绝对量（absolute）、强度（intensity）和弹性（elasticity）（Hoekstra and van den Bergh，2003）。在时间维度 IDA 中，将 EEE 的变化归因于"规模效应"、"结构效应"和"技术效应"（Grossman and Krueger，1991），其中"技术效应"又可以归因于"生产效率效应"和"法规效应"。本研究中，规模效应和结构效应是指出口中规模和结构的调整以及随之发生的生产变化引起的排放的变化。技术效应由各生产部门的完全排放系数（SEI）来表征，反映了生产效率进步（即生产效率效应）和环境规制实施（即法规效应），即节能和末端减排措施的进步而带来的减排。生产效率效应和法规效应相结合引致各部门 SEI 的变化。

对于 EEE，时间维度的 IDA 等式可写为：

$$EEE = \sum_i X \times \frac{x_i}{X} \times F_i = \sum_i X \times S_i \times F_i \qquad (2.5.1)$$

其中，$X$ 表示总出口额，代表了规模效应；$x_i$ 为部门 $i$ 的出口额，所以 $S_i$ 是部门 $i$ 在总出口额中所占的份额，代表了结构效应；$F_i$ 是各部门的完全排放强度（SEI）。

而 $F_i$ 可以表示为：

$$F_i = \frac{TE_i}{O_i} = \frac{F_i \times O_i}{I_i} \times \frac{I_i}{O_i} = F_i \times TFP \times \frac{1}{TFP} \qquad (2.5.2)$$

其中，$TE_i$ 是部门 $i$ 的污染物的总排放量；$O_i$ 是部门 $i$ 的总产出；$I_i$ 是部门 $i$ 生产要素的总投入；$TFP$ 是全要素生产率，即生产要素的总产出与总投入的比值；$\frac{F_i \times O_i}{I_i}$（或 $F_i \times TFP$）是单位生产要素投入的污染排放量，代表了法规效应；$\frac{1}{TFP}$ 代表了生产效率效应。式 2.5.3 可由式 2.5.1 和式 2.5.2 导出：

$$EEE = \sum_i X \times S_i \times F_i = \sum_i X \times S_i \times (F_i \times TFP) \times \frac{1}{TFP} \qquad (2.5.3)$$

本研究采用加和形式分解 0 至 T 期 EEE 的变化的驱动力：

$$EEE_{tot}^{T-0} = EEE^T - EEE^0 = \triangle EEE_{scl}^{T-0} + \triangle EEE_{comp}^{T-0} + \triangle EEE_{reg}^{T-0} + \triangle EEE_{eff}^{T-0}$$
(2.5.4)

下标 scl，comp，reg 和 eff 分别代表了与规模（出口额）、结构、法规和生产效率对应的效应。技术效应为生产效率效应和法规效应之和。

基于 LMDI 方法，各效应的相关方程如下所示：

$$\triangle EEE_{scl}^{T-0} = \sum_i \frac{EEE_i^T - EEE_i^0}{\ln EEE_i^T - \ln EEE_i^0} \ln\left(\frac{X^T}{X^0}\right) \quad (2.5.5)$$

$$\triangle EEE_{comp}^{T-0} = \sum_i \frac{EEE_i^T - EEE_i^0}{\ln EEE_i^T - \ln EEE_i^0} \ln\left(\frac{S_i^T}{S_i^0}\right) \quad (2.5.6)$$

$$\triangle EEE_{reg}^{T-0} = \sum_i \frac{EEE_i^T - EEE_i^0}{\ln EEE_i^T - \ln EEE_i^0} \ln\left(\frac{F_i^T \, TFP^T}{F_i^0 \, TFP^0}\right) \quad (2.5.7)$$

$$\triangle EEE_{eff}^{T-0} = \sum_i \frac{EEE_i^T - EEE_i^0}{\ln EEE_i^T - \ln EEE_i^0} \ln\left(\frac{\frac{1}{TFP^T}}{\frac{1}{TFP^0}}\right) \quad (2.5.8)$$

进行空间维度 IDA 分解时，将 BEET（EEE 和 EEI 之间的差异）分解为三个驱动因子。"排放强度效应"（emission intensity effect，ΔEI）反映了中国及其贸易伙伴的总排放强度（National Emission Intensity，NEI），以总排放/GDP 表示，考察国内外排放强度差异对 BEET 形成的贡献。"专业化效应"（specialization effect，ΔSP）反映了中国进出口所涉及的污染密集型产品的专业化程度的差异对 BEET 的贡献。"贸易平衡效应"（trade balance effect，ΔTB）反映了总出口额和总进口额之间的差异对 BEET 的影响。具体分解方法基于 Jakob & Marschinski（2013）与 Gasim（2015）的研究。

在空间维度 IDA 中，中国的 EEE 和 EEI 各被分解为三个因式相乘的形式，如下所示：

$$EEE = \frac{E_c}{GDP_c} \times \frac{\frac{EEE}{X}}{\frac{E_c}{GDP_c}} \times X = NEI_c \times sp_c \times X \qquad (2.5.9)$$

$$EEI = \frac{E_{tp}}{GDP_{tp}} \times \frac{\frac{EEI}{M}}{\frac{E_{tp}}{GDP_{tp}}} \times M = NEI_{tp} \times sp_{tp} \times M \qquad (2.5.10)$$

其中，下标 $c$ 和 $tp$ 分别表示中国及其贸易伙伴；$E$ 表示经济体的总排放量；$GDP$ 为国内生产总值；$NEI$（或 $E/GDP$）是经济体总排放强度；$sp$ 是进出口"污染密集型产品的专业化"程度。根据 Leamer（1980）的方法，污染密集型产品的专业化程度，可用单位进出口值中隐含温室气体和污染物的排放量与单位 GDP 中隐含温室气体和污染物排放量的比值来表示。

综上所述，BEET 的驱动力可被分解为经济体总排放强度效应（ΔEI）、污染密集型产品专业化效应（ΔSP）和贸易平衡效应（ΔTB）：

$$BEET = EEE - EEI = EI_c \times sp_c \times X - EI_{tp} \times sp_{tp} \times M = \triangle EI + \triangle SP + \triangle TB$$
$$(2.5.11)$$

$$\triangle EI = \frac{EEE - EEI}{\ln EEE - \ln EEI} \times \ln(\frac{EI_c}{EI_{tp}}) \qquad (2.5.12)$$

$$\triangle SP = \frac{EEE - EEI}{\ln EEE - \ln EEI} \times \ln(\frac{sp_c}{sp_{tp}}) \qquad (2.5.13)$$

$$\triangle TB = \frac{EEE - EEI}{\ln EEE - \ln EEI} \times \ln(\frac{X}{M}) \qquad (2.5.14)$$

# 第 3 章
# 加入 WTO 以来中国经济贸易发展与环境保护的事实与特征

自 2001 年 12 月加入 WTO，中国进入了全方位宽领域对外开放新时期。中国的内外经贸政策不仅要遵循国内改革发展的需要，同时又必须符合 WTO 规则。一方面，中国加入 WTO 后享受到的 WTO 成员方的最惠国待遇（Most Favored Nation，MFN）和普惠制待遇（Generalized System of Preferences，GSP），大大促进了中国出口贸易的发展；另一方面，中国也遵循入世承诺不断降低自身关税及非关税壁垒水平，为外国商品进入中国提供便利。中国对外贸易发展迅速，进出口额与贸易顺差快速增长。与此同时，中国也采取了一系列环境保护政策措施，力图遏制严峻的环境问题。

## 3.1 加入 WTO 以来中国贸易内外部条件的变化

### 3.1.1 享受 WTO 最惠国待遇/普惠制待遇

最惠国待遇（Most Favored Nation，MFN）是指一国在贸易、航海、关税、国民法律地位等方面给予另一国的优惠待遇不得低于现时或将来给予任何第三国的优惠待遇，其为国际经贸条约中一项传统的法律原则。WTO体制下的最惠国待遇是全方位的，不仅适用于货物贸易及其相关的国际收支转账，还适用于服务贸易、与贸易有关的知识产权和投资措施等领域。2001年加入WTO后，中国在所有WTO成员方享受多边的、无条件的、稳定的最惠国待遇，使得中国在最大范围内享有有利的贸易竞争条件，有利于中国出口贸易和对外投资的发展。

普惠制待遇（Generalized System of Preferences，GSP）是发达国家针对发展中国家出口的制成品或半制成品，单方面在最惠国税率的基础上给予关税减免的一种优惠制度。中国作为发展中国家，在加入WTO后出口的制成品、半制成品享受普惠制待遇，这对中国出口贸易的进一步扩大起到了极大的推动作用。

### 3.1.2 进出口关税手段

加入WTO后，中国每年均按照《中国入世议定书》的承诺降低有关产品的进口关税税率，在2001～2005年间，关税总水平从15.3%降至9.9%，降幅高达35%。国务院于2003年11月23日发布了新修订的《中华人民共和国进出口关税条例》（国务院令第392号），2004年1月1日正式实行。新修订的关税条例着重对税率的设置、进出口货物完税价格的确定以及进出口货物关税征管制度进行了更新。2005年中国已基本完成了入世承诺中的大部分关税降减承诺。2005年以后，中国继续对关税水平进行了小幅调整，2006年1月2日起，中国进一步降低了100多个税目的进口关税，涉及植物油、化工原料、汽车及汽车零部件等产品。2018年11月1日起，中国进一步降低部分工业品的最惠国税率，共涉及1585个税目，平均降幅达到26%。经过连续几次大幅度的降税，中国已按期履行了加入WTO承诺的降税任务（见表3-1）。近年来中国进口关税总水平降至7.5%左右。经过降税，中国进口关税税率大体形成了从资源型产品、零部件到制成品，税率由低至高的合理结构。中国关税结构的调整正朝着能够有效推动产业结构和贸易结构优化、促进能源资源节约和生态环境保护、加强进出口管理的方向发展。

表 3-1 2000~2020 年中国关税总水平

| 年份 | 关税总水平(%) | 年份 | 关税总水平(%) |
| --- | --- | --- | --- |
| 2000 | 16.4 | 2011 | 9.8 |
| 2001 | 15.3 | 2012 | 9.8 |
| 2002 | 12.0 | 2013 | 9.8 |
| 2003 | 11.0 | 2014 | 9.8 |
| 2004 | 10.4 | 2015 | 9.8 |
| 2005 | 9.9 | 2016 | 9.8 |
| 2006 | 9.9 | 2017 | 9.8 |
| 2007 | 9.8 | 2018 | 7.5 |
| 2008 | 9.8 | 2019 | 7.5 |
| 2009 | 9.8 | 2020 | 7.5 |
| 2010 | 9.8 | | |

资料来源：海关总署官网，作者整理。

加入 WTO 以来，中国大幅削减了一些重要的工业品的关税税率。以汽车整车为例，加入 WTO 前其关税高达 80% 至 100%，2002 年降至 43.8%，2006 年 7 月 1 日降低至 25%（张向晨，2004），2018 年 7 月 1 日进一步降低至 15%。同时，农产品关税税率也已降至较低水平（约 15.2%），而美国的农产品关税为 12%，欧盟为 20%，巴西和阿根廷等国更是高达 35%。此外，中国还加入了《信息技术产品协定》，协定下的信息技术产品的关税于 2005 年全部降至零。

同时，我国不断推进自由贸易区战略。根据我国与有关国家或地区签署的贸易或关税优惠协定，对有关国家或地区实施协定税率，《2015 年关税实施方案》所载的协定税率实施情况见表 3-2。由于这些是由自由贸易区签订产生的税率优惠，本书在考察加入 WTO 的影响时，并未将这部分优惠税率考虑在内。

表 3–2　2015 年中国协定税率实施情况

| 所依据的自贸协定 | 原产地 | 商品种类 |
|---|---|---|
| 亚太贸易协定 | 韩国、印度、斯里兰卡、孟加拉国和老挝 | 1891 个税目商品 |
| 中国–东盟自由贸易协定 | 文莱、印度尼西亚、马来西亚、新加坡、泰国、菲律宾、越南、缅甸、老挝和柬埔寨 | 部分税目商品 |
| 中国–智利自由贸易协定 | 智利 | 7347 个税目商品 |
| 中国–巴基斯坦自由贸易协定 | 巴基斯坦 | 6546 个税目商品 |
| 中国–新西兰自由贸易协定 | 新西兰 | 7358 个税目商品 |
| 中国–新加坡自由贸易协定 | 新加坡 | 2794 个税目商品 |
| 中国–秘鲁自由贸易协定 | 秘鲁 | 7124 个税目商品 |
| 中国–哥斯达黎加自由贸易协定 | 哥斯达黎加 | 7320 个税目商品 |
| 中国–瑞士自由贸易协定 | 瑞士 | 7110 个税目商品 |
| 中国–冰岛自由贸易协定 | 冰岛 | 7248 个税目商品 |
| 更紧密经贸关系安排 | 香港特别行政区 | 已制定优惠原产地标准的 1812 个税目商品实施零关税 |
| 更紧密经贸关系安排 | 澳门特别行政区 | 已制定优惠原产地标准的 1315 个税目商品实施零关税 |
| 海峡两岸经济合作框架协议货物贸易早期收获计划 | 台湾地区 | 622 个税目商品 |

资料来源：《2015 年关税实施方案》，作者整理。

中国出口关税经过数次调整，取消了部分产品的出口关税。如国务院关税税则委员会于 2009 年 6 月 19 日发布《关于调整部分产品出口关税的通知》（税委会〔2009〕6 号），取消小麦、大米、大豆及其制粉、硫酸、钢丝等共计 31 项产品的出口关税。近几年来，出口关税政策作为宏观调控手段，在抑制国内通货膨胀、促进国际收支平衡、优化出口贸易结构、实现节能减排、减少贸易摩擦等方面发挥了重要作用。以 2015 年出口关税为例，2015 年中国对 343 种八位税号产品征收出口关税或出口暂定关税。征收出口关税的主要商品包括天然石墨、稀土金属、部分有色金属废碎料、木浆、化工原料等产品[1]。2021 年 8

---

[1] 《2015 年关税实施方案》：http://gss.mof.gov.cn/zhengwuxinxi/zhengcefabu/201412/P020141216582771009295.pdf。

月1日起,中国提高了铬铁、高纯生铁的出口关税,分别实行40%和20%的出口税率。

### 3.1.3 非关税手段

(一) 出口退税

从2004年起,出口退税的调整被赋予总量控制、结构调整及保护资源环境等多项职责,一方面要减小贸易顺差以缓解外汇储备过大、国内流动性过剩的压力;另一方面要优化出口产品结构以协调国际国内资源价格、推动国内产业结构升级。同时,出于保护资源环境的目的,2005年起,中国开始分期分批调低和取消部分"高能耗、高污染、资源型",即"两高一资"产品的出口退税率,适当降低易引起贸易摩擦的劳动密集型产品出口退税率,提高重大技术装备、IT产品、生物医药产品的出口退税率。"十一五"以来,"降低或取消'两高一资'产品出口退税率"作为出口环节重要的绿色贸易手段,已成为转变贸易发展方式、支持节能减排一揽子政策措施的重要组成部分,并取得了一定进展和初步效果(Song et al., 2015)。2021年8月1日起,中国取消了钢轨、相关型号的钢铁卷材等钢铁产品出口退税。

(二) 进出口配额政策

为了适应加入WTO的要求,国务院于2001年12月10日发布了《中华人民共和国货物进出口管理条例》(以下简称《货物进出口管理条例》),对进出口配额问题做了详细规定。

根据《货物进出口管理条例》的规定,对有数量限制的限制进口类货物,实行配额管理。随着中国外贸体制改革的深入,为了适应加入WTO的要求,中国一直逐步减少进口配额商品。如自2002年1月1日起,取消了粮食、羊毛、棉花、化纤、化肥、部分轮胎等产品的配额许可证管理,改原有的绝对配额管理为关税配额管理,并承诺了一定的配额年增长率。在进口配额管理方面,先后公布了《进口配额管理实施细则》、《特定产品进口管理细则》、《农产品进口关税配额管理办法》和《化肥进口关税配额管理暂行办法》等行政规定，对配额的总量、分配原则和申请程序作了规定。

国家对有数量限制的限制出口货物，同样实行配额管理。出口配额可以通过直接分配的方式分配，也可以通过招标等方式分配。中国加入 WTO 的第一年即 2002 年，对 54 种商品分别实行出口配额许可证、出口配额招标、出口配额有偿使用、出口配额无偿招标和出口许可证管理。2008 年实行出口许可证管理的 47 种货物，分别实行出口配额许可证、出口配额招标和出口许可证管理。由此看出，实行出口配额的货物范围也有所减少（张海鸥，2008）。

但近年来，为维护中国的环境利益，政府调整、减少了一些资源性产品的生产和出口规模。2007 年起，中国开始对稀土生产实行指令性规划，并开始减少稀土出口。《全国矿产资源规划（2008 年~2015 年）》规定，对钨、锡、锑、稀土等国家规定实行保护性开采的特定矿种的勘查和开采实行规划调控、限制开采、严格准入和综合利用，严格实行保护性开采的特定矿种年度开采总量指标控制，严禁超计划开采和计划外出口。2010 年 5 月，工信部发布《稀土行业准入条件》，提高稀土行业的准入门槛，对企业生产规模、工艺装备、三废排放等均作出要求。这是以行业管理替代配额管理、适应 WTO 规则的一项重要举措。

### 3.1.4 配套环境政策工具手段

#### （一）依据多边国际环境公约（MEAs）的进出口管制

1. 进出口废物管理

在进出口废物管理方面，《控制危险废料越境转移及其处置巴塞尔公约》（简称《巴塞尔公约》）的附件一、附件二、附件三、附件八（即名录 A）列明了有可能对环境造成危害的货物。2009 年 7 月 3 日，中国政府发布了《禁止进口固体废物目录》，其中共涉及 84 种固体废物；同时发布了《限制进口类可用作原料的固体废物目录》，其中共涉及 51 种固体废物[①]。

2. 受控消耗臭氧层物质（ODS）管理

中国先后公布了四批进出口受控消耗臭氧层物质名录[②]，其中一部分产品现已经被列入禁止进出口名录中，现受控消耗臭氧层物质还有 48 种。

3. 化学危险品管理

为履行《关于在国际贸易中对某些危险化学品和农药采用事先知情同意程序的鹿特丹公约》和《关于持久性有机污染物的斯德哥尔摩公约》，国家先后颁布了《中国禁止或严格限制的有毒化学品目录（第一批）》和《中国禁止或严格限制的有毒化学品目录（第二批）》，其中明令禁止部分有毒化学品的进出口，并于 2006 年提出了《优先管理类废弃危险化学品目录》。根据《关于在国际贸易中对某些危险化学品和农药采用事先知情同意程序的鹿特丹公约》附件三名单的调整以及海关商品编号调整情况，发布《中国严格限制进出口的有毒化学品目录》（2010 年），自 2010 年 1 月 1 日起实施，规定凡进口或出口上述目录中有毒化学品的，应向环境保护部申请办理有毒化学品进口环境管理登记证和有毒化学品进（出）口环境管理放行通知单。

4. 生物多样性保护

在保护濒危物种、动植物资源和人类健康等方面，依据《生物

---

[①] 环保部、商务部、国家发改委、海关总署、国家质检总局公告 2009 年第 36 号，《关于调整进口废物管理目录的公告》，2009 年 7 月 3 日公布，2009 年 8 月 1 日起执行。原国家环境保护总局、商务部、发展改革委、海关总署、国家质检总局 2008 年第 11 号公告所附目录同时停止执行。

[②] 国家环保总局环发（2000）10 号文，《中国进出口受控消耗臭氧层物质名录（第一批）》，2000 年 1 月 19 日颁布；国家环保总局环发（2001）6 号文，《中国进出口受控消耗臭氧层物质名录（第二批）》，2001 年 1 月 2 日颁布；国家环保总局环发（2004）25 号文，《中国进出口受控消耗臭氧层物质名录（第三批）》，2004 年 2 月 6 日颁布；国家环保总局环发（2006）25 号文，《中国进出口受控消耗臭氧层物质名录（第四批）》，2006 年 2 月 8 日颁布。

多样性公约》（CBD），那些可能会造成遗传资源流失的产品或商品，都应归入限制出口类。根据《卡塔赫纳生物安全议定书》和国内外有关政策法规，与改性活生物体（包括 LMO、GMO 等）有关的产品，必须经过国家有关部门同意后，方可出口。2006 年 9 月实施的《中华人民共和国濒危野生动植物进出口管理条例》规定，禁止进口或者出口《濒危野生动植物种国际贸易公约》（CITES 公约）禁止的以商业贸易为目的进出口濒危野生动植物及其产品，对特殊需求的进出口必须经过国务院有关部门的审批方可进行贸易。

**（二）"双高"产品名录**

为控制"两高一资"（高耗能、高污染、资源型）产品出口，国务院于 2006 年 12 月底，明确要求国家环保总局会同有关部门制定"高污染、高环境风险"产品名录，建立控制"双高"产品出口的政策体系。国家环保总局 2008 年 2 月 26 日颁布了第一批"高污染、高环境风险"产品名录（简称"双高"产品名录）①，产品共计 141 种，其中"高污染"产品 16 种，"高环境风险"产品 63 种，既是"高污染"又是"高环境风险"的产品 62 种。2018 年，环境保护部印发了《环境保护综合目录（2017 年版）》，其中"双高"产品目录包含 885 项产品。

国家环保总局向财政部、税务总局提出了取消"双高"产品出口退税的建议，同时还向商务、海关等部门提出了禁止其加工贸易的建议。作为绿色贸易政策的基础内容之一，制定该名录，不仅是限制"双高"产业和保护公众健康的迫切需求，也是中国履行国际环保义务的实际举措。

**（三）环境产品清单**

WTO 从 2001 年就开始讨论研究通过环境产品清单，但是二十年

---

① 第一批"双高"产品名录请见中国政府网：http://www.gov.cn/gzdt/2008 - 02/26/content_901381.htm。

来，各成员出于各自的利益考虑，一直没有就这一问题达成一致。2011年亚太经合组织（APEC）檀香山领导人非正式会议就环境产品自由化问题达成重要共识，要求APEC各成员在2015年之前将列入清单的环境产品的关税削减至5%或5%以下。经过长时间的磋商和谈判，2012年9月9日在俄罗斯符拉迪沃斯托克闭幕的APEC非正式领导人会议通过了一份包含54项6位税号产品的APEC环境产品清单①。这份环境产品清单上列出了包括环境监测、垃圾焚烧、空气水源质量控制等在内的低能耗、低碳环保设备产品。

在谈判过程中，中方特别考虑到了中国所处的发展阶段、发展中成员的利益、如何使环境产品有利于发展中成员的环境保护，以及防范绿色壁垒等问题，所提出的环境产品建议清单得到了多数成员的肯定。

APEC环境产品清单的通过，有利于促进绿色环保型产品对外贸易的发展，并将鼓励中国企业更多地开发环境产品，扩大国际市场占有率。而随着一些享受更低关税的环保设备产品进口增加，中国环境保护事业也将进一步得到发展。

2014年中国、美国、欧盟等14个WTO成员的部长或代表在瑞士达沃斯召开新闻发布会，共同宣布启动环境产品谈判进程。该项谈判旨在以APEC环境产品清单为基础，在WTO框架下进一步探讨实现环境产品自由化的各种机会，其最终成果将通过最惠国待遇惠及所有WTO成员，目前WTO环境产品清单仍在谈判中。

（四）出口企业环境行为审核与监督

2007年10月，为发挥各类出口企业在环境保护方面的带动作用，有效控制"两高一资"产品出口，加快转变外贸增长方式，原国家环保总局与商务部发布了《关于加强出口企业环境监管的通知》，联合限制污染企业出口相关产品，要求率先在冶金、化工、水泥、纺织、轻

---

① APEC环境产品清单请见APEC官网：http://www.apec.org/Meeting-Papers/Leaders-Declarations/2012/2012_aelm/2012_aelm_annexC.aspx。

工等贸易顺差规模大、增长快的企业推行企业环境监督员制度。商务部将环保部通报的违法违规企业名单及相应的处罚决定书下发地方商务主管部门,并授权地方商务主管部门,依据环保部门提供的处罚决定书,暂停受理有关企业出口业务申请,地方商务主管部门通过省级商务主管部门将该企业出口业务申请情况上报商务部,商务部根据《中华人民共和国外贸法》第三十四条和第六十三条的规定,可在一年以上三年以下期限内中止该企业从事对外贸易经营活动。此项措施规范了出口企业的环境行为,减少了外贸活动对环境造成的负面影响。

## 3.2 加入 WTO 以来中国经济贸易的发展

### 3.2.1 加入 WTO 以来中国对外贸易进出口情况

中国自 2001 年加入 WTO,对外贸易发展迅速,进出口额与贸易顺差快速增长。除 2009 年全球经济危机影响下进出口额发生明显下降外,加入 WTO 以来中国进出口额基本保持逐年增长。同时,贸易顺差在 2008 年之前整体呈递增趋势,2008 年达到了峰值 2981.26 亿美元,之后的几年贸易顺差有逐年收窄的趋势,于 2011 年缩至 1551 亿美元,但 2012 年开始又有回升,2015 年达到 5939.04 亿美元的历史最高值,2020 年贸易顺差为 5350.34 亿美元。中国经济对出口的依赖性较高,出口占 GDP 比重在 2006 年达到峰值 35.36%,近年来有所下降,2020 年出口占 GDP 比重已经低于 2000 年水平。具体情况如表 3-3 所示。

表 3-3 2000~2020 年中国对外贸易进出口情况

单位:亿美元

| 年份 | 进出口总额 | 出口总额 | 进口总额 | 贸易顺差 | 出口占 GDP 比重(%) |
|---|---|---|---|---|---|
| 2000 | 4742.96 | 2492.03 | 2250.94 | 241.09 | 20.58 |
| 2001 | 5096.51 | 2660.98 | 2435.53 | 225.45 | 19.87 |

续表

| 年份 | 进出口总额 | 出口总额 | 进口总额 | 贸易顺差 | 出口占GDP比重(%) |
|---|---|---|---|---|---|
| 2002 | 6207.66 | 3255.96 | 2951.70 | 304.26 | 22.14 |
| 2003 | 8509.88 | 4382.28 | 4127.60 | 254.68 | 26.41 |
| 2004 | 11545.55 | 5933.26 | 5612.29 | 320.97 | 30.34 |
| 2005 | 14219.06 | 7619.53 | 6599.53 | 1020.00 | 33.44 |
| 2006 | 17604.39 | 9689.78 | 7914.61 | 1775.17 | 35.36 |
| 2007 | 21765.72 | 12204.56 | 9561.16 | 2643.40 | 34.65 |
| 2008 | 25632.60 | 14306.93 | 11325.67 | 2981.26 | 31.42 |
| 2009 | 22075.35 | 12016.12 | 10059.23 | 1956.89 | 23.50 |
| 2010 | 29739.98 | 15777.54 | 13962.44 | 1815.10 | 25.91 |
| 2011 | 36420.70 | 18986.00 | 17434.70 | 1551.30 | 25.19 |
| 2012 | 38671.20 | 20487.14 | 18184.05 | 2303.09 | 23.94 |
| 2013 | 41589.93 | 22090.04 | 19499.89 | 2590.15 | 23.04 |
| 2014 | 43015.27 | 23422.93 | 19592.35 | 3830.58 | 22.34 |
| 2015 | 39530.33 | 22734.68 | 16795.65 | 5939.04 | 20.49 |
| 2016 | 36855.57 | 20976.31 | 15879.26 | 5097.05 | 18.55 |
| 2017 | 41071.38 | 22633.45 | 18437.93 | 4195.52 | 18.43 |
| 2018 | 46224.44 | 24866.96 | 21357.48 | 3509.48 | 17.85 |
| 2019 | 45778.91 | 24994.82 | 20784.09 | 4219.32 | 17.47 |
| 2020 | 46462.57 | 25906.46 | 20556.12 | 5350.34 | 17.65 |

资料来源:《中国统计年鉴》(2001—2020)。

从中国进出口额占世界贸易额比重来看,加入 WTO 以来,中国对外贸易在全球贸易的地位逐渐凸显,为世界贸易繁荣做出了重要贡献。其中中国出口额占世界出口额比重从 2000 年的 3.86% 上升至 2020 年的 14.73%;中国进口额占世界进口额比重由 2000 年的 3.35% 上升为 2020 年的 11.54%。

根据中国与各国家和地区的贸易额,本研究辨析中国主要贸易伙伴,并将此作为后文全球环境影响分析中区域划分的依据。中国主要贸易伙伴包括东盟(ASEAN)、日本(JPN)、韩国(KOR)、北美自由贸易区(美国、加拿大和墨西哥,NAFTA)、中国台湾地区(TWN)、欧盟(EU)、印度(IND)、俄罗斯(RUS)、巴西(BRA)、澳大利亚

第 3 章 加入 WTO 以来中国经济贸易发展与环境保护的事实与特征 | 53

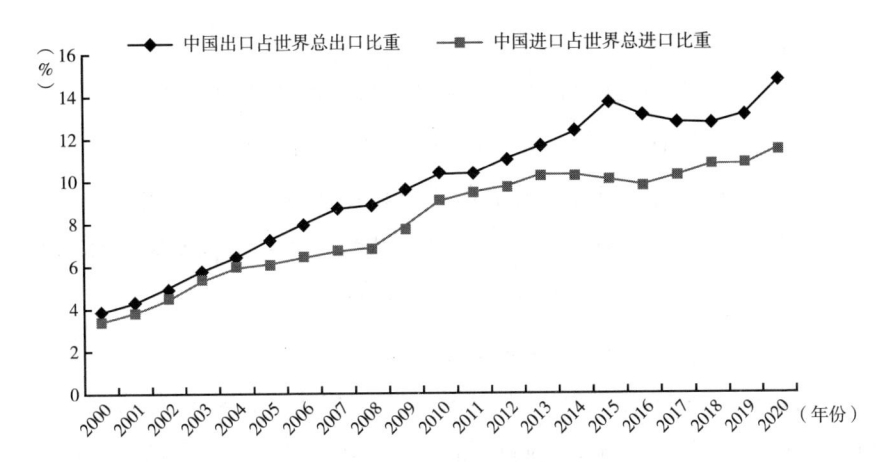

**图 3-1 中国进出口额占世界贸易额比重（2000~2020 年）**

资料来源：世界贸易组织（WTO）统计数据，作者整理。

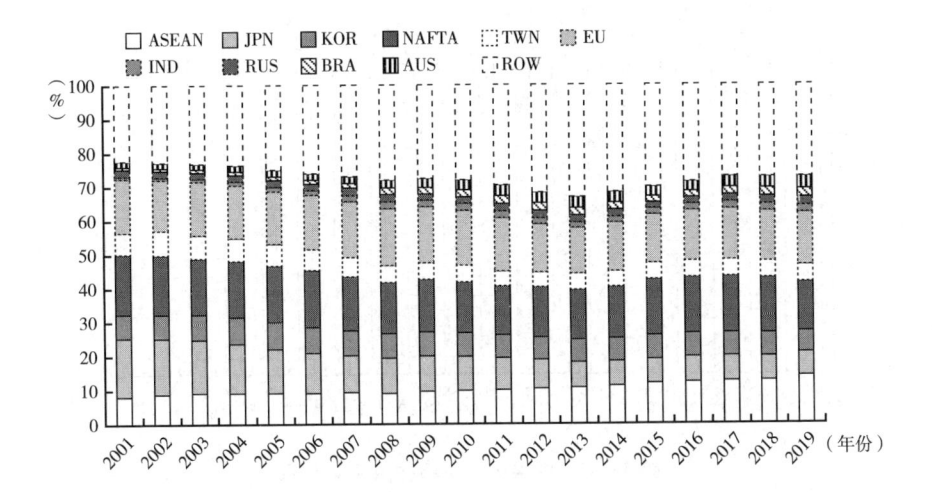

**图 3-2 中国与主要贸易伙伴贸易额占总贸易额比重（2000~2019 年）**

资料来源：中国统计年鉴（2001—2020）。

注：国家代码分别为：东盟（ASEAN）、日本（JPN）、韩国（KOR）、北美自由贸易区（美国、加拿大和墨西哥，NAFTA）、中国台湾地区（TWN）、欧盟（EU）、印度（IND）、俄罗斯（RUS）、巴西（BRA）、澳大利亚（AUS）及世界其他区域（ROW）。

（AUS），其余国家和地区则归入"世界其他地区"（ROW）。2000年，中国与除世界其他地区（ROW）之外的贸易伙伴的进出口总额占中国进出口总额的比重为 76.68%，至 2019 年，这一比例略有下降,但仍高达72.76%。

### 3.2.2 加入WTO以来中国进出口结构变化情况

中国加入WTO以来,进出口商品结构的变化可以从三个方面考察,一是初级产品和工业制成品的进出口比例变化;二是按蕴含的主要生产要素划分的不同类型产品进出口结构;三是根据本研究部门分类(15部门),对中国的进出口结构进行分析。

#### (一)按初级产品和工业制成品分类

在2000~2019年期间,中国国际贸易结构中,初级产品和工业制成品进出口比例不断发生调整和变化,两者在进出口贸易额中所占比重变化如图3-3和图3-4所示。

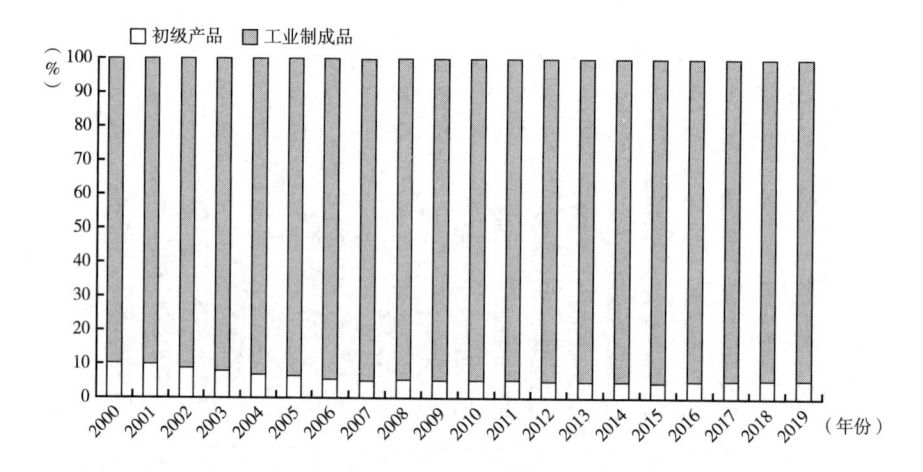

**图3-3 中国历年出口构成变化情况**

资料来源:Wind数据库。

从中国进出口的商品类别来看,加入WTO以来中国初级产品的出口额比重下降,而工业制成品的出口额比重上升;相反,同期初级产品的进口比重上升,而工业制成品的进口比重下降。这意味着中国贸易商品结构总体有所优化升级。

#### (二)按产品中蕴含的主要生产要素分类

按照国际贸易标准分类,一般将初级产品归为资源密集型产品,

第 3 章　加入 WTO 以来中国经济贸易发展与环境保护的事实与特征 | 55

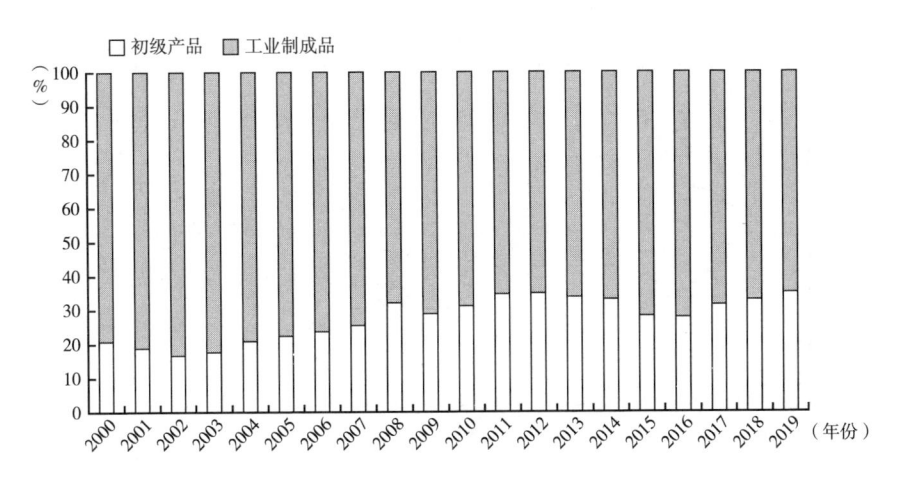

图 3-4　中国历年进口构成变化情况

资料来源：Wind 数据库。

将工业制成品中的化工产品、机械及运输设备归为资本及技术密集型产品，而将轻纺、橡胶和矿冶产品及相关制成品、杂项制品和其他未分类产品归为劳动密集型产品。资源密集型产品、资本及技术密集型产品、劳动密集型产品各自占进出口额的比例见图 3-5 和图 3-6。

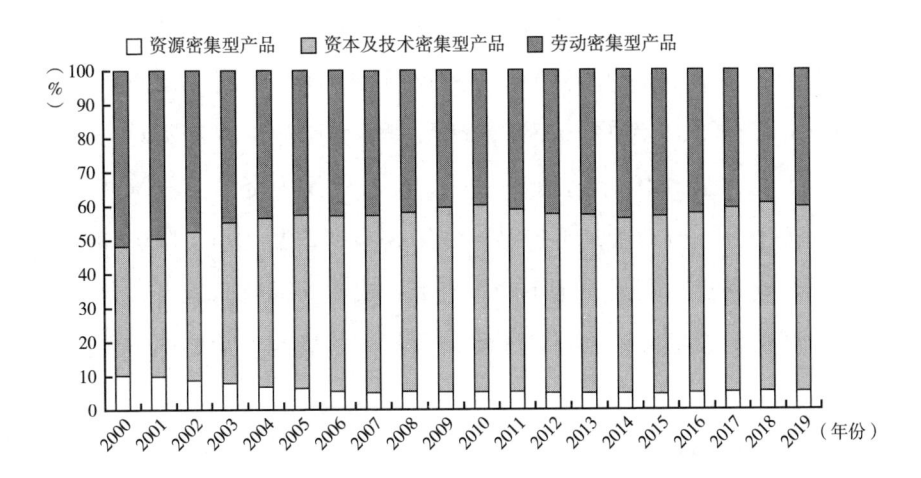

图 3-5　历年各类产品所占出口比重的变化

资料来源：Wind 数据库。

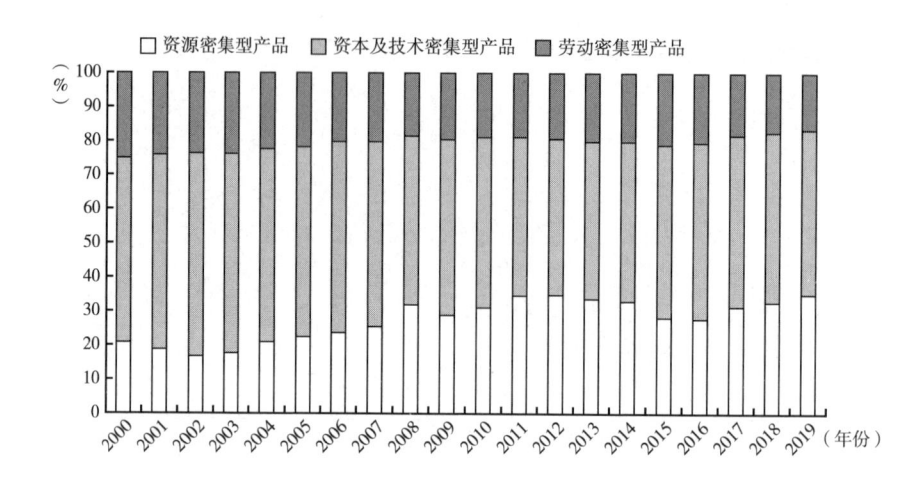

图 3-6　历年各类产品所占进口比重的变化

资料来源：Wind 数据库。

如图 3-5 和 3-6 所示，中国的出口贸易中，资本及技术密集型产品出口所占比重有所上升，2005 年后总体变化不大；而劳动密集型产品在出口贸易中所占的比重则有所下降，从 2000 年的 51.8%下降至 2019 年的 40.3%；资源密集型产品在出口贸易中的比重呈现下降趋势，至 2019 年仅占 5.4%。在中国进口贸易中，资本及技术密集型产品进口所占比重先略有上升后有所回落，总体变化不大；而劳动密集型产品在进口贸易中所占的比重则有所下降，从 2000 年的 25.0%下降至 2019 年的 16.5%；资源密集型产品在进口贸易中的比重快速上升，至 2019 年达到 35.1%。出口贸易中资本及技术密集型产品比重上升，劳动密集型产品、资源密集型产品比重下降，而进口贸易中劳动密集型产品比重下降、资源密集型产品比重上升，这既反映了中国的比较优势，也反映了中国贸易结构朝着产业链的下游方向发展。

（三）按照本研究部门分类

2001 年中国出口结构中，占比最高的前五个部门分别为：占比 24.80%的电子与光学设备制造业（EOP），占比 20.02%的纺织、皮革与服装鞋帽制造业（TLF），占比19.55%的服务业（SER），占比7.98%的其他制造业（OMP），占比7.89%的化学工业（CRP）。而到2011年，虽然仍是这五个部门占比最高，但所占比例以及排名已经有了较为明显的变化：电子与光学设备制造业（EOP）占比大幅上升至34.58%，纺织、皮革与服装鞋帽制造业（TLF）和服务业（SER）占比分别下降至14.06%和14.35%，其他制造业（OMP）与化学工业（CRP）所占比重略有上升，分别为10.39%和9.03%。

从进口结构来看，采矿业（MIN）和服务业（SER）是增长最快的部门，占比分别从2001年的6.52%和7.27%上升至2011年的19.79%和11.16%，电子与光学设备制造业（EOP）、其他制造业（OMP）和化学工业（CRP）在进口中的占比略有下降，农业（AGR）、交通运输设备制造业（TRE）占比略有上升。

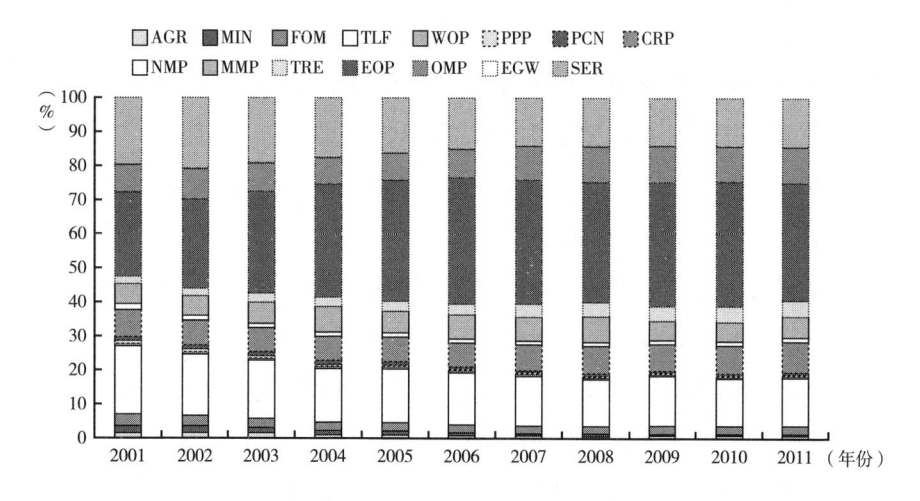

图3-7 中国15部门出口结构（2001～2011年）

注：部门缩写说明见附表1。
资料来源：WIOD数据库中国2001～2011年投入产出表数据，作者整理。

### 3.2.3 加入WTO以来中国外贸区域新格局的形成与变化

"沿海优先发展"战略，为中国加快融入世界经济循环、提高国

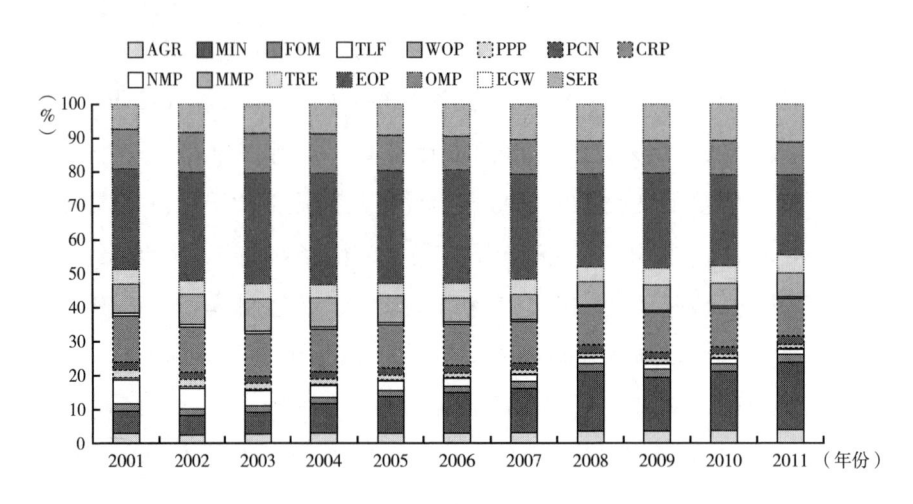

图 3－8　中国 15 部门进口结构（2001～2011 年）

注：部门缩写说明见附表 1。
资料来源：WIOD 数据库中国 2001～2011 年投入产出表数据，作者整理。

际竞争力发挥了重要作用。然而，其所产生的区域差距持续扩大问题也日益成为阻碍中国对外贸易更上新台阶的掣肘。中国区域发展格局在三大地带基础上重新整合为"西部"、"东北"、"中部"、"东部"四大板块，对外贸易发展也由东部的"单极突进"进入各区域主体功能定位清晰、良性互动的"四轮驱动"时代。"十三五"规划指出：以"西部开发、东北振兴、中部崛起和东部率先"的区域发展总体战略为基础，以"一带一路"建设、京津冀协同发展、长江经济带发展为引领，形成区域发展新格局，推动区域协调发展。2000年，大开发号角率先在中国地域最为广阔、自然人文环境最为复杂的西部地区响起，尤其是以重庆等为代表的"内陆开放高地"建设取得显著成效。2001～2020 年，西部地区进出口总额由 168.4 亿美元提高至 4269.1 亿美元，增长了 24 倍。2003 年，曾经的"新中国工业摇篮"东北地区迎来"振兴老工业基地"战略机遇，至 2020 年，东北地区对外贸易总额达到 1351.5 亿美元。2006 年，《中共中央国务院关于促进中部地区崛起的若干意见》正式出台，长期陷于国家发展边缘地带的中部地区走上崛起之路，2016 年 12 月，国务院批复

《关于促进中部地区崛起"十三五"规划》,继续推动中部地区发展,2020年中部地区对外贸易总额达到3872.7亿美元。

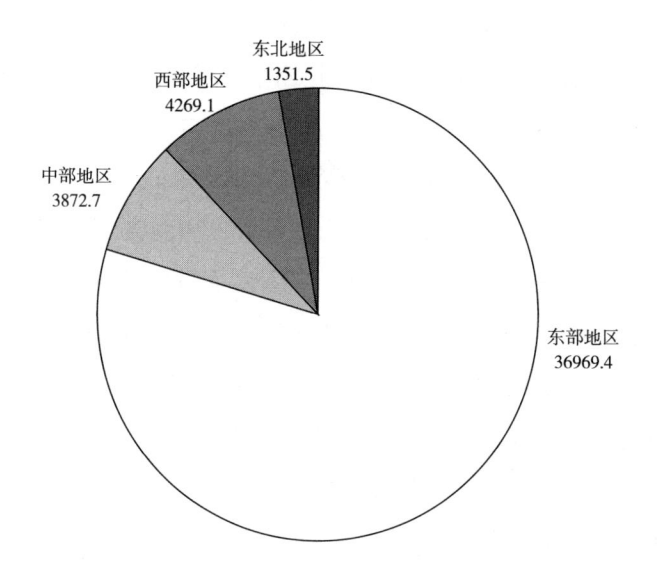

**图 3-9　2020 年中国"四大板块"进出口情况（单位：亿美元）**

资料来源：中国海关数据库。

同时,区域统筹协调发展并不以降低东部发达地区经济发展速度为代价,过去依托政策先行和地理区位优势率先获得发展的东部地区,如今也正抓紧产业升级和制度创新机遇,在"二次创业"的浪潮中焕发出勃勃生机。改革开放的首发阵营珠三角腹地不断扩容,其外贸实力正在区域一体化进程中获得补充与提升。改革开放"第二梯队"长三角在发展序列上虽晚于珠三角,却后来居上,2005年经济总量和对外贸易总量首次超越珠三角后,始终牢牢占据着中国对外贸易的龙头地位。继上海浦东新区后,地处环渤海中心的天津滨海新区成为21世纪国家综合配套改革的第二块重点试验区,作为中国北方现代化程度较高的城市群和工业密集区,环渤海地区外贸巨轮扬帆起航,全国外贸"第三大引擎"作用日益凸显。2020年,东部地区进出口总额为36969.4亿美元,占全国进出口总额比重高达 79.57%。

2013 年 8 月，国务院正式批准设立中国（上海）自由贸易试验区，推动政府职能转变和金融制度、贸易服务、外商投资和税收政策等多项改革措施落地；2014 年 12 月，广东、福建和天津获批第二批自贸区；2016 年 8 月，党中央、国务院决定，在辽宁、浙江、河南、湖北、重庆、四川、陕西等省市再设立 7 个新的自贸试验区；2019 年 8 月，国务院印发《关于同意新设 6 个自由贸易试验区的批复》，同意设立山东、江苏、广西、河北、云南、黑龙江等 6 个新的自由贸易试验区；2020 年 9 月，国家又批准建立北京、湖南、安徽等自由贸易试验区。自贸区的建立有利于我国在更大范围进行改革创新实践和探索，进一步构建全方位对外开放的新格局。

2013 年 9 月和 10 月，中国国家主席习近平在出访中亚和东南亚国家期间，先后提出共建"丝绸之路经济带"和"21 世纪海上丝绸之路"的重大倡议，两者合称"一带一路"倡议，其成为新时期我国最重要的对外开放战略。这一战略的落实，将联通亚欧非大陆诸多国家，共同打造政治互信、经济融合、文化包容的利益共同体、命运共同体和责任共同体。

## 3.3 加入 WTO 以来中国的环境保护状况

### 3.3.1 加入 WTO 以来中国的环境保护工作概况

加入 WTO 以来，随着经济的飞速发展，中国对环境的保护力度也越来越大。截至 2019 年 6 月 30 日，环境保护部门（包括生态环境部、原环境保护部、原国家环境保护总局、原国家环境保护局、原城乡建设环境保护部）自成立以来发布部门规章（现行有效的）总计 92 件，其中加入 WTO 之后发布的共 63 件。

随着贸易和经济的发展，中国逐年增加环境保护投入，政府、企业、社会资本及外资的多元化环保投入渠道发挥了重要作用。2002年，中国环境污染治理投资为1363.4亿元，其中，工业污染治理项目投资188.4亿元，城市环境基础设施建设投资785.3亿元。到2017年，环境污染治理投资为9538.6亿元，是2002年的近7倍。其中，工业污染治理项目投资681.5亿元，城市环境基础设施建设投资6085.8亿元，分别是2002年的3.62和7.75倍。

中国不断学习国外先进环保管理理念和方法，加强环境监管力度，主动提高环境标准、行业标准及行业准入门槛，开展环境标准认证。这一系列举措，对中国节能减排和产业结构调整带来了积极影响。"十一五"期间，国家环境保护标准以平均每年100项的速度递增，发布60余项国家污染物排放标准，开展了1000余项国家环境保护标准的制/修订工作。国家现行环境保护标准达1300项，备案的地方排放标准67个[1]。2015年至2016年，共发布39项环境保护标准[2]。

中国政府先后制定了"十五"、"十一五"、"十二五""十三五"、"十四五"规划。在"十五"期间，全国环境质量总体稳定，主要污染物排放总量快速增长的趋势得到初步遏制；在"十一五"期间，单位GDP能耗较2005年降低20%左右、主要污染物排放总量减少10%，包括上述指标在内的总共8项"人口资源环境"指标基本达标；在"十二五"期间，全国化学需氧量、二氧化硫、氨氮和氮氧化物排放总量分别比2010年下降12.9%、18.0%、13.0%和18.6%，超额完成减排目标；在"十三五"期间，顺利完成了生态环境保护各项指标，全国地级及以上城市空气优良天数比例达到87.0%，地表水达到或好于Ⅲ类水体比例为83.4%。

---

[1] 《2010年中国环境状况公报》，环保部，http://www.mep.gov.cn/hjzl/zghjzkgb/lnzghjzkgb/201605/P020160526562650021158.pdf。

[2] 《2015年中国环境状况公报》，环保部，http://www.mep.gov.cn/hjzl/zghjzkgb/lnzghjzkgb/201606/P020160602333160471955.pdf。

### 3.3.2 加入WTO以来中国的污染物排放情况

#### (一) 水体污染物

"十五"和"十一五"期间,全国废水排放量依然在逐年递增,其中工业废水排放量所占的比重在逐年下降,但生活污水排放量占比上升;COD排放量得到了较好的控制,整体呈现下降趋势,由2001年的1404.8万吨降到2010年的1238.1万吨,降低了11.9%;而氨氮排放治理控制效果不明显。"十二五"期间污水治理力度得到加强,城镇污水日处理能力由1.25亿吨增加到1.82亿吨,"十二五"末全国化学需氧量、氨氮排放总量分别比2010年下降12.9%和13.0%。具体情况见表3-4。

表3-4 中国近年来水体污染物排放情况

| 年份 | 废水(亿吨) | 化学需氧量(万吨) | 氨氮(万吨) |
| --- | --- | --- | --- |
| 2000 | 432.9 | 1445.0 | — |
| 2001 | 439.5 | 1404.8 | 125.2 |
| 2002 | 459.3 | 1366.9 | 128.8 |
| 2003 | 482.4 | 1333.9 | 129.6 |
| 2004 | 524.5 | 1339.2 | 133.0 |
| 2005 | 536.8 | 1414.2 | 149.8 |
| 2006 | 556.8 | 1428.2 | 141.4 |
| 2007 | 571.7 | 1381.8 | 132.3 |
| 2008 | 589.1 | 1320.7 | 127.0 |
| 2009 | 617.3 | 1277.5 | 122.6 |
| 2010 | 659.2 | 1238.1 | 120.3 |
| 2011 | 684.8 | 2499.9 | 260.4 |
| 2012 | 695.4 | 2423.7 | 253.6 |
| 2013 | 716.2 | 2352.7 | 245.7 |
| 2014 | 735.3 | 2294.6 | 238.5 |
| 2015 | — | 2223.5 | 229.9 |
| 2016 | — | 658.1 | 56.8 |
| 2017 | — | 608.9 | 50.9 |
| 2018 | — | 584.2 | 49.4 |

注:由于2011年环保部调整了污染物排放统计范围,造成2011年之后的污染物排放量统计值出现了较大的跃升。"—"表示无统计数据,以第二次污染源普查成果为基准,生态环境部依法组织对2016年后统计数据进行了更新,2016年以后数据与以前年份不可比。

资料来源:《中国环境统计年鉴》(2002~2019)。

## （二）大气污染物

从"十五"、"十一五"到"十二五"期间，中国在改善大气环境上做了大量工作和努力，虽然取得了一定的成效，但形势依然不容乐观。中国工业废气排放总量呈上升趋势。二氧化硫排放量在2006年以前呈现增长的趋势，在2006年达到峰值2588.8万吨，之后得到了一定程度的控制，呈现下降的趋势。在2010年之前，氮氧化物并未列入国家总量控制目标，也缺乏相应的排放量统计数据，自2011年后氮氧化物的排放量呈现逐年递减的趋势，且近年来降低幅度较大。"十二五"以来颗粒物排放量呈现先上升后下降趋势，2018年排放量已低于2011年。具体情况见图3-10。

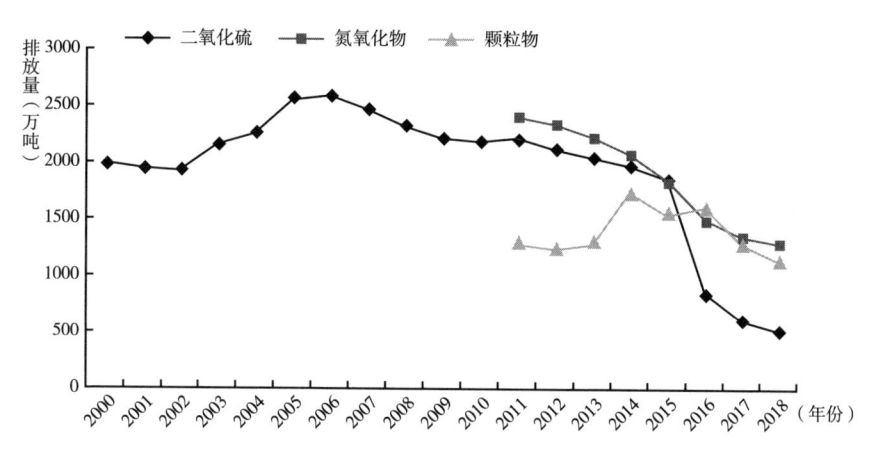

图3-10 中国近年来大气污染物排放情况（二氧化硫、氮氧化物、颗粒物）

注：以第二次污染源普查成果为基准，生态环境部依法组织对2016年后统计数据进行了更新，2016年后数据与以前年份不可比。
资料来源：《中国环境统计年鉴》（2001~2019）。

## （三）工业固体废物

近年来，虽然中国的工业固体废物产生量呈现上升趋势，但随着工业固体废物安全处理处置力度的加大，以及垃圾焚烧厂和填埋场的不断扩建，工业固体废物的排放量在逐年下降，且下降趋势明显；同时，固体废物综合利用量和处置量也在日益增加。具体数据见表3-5。

表3-5 工业固体废物各项指标

单位：万吨

| 年份 | 工业固体废物排放量 | 工业固体废物产生量 | 工业固体废物综合利用量 | 工业固体废物处置量 |
| --- | --- | --- | --- | --- |
| 2000 | 3186.2 | 81608 | 37451 | 9152 |
| 2001 | 2893.8 | 88840 | 47290 | 14491 |
| 2002 | 2635.2 | 94509 | 50061 | 16618 |
| 2003 | 1940.9 | 100428 | 56040 | 17751 |
| 2004 | 1762.0 | 120030 | 67796 | 26635 |
| 2005 | 1654.7 | 134449 | 76993 | 31259 |
| 2006 | 1302.1 | 151541 | 92601 | 42883 |
| 2007 | 1196.7 | 175632 | 110311 | 41350 |
| 2008 | 781.8 | 190127 | 123482 | 48291 |
| 2009 | 710.5 | 203943 | 138186 | 47488 |
| 2010 | 498.2 | 240944 | 161772 | 57264 |
| 2011 | 433.3 | 326204 | 196988 | 71382 |
| 2012 | 144.2 | 332509 | 204467 | 71443 |
| 2013 | 129.3 | 330859 | 207616 | 83671 |
| 2014 | 59.4 | 329254 | 206392 | 81317 |
| 2015 | 55.8 | 331055 | 200857 | 74208 |

资料来源：《中国环境统计年鉴》（2001~2016）。

# 第4章
# 中国贸易隐含排放核算及其驱动力分析

由前文分析可知，加入WTO后，中国进出口额增长迅速，且存在较大的贸易顺差。本章运用环境投入产出（EIO）方法核算加入WTO后中国贸易隐含温室气体和污染物排放量，其不仅可以摸清与中国巨额出口产品和服务相关的排放量情况（EEE），而且可以衡量加入WTO后国际贸易的迅速发展给中国造成的环境利益的得失；随后采用IDA分解方法对贸易隐含排放开展时间维度和空间维度驱动力分析，揭示贸易隐含排放背后的影响机理，为制定合理的绿色贸易政策提供支持。

## 4.1 数据基础

本章主要运用环境投入产出方法（EIO）核算中国贸易隐含温室气体和污染物排放量，并采用时间维度IDA和空间维度IDA分解方法对其产生和变化开展驱动力分析。由于中国国家统计局只出版了特定年份的中国投入产出表（2002、2005、2007和2012年），为得到时间序列上连续的分析结果，且兼顾与其他国家和地区的基础数据的衔接性，本研究采用世界投入产出数据库（World Input-Output Database，WIOD）的投入产出表基础数据（Timmer et al.，2015）。

WIOD 数据库提供了 1995 年至 2011 年，包括 40 个国家和地区以及世界其他地区（ROW）在内的多区域投入产出表，且提供了 1995 至 2009 年相应的各国家和地区各部门温室气体和污染物排放量数据。为与后文使用的 GTAP 数据库部门分类相统一，本研究将 WIOD 的数据按地区重新集结为 15 部门，具体部门集结情况见附表 1。

考虑数据的可得性，本研究采用的环境指标主要为大气污染物指标，包括 $SO_x$ 和 $NO_x$，以及温室气体 $CO_2$、$CH_4$、$N_2O$，并将 $CO_2$、$CH_4$ 和 $N_2O$ 根据 IPCC（2006）全球变暖潜势（Global Warming Potential，GWP）转换为 $CO_2$ 当量。由于 WIOD 的排放数据仅更新至 2009 年，2010 年和 2011 年各部门的排放强度数据需要根据各地区总排放强度的变化比例推测得到，以地区 $j$ 为例，其 2010 年和 2011 年完全排放强度（SEI）由以下公式推算得出：

$$F_j^{2010} = F_j^{2009} \times \frac{\frac{E_j^{2010}}{GDP_j^{2010}}}{\frac{E_j^{2009}}{GDP_j^{2009}}}, \quad F_j^{2011} = F_j^{2010} \times \frac{\frac{E_j^{2011}}{GDP_j^{2011}}}{\frac{E_j^{2010}}{GDP_j^{2010}}} \quad (4.1.1)$$

$F_j$ 表示 $j$ 地区某种污染物或者温室气体的各部门完全排放强度矩阵，$E_j$ 表示 $j$ 地区相应污染物或温室气体的排放总量，$GDP_j$ 表示 $j$ 地区的国内生产总值。其中各地区污染物与温室气体的排放总量来自 EDGAR（Emission Database for Global Atmospheric Research）数据库[①]（Crippa et al.，2016）。

为了突出中国的主要贸易伙伴，将中国贸易伙伴集结为欧盟（European Union，EU）、东南亚国家联盟（Association of Southeast Asian Nations，ASEAN）、美国、日本、韩国、澳大利亚、俄罗斯、印度、巴西、中国台湾地区和世界其他地区（the Rest Of the World，

---

① European Commission, Joint Research Centre（JRC）/Netherlands Environmental Assessment Agency（PBL）. Emission Database for Global Atmospheric Research（EDGAR），release version 4.3.1 http：//edgar.jrc.ec.europa.eu/overview.php？v=431，2016.

ROW）。除 ROW 外的各地区 SEI 矩阵根据集结后相应地区的投入产出表与排放数据计算得到，由于缺乏 ROW 的投入产出数据，假设该地区的 SEI 与中国相同。

将以上中国各主要贸易伙伴各部门完全排放强度矩阵集结为中国进口品各部门的完全排放强度矩阵，用来计算中国进口中的隐含排放，其计算公式如下：

$$F_{tp} = \sum_j \alpha_j \times F_j \tag{4.1.2}$$

式中，$F_{tp}$ 是贸易伙伴的综合 SEI 矩阵，即中国进口品的 SEI 矩阵，$\alpha_j$ 表示从贸易伙伴 $j$ 进口的商品占中国总进口量的比例，$F_j$ 为贸易伙伴 $j$ 的 SEI 矩阵。

所有货币单位均根据美国的生产者价格指数（Producer Price Index，PPI）转换为 2005 年美元价格，相关数据来自美国 2012 年统计年鉴（America's Statistical Yearbook for 2012）（US Census Bureau，2012）。

## 4.2 中国贸易隐含温室气体和污染物核算

使用不同温室气体和污染物的 SEI 矩阵（本研究中使用的中国及其贸易伙伴的 SEI 列于附表 3-12），根据公式 2.4.10 至 2.4.14，可以计算得到 2002~2011 年中国的 EEE、$EEI_d$、$EEI_{tp}$、BEET 和 NECT 指标值（见图 4-1）。

GHGs 和 $NO_x$ 的 EEE 值随时间序列的变化基本符合"N"形趋势，而 $SO_x$ 的 EEE 值呈现倒"U"形趋势。温室气体和 $NO_x$ 的 EEE 值于 2008 年达到峰值，而 $SO_x$ 的 EEE 值于 2006 年即达到峰值。温室气体和 $NO_x$ 的 EEE 值在 2008 年之后出现下降，这主要是受全球金融危机的影响，并随着 2009~2011 年全球经济和国际贸易的复苏而重新呈现增长趋势（Su and Thomson，2016）。此外，相比温室气体和 $NO_x$，

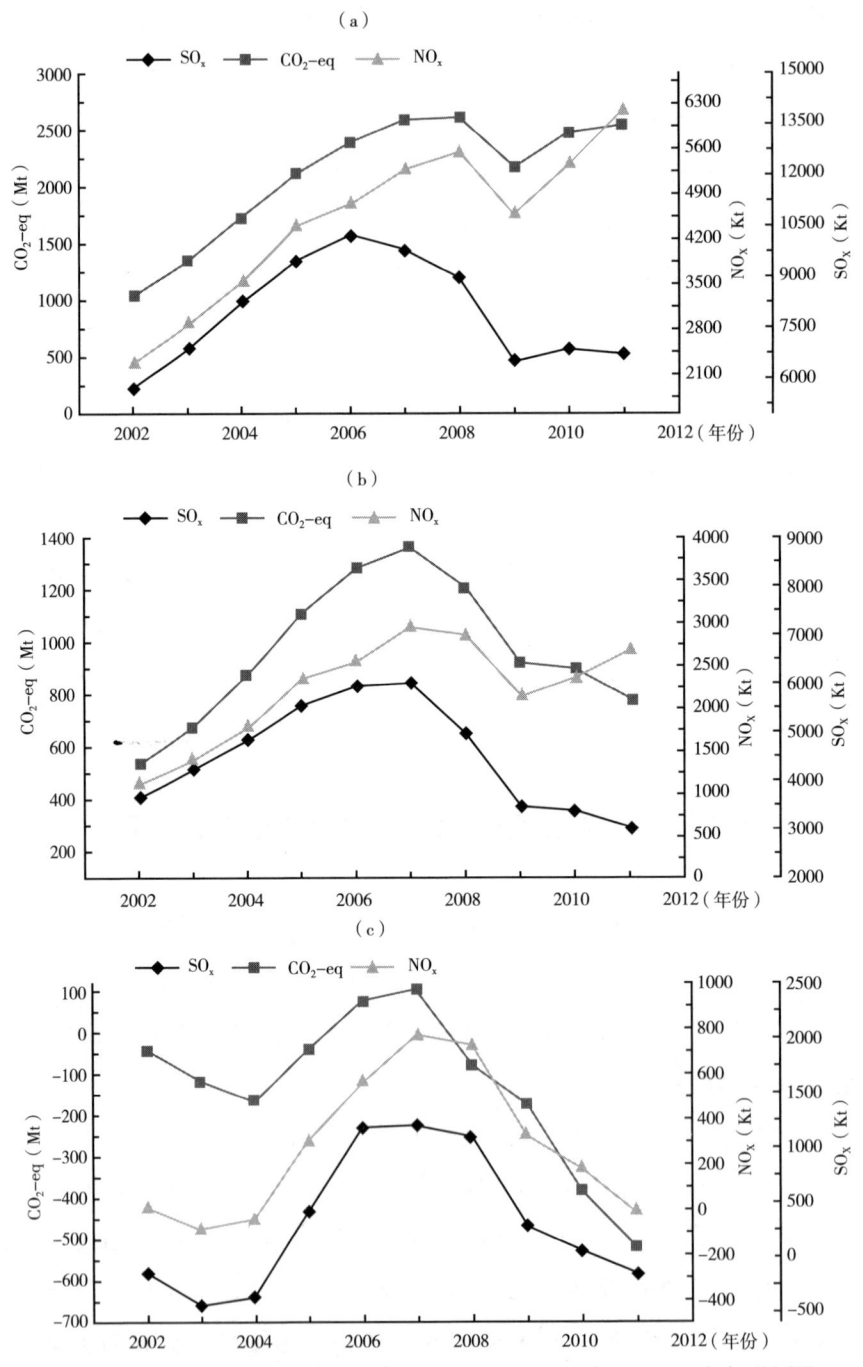

图 4-1 中国国际贸易的环境表现：（a）EEE；（b）BEET；（c）NECT

$SO_x$ 的 EEE 值提前两年即开始出现下降趋势并保持在较低水平，这主要得益于中国"十一五"期间（2006～2010 年）实施的严格的末端脱硫及总量控制政策（胡涛等，2011）。

2002～2011 年，温室气体、$SO_x$ 和 $NO_x$ 的 EEE 值总量分别为 20960.4 Mt（$CO_2$ - eq）、79541.5 kt 和 44995.0 kt，分别占中国总排放量（十年累计）的 24.69%、33.71% 和 23.35%，这一结果证明了中国出口贸易对中国总排放的巨大贡献。如果假定全部出口量均来自贸易影响下中国总产出的额外的增量（同时等同于国外消费量的额外增量），那么可以认为出口贸易给中国带来了相当大的排放增量。我们可以直观推测，EEE 值的增长与持续高企的出口贸易额及中国较高的排放强度有关，关于 EEE 值随时间变化的驱动力将在本章 4.3.1 进行详细的量化分析。

2002～2011 年，使用中国贸易伙伴完全排放强度计算的进口隐含温室气体、$SO_x$ 和 $NO_x$（$EEI_{tp}$ 值）总量分别为 6734.4 Mt（$CO_2$ - eq）、27747.3 kt 和 18443.7 kt，分别占中国总排放量（十年累计）的 7.93%、11.76% 和 9.57%，$EEI_{tp}$ 值要明显小于 EEE 值。

同时期温室气体、$SO_x$ 和 $NO_x$ 的累计 BEET（BEET = EEE − $EEI_{tp}$）值分别为 14225.9 Mt（$CO_2$ - eq）、51794.2 kt 和 26551.3 kt，分别占中国总排放量（十年累计）的 16.75%、21.95% 和 13.78%。BEET 数值为正意味着中国在国际贸易中保持着较高的温室气体和污染物排放顺差，即"环境逆差"，其数值甚至高于同时期英国与法国两国的总排放量之和。就污染排放而言，与其贸易伙伴相比，中国在国际贸易中处于相对不利的地位。中国温室气体和 $SO_x$ 的 BEET 值呈现倒"U"形趋势，而 $NO_x$ 的 BEET 值呈现"N"形变化趋势，各污染物的 BEET 值在 2007 年均达到最大值。BEET 值的变化与中国同其贸易伙伴的完全排放强度的差距、进出口结构"清洁"程度不同以及贸易顺差密切相关，这一点稍后将在本章 4.3.2 展开讨论。由于 NECT 值与 BEET 值的变化都受到进出口结构"清洁"程度不同以及贸易顺差的影响，但 NECT 值的计算在进出口两端都使用国内的完全排放强度，而 BEET 值的计算则能够体现出中国同其贸易伙伴间的完全排放强度差距的影响，因此在进行驱动力分析时，以 BEET 值作为研究对象，可以得到更加丰富的结果和政策含义。

2002~2011 年，使用中国完全排放强度计算的温室气体、$SO_x$ 和 $NO_x$ 的 $EEI_d$ 值总量分别为 22274.0 Mt（$CO_2$ - eq）、76339.7 kt 和 42228.7 kt，分别占中国总排放量（十年累计）的 26.23%、32.35% 和 21.91%。$EEI_d$ 值显著大于 $EEI_{tp}$ 值，而与 EEE 值相比差距不大。从测算结果看，可以认为进口隐含温室气体和污染物为中国规避了大量的国内温室气体和污染物排放，间接减轻了中国的环境负担。同样地，进口也为中国减少了能源资源的消耗，减缓了中国国内的能源资源压力。

同时期，温室气体、$SO_x$ 和 $NO_x$ 的 NECT（NECT = EEE - $EEI_d$）值十年累计分别占中国总排放量的 -1.55%、1.36% 和 1.44%。其中正值表示通过进出口贸易增加了污染物排放，数值越大，表示净出口带来的环境恶化越严重；负值表示通过进出口贸易规避了污染物排放（即假设中国不进口此类产品，那么由国内生产提供此类产品将会增加中国的污染物排放），其绝对值越大，表示对外贸易所规避的环境污染越大。温室气体的 NECT 值为负，意味着通过进口避免的温室气体排放量大于出口导致的排放量，这主要是采矿业（MIN）巨大的贸易逆差（2011 年贸易逆差达到 3441 亿美元）导致的，而采矿业的甲烷排放量占温室气体排放总量比例较高。$SO_x$ 和 $NO_x$ 的 NECT 值为正，意味着中国的国际贸易总体上加重了国内空气污染物的排放。温室气体、$SO_x$ 和 $NO_x$ 的 NECT 值时间序列曲线均呈现倒"N"形，均于 2007 年达到最大值。值得一提的是，2011 年三种污染物的 NECT 值均为负，表明一些较"脏"的商品如煤炭、石油、铁矿石、化工和农产品等的大量进口，在一定程度上减轻了中国贸易的环境压力——这些产品的进口减少了一些本来会发生在中国国内的排放。

加入 WTO 后，通过积极转变外贸增长方式和发展平衡贸易，中国贸易结构得到有效改善，贸易顺差逐步减小，在进出口额整体呈现上升趋势的同时，进口额占进出口总额的比例也逐渐上升至 2011 年的 47.87%。特别是自 2006 年中央经济工作会议提出"在保持出口和利用外资合理增长的同时，积极扩大进口"以来，中国外贸战略在保持出口增长的同时，更为重视扩大进口，对减少中国资源消耗和环境污染起到了积极作用。中国近年来继续完善绿色贸易政策体系，限制"两高一资"产品的出口，鼓励资源、环境友好型产品出口，使中国出口商品的平均污染物排放强度得到降低，中国贸易政策转型减少了中国对外贸易的环境逆差。这对于统筹利用国内外两个市场、两种资源，缓解资源环境瓶颈压力，加快科技进步和创新，提高居民消费水平，减少贸易摩擦，都具有重要的战略意义。

BEET 值和 NECT 值的时间序列变化与中国及其贸易伙伴商品生产的贸易顺差、贸易商品类别组成和各部门完全排放强度（SEI）密切相关。

过度的贸易顺差不仅影响了中国的国际收支平衡，也部分造成了不平衡的出口与进口隐含排放（胡涛等，2011）。中国的贸易顺差从 2002 年的 254 亿美元增加到 2008 年的 2950 亿美元，使得 BEET 值和 NECT 值自 2002 年开始持续增长，直到 2008 年仍然保持较高水平。然而，受全球金融危机的影响，2009 年以来中国贸易顺差显著下降（2011 年减少到 1056 亿美元），BEET 值和 NECT 值也随之下降。

在贸易活动较频繁的生产部门中，采矿业（MIN）、造纸、印刷和出版业（PPP）、化学工业（CRP）、非金属矿物制品业（NMP）和金属及其制品业（MMP）的 SEI 值较高，通常被认为是相对污染密集型的部门。2002～2011 年，这些部门在中国进口中的占比达到 30.46%～39.08%，在出口中的占比则为 18.31%～20.61%，反映了出口结构相比进口结构相对"清洁"。2002~2011年间，出口结构变化较小，始终以纺织业和装备制造业出口为主，但进口结构却变得更倾向于污染密集型产品。这种进口更倾向于污染密集型产品且出口结构比进口结构相对"清洁"的贸易结构变化，对于降低 BEET 值和 NECT 值起到了积极作用。

虽然十年间（2002~2011年）中国所有部门的 SEI 值均随着时间迅速下降，但与发达国家和地区相比仍然存在较大差距。中国主要贸易伙伴的加权平均 SEI 值比中国低约60%，这反映了中国与其贸易伙伴之间的 BEET 值与 NECT 值相比要大得多。Liu 等（2015）认为，如果中国与其主要贸易伙伴的排放强度相等，则2007年出口隐含排放总量将减少86%。

本研究所得到的 EEE 值与 BEET 值的核算结果与已有文献结果对比情况列在表4-1中。虽然已有的文献时间跨度和环境指标范围均小于本研究，但通过对比同一时间范围内的研究结果发现，除 $SO_x$ 的 EEE 值比已有核算结果稍高外，本研究得出的关于温室气体的 EEE 值的核算结果处于已有文献报道结果的最高值与最低值之间，说明结果具有一定的可信性。

表4-1 本书研究结果与其他研究文献结果的比较

| 环境指标 | 污染物 | 占中国当年总排放量比重（%） | 年份 | 文献来源 |
|---|---|---|---|---|
| EEE | $SO_2$ | 15.17 | 2002 | Liu 和 Wang（2015） |
|  |  | 22.08 | 2007 |  |
|  |  | 25.21 | 2005 | 彭水军和刘安平（2010） |
|  |  | 33.71* | 2002~2011 | 本研究 |
|  | GHGs | 48.00* | 2002~2008 | Xu 等（2011） |
|  |  | 21.00 | 2002 | Weber 等（2008） |
|  |  | 33.00 | 2005 |  |
|  |  | 22.10 | 2007 | Liu 等（2015） |
|  |  | 26.54 | 2007 | Yan 和 Yang（2010） |
|  |  | 31.00 | 2007 | Weitzel 和 Ma（2014） |
|  |  | 24.69* | 2002~2011 | 本研究 |

续表

| 环境指标 | 污染物 | 占中国当年总排放量比重(%) | 年份 | 文献来源 |
|---|---|---|---|---|
| BEET | GHGs | 42.00 | 2007 | Ren 等(2014) |
|  |  | 24.00 | 2011 |  |
|  |  | 22.60 | 2004 | Davis 和 Caldeira(2010) |
|  |  | 22.00 | 2007 | Qi 等(2014) |
|  |  | 27.30 | 2007 | Aichele 和 Felbermayr(2012) |
|  |  | 19.30 | 2007 | Liu 等(2015) |
|  |  | 17.49 | 2007 | Yan 和 Yang(2010) |
|  |  | 16.75* | 2002~2011 | 本研究 |

注：* 研究年份的平均值。

## 4.3 EEE 值和 BEET 值变化的驱动力分析

### 4.3.1 EEE 值时间维度变化的驱动力分析

EEE 值变化的分解结果如表 4-2 所示。2002~2011 年，出口隐含温室气体总变化量为 1510.0 Mt（$CO_2$-eq），其中规模效应在 EEE 值变化中起决定性作用，对出口隐含温室气体排放总增量的贡献为 3459.6 Mt（$CO_2$-eq）。技术效应（即生产效率效应与法规效应之和）使隐含温室气体排放量累计减少 1946.1 Mt（$CO_2$-eq），其中生产效率效应贡献了 362.1 Mt（$CO_2$-eq）减排量，法规效应贡献了 1583.9 Mt（$CO_2$-eq）减排量。结构效应对隐含温室气体排放作用并不明显，仅造成了 -3.4 Mt（$CO_2$-eq）的变化量。

2002~2008 年间，出口隐含温室气体排放量的增长大部分是由规模效应导致的，达到 2795.2 Mt（$CO_2$-eq），而技术效应则产生了 1243.8 Mt（$CO_2$-eq）减排量。而在 2008~2009 年间，全球金融危机导致世界贸易量减少，规模效应造成了 403.9 Mt（$CO_2$-eq）的减排量，随后由于出口规模的回升，规模效应又成为了出口隐含排放增长的重要推手。在 2005~2011 年间，技术效应带来的年平均减排量达到 294.2 Mt（$CO_2$-eq），而在 2002~2005 年间，其对减排的年平

表 4-2 2002~2011 年中国出口隐含污染物（EEE）时间维度驱动力分解结果

| 年份 | 2003~2002 | 2004~2003 | 2005~2004 | 2006~2005 | 2007~2006 | 2008~2007 | 2009~2008 | 2010~2009 | 2011~2010 | 总计 |
|---|---|---|---|---|---|---|---|---|---|---|
| \multicolumn{11}{c}{GHGs（Mt, $CO_2$-eq）} |
| $\Delta EEE_{tot}$ | 307.3 | 392.7 | 378.6 | 276.6 | 200.7 | 23.4 | -444.8 | 308.4 | 67.3 | 1510.0 |
| $\Delta EEE_{scl}$ | 333.4 | 459.5 | 465.0 | 533.5 | 585.0 | 418.8 | -403.9 | 632.2 | 436.2 | 3459.6 |
| $\Delta EEE_{comp}$ | -10.2 | 3.1 | 8.7 | -5.1 | -7.3 | 38.7 | -67.7 | 7.1 | 29.3 | -3. |
| $\Delta EEE_{tch}$ | -15.8 | -70.0 | -95.1 | -251.8 | -376.9 | -434.2 | 26.9 | -330.9 | -398.2 | -1946.1 |
| $\Delta EEE_{eff}$ | -58.0 | -28.4 | -8.8 | -49.0 | 185.9 | -231.5 | 298.5 | -452.1 | -18.6 | -362.1 |
| $\Delta EEE_{reg}$ | 42.2 | -41.5 | -86.3 | -202.8 | -562.9 | -202.7 | -271.7 | 121.2 | -379.5 | -1583.9 |
| \multicolumn{11}{c}{$NO_x$（Kt）} |
| $\Delta EEE_{tot}$ | 601.2 | 645.2 | 869.7 | 351.9 | 531.4 | 250.7 | -951.9 | 802.3 | 832.5 | 3933.0 |
| $\Delta EEE_{scl}$ | 733.1 | 968.6 | 963.7 | 1090.9 | 1184.1 | 874.6 | -859.1 | 1361.8 | 1010.4 | 7328.0 |
| $\Delta EEE_{comp}$ | -17.8 | 16.9 | 14.9 | 2.2 | -5.6 | 51.1 | -80.2 | 12.3 | 48.8 | 42.5 |
| $\Delta EEE_{tch}$ | -114.1 | -340.3 | -108.9 | -741.2 | -647.0 | -675.0 | -12.6 | -571.8 | -226.7 | -3437.5 |
| $\Delta EEE_{eff}$ | -127.5 | -60.0 | -18.3 | -100.3 | 376.3 | -483.4 | 634.8 | -973.9 | -43.1 | -795.5 |
| $\Delta EEE_{reg}$ | 13.4 | -280.4 | -90.6 | -640.8 | -1023.3 | -191.5 | -647.4 | 402.2 | -183.5 | -2642.0 |
| \multicolumn{11}{c}{$SO_x$（Kt）} |
| $\Delta EEE_{tot}$ | 1177.5 | 1379.3 | 1201.0 | 770.1 | -441.5 | -857.7 | -2443.1 | 401.6 | -172.4 | 840.9 |
| $\Delta EEE_{scl}$ | 1783.0 | 2281.8 | 2155.6 | 2343.3 | 2360.6 | 1511.8 | -1300.7 | 1831.3 | 1187.4 | 14154.1 |
| $\Delta EEE_{comp}$ | 11.2 | 178.7 | 76.7 | 98.7 | 44.3 | 147.1 | -295.7 | 42.4 | 88.1 | 391.4 |
| $\Delta EEE_{tch}$ | -616.8 | -1081.2 | -1031.3 | -1671.8 | -2846.4 | -2516.6 | -846.7 | -1472.1 | -1447.9 | -13704.7 |
| $\Delta EEE_{eff}$ | -310.1 | -141.3 | -215.5 | -215.5 | 750.2 | -835.7 | 961.1 | -1309.7 | -50.7 | -1367.1 |
| $\Delta EEE_{reg}$ | -301.3 | -944.6 | -990.4 | -1456.3 | -3596.5 | -1681.0 | -1807.8 | -162.4 | -1397.2 | -12337.5 |

均贡献量仅有 60.3 Mt($CO_2$-eq),这主要得益于"十一五"期间中国国内更严格的节能减排政策的出台和末端治理措施的应用。

类似的,出口隐含 $SO_x$ 排放在 2002~2011 年的总变化量为 840.9 kt,其中规模效应造成的增加量为 14154.1 kt,而技术效应产生的减少量为 13704.7kt,结构效应的作用不明显,仅造成 391.4 kt 的增量。技术效应中,生产效率效应贡献了约 10% 的减排量,而法规效应贡献了约 90% 的减排量。从 2007 年开始技术效应的减排作用开始大于规模效应的增排作用,出口隐含 $SO_x$ 排放量下降。2009 年的规模效应也使得当年出口隐含 $SO_x$ 排放量大幅下降。

出口隐含 $NO_x$ 排放在 2002~2011 年的总变化量为 3933.0 kt,其中规模效应产生的增加量为 7328.0 kt,技术效应产生的减排量为 3437.5 kt,结构效应仅产生了 42.5 kt 增排量。生产效率效应产生的减排量占总体技术效应减排量的 23%,而法规效应产生的减排量占技术效应减排量的 77%。规模效应在 2009 年出现负值,对当年出口隐含 $NO_x$ 排放减排贡献较大。

技术效应可以通过各部门 SEI 值的变化来反映。应用 EIO 模型计算 2002~2011 年中国所有 15 个部门的 SEI 值可以发现,2011 年与 2002 年相比,各行业每种污染物的 SEI 值至少降低了 40%,削减率最高的是 $SO_x$(85.87%),其后依次分别为 $N_2O$(60.76%)、$CH_4$(60.17%)、$CO_2$(57.14%)和 $NO_x$(48.95%)。在技术效应中,虽然生产效率效应对减排出口隐含污染物也有贡献,但法规效应发挥了更重要的作用,也就是说,"十一五"期间末端减排措施是排放强度下降的主要原因。由于温室气体和 $NO_x$ 未被纳入"十一五"规划总量控制目标污染物中,所观察到的技术效应(特别是其中的法规效应)对于 $NO_x$ 的减排作用显著小于其对于 $SO_x$ 的减排作用。这也造成全球金融危机之后,$NO_x$ 的 EEE 值随着出口额的回升迅速反弹。

虽然中国的贸易结构在 2002~2011 年间发生了一定程度的改变,但是结构效应并没有导致 EEE 值随时间出现显著的变化,这主要是因为在出口结构中占比增加和减少部门的 SEI 值总体水平相当，在考虑出口贸易结构对出口隐含温室气体和污染物的影响时，二者出口占比增减所带来的隐含排放量的增减基本上相互抵消。高污染、高能耗和高排放部门，例如采矿业（MIN）、非金属矿物制品业（NMP）和金属及其制品业（MMP）等，在总出口中的份额基本保持不变。

### 4.3.2　BEET 值空间维度变化的驱动力分析

EEE 值的变化主要取决于中国内部的经济与环境因素，如出口量、出口结构、生产效率、环境规制和国内排放强度。BEET 值的变化是由中国与其贸易伙伴的经济与环境因素的差异驱动的，包括经济体总的排放强度、生产污染密集型产品的专业化程度和贸易平衡。因此，与 EEE 值分解不同，BEET 值被分解为强度效应（ΔEI）、专业化效应（ΔSP）和贸易平衡效应（ΔTB），三种不同效应分别表示中国与其贸易伙伴在技术、结构和规模方面的差异。不同污染物的 BEET 值分解结果见图 4-2。

2002~2011 年，中国贸易隐含温室气体排放平衡（BEET 值）的总量为 14225.9 Mt（$CO_2$-eq），其中强度效应（ΔEI）对 BEET 值的产生起决定性作用，强度效应产生的温室气体 BEET 值为 18450.4 Mt（$CO_2$-eq）；专业化效应（ΔSP）对其贡献是负值，为 -6711.6 Mt（$CO_2$-eq）；而贸易平衡效应（ΔTB）的作用较小，产生的温室气体 BEET 值仅为 2487.2 Mt（$CO_2$-eq）。

类似的，$SO_x$ 的 BEET 值为 51794.2 kt，其中强度效应（ΔEI）贡献为 78833.1 kt，专业化效应（ΔSP）对其贡献是负值，为 -36295.3 kt，而贸易平衡效应（ΔTB）的贡献仅为 9256.5 kt。$NO_x$ 的 BEET 值为 26551.3 kt，其中强度效应（ΔEI）产生的贡献为 37028.3 kt，专业化效应（ΔSP）对其贡献是 -16361.6 kt，而贸易平衡效应（ΔTB）的贡献仅为 5884.6 kt。

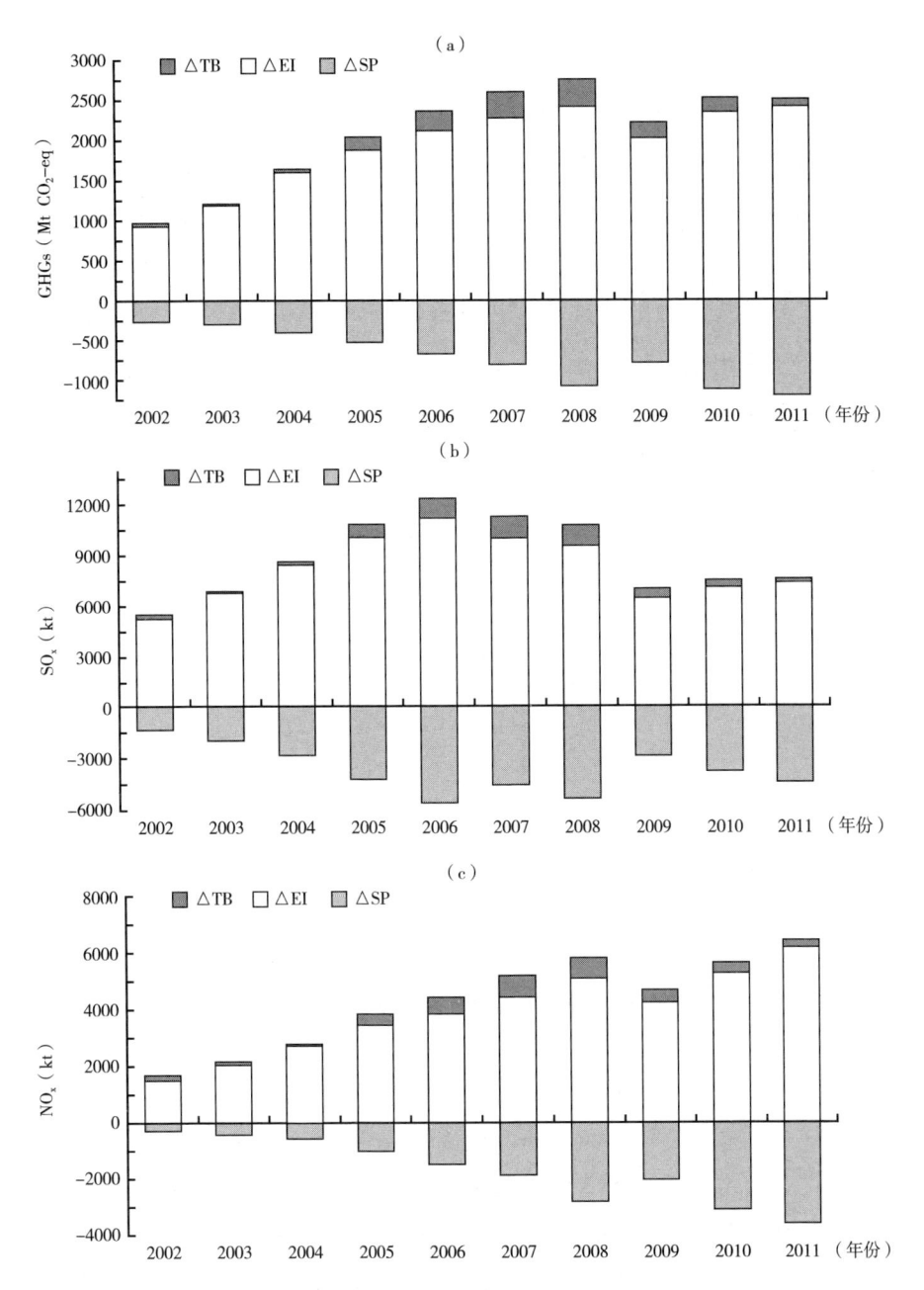

图 4-2　2002~2011 年中国贸易隐含污染物平衡（BEET）的
空间维度驱动力分析（a）GHGs；（b）$SO_x$；（c）$NO_x$

注：图中的具体数据列于附表 13。

总体来说，强度效应对 BEET 值起决定性作用，是中国形成正的 BEET 值的主要原因，专业化效应对 BEET 值的贡献为负，一定程度上缓解了中国在贸易中不利环境地位，而贸易平衡作用也为正值，表明中国的贸易顺差使得中国在贸易中损失了部分环境利益，但相对作用较小。

虽然近年来中国总排放强度（NEIc）下降幅度较大，但与发达国家和地区相比仍然存在巨大差距，中国主要贸易伙伴（主要是发达国家和地区）的加权平均 NEI 值比中国低 60% 以上。强度效应 2002~2011 年一直保持在较高水平（见图 4-2、图 4-3）。

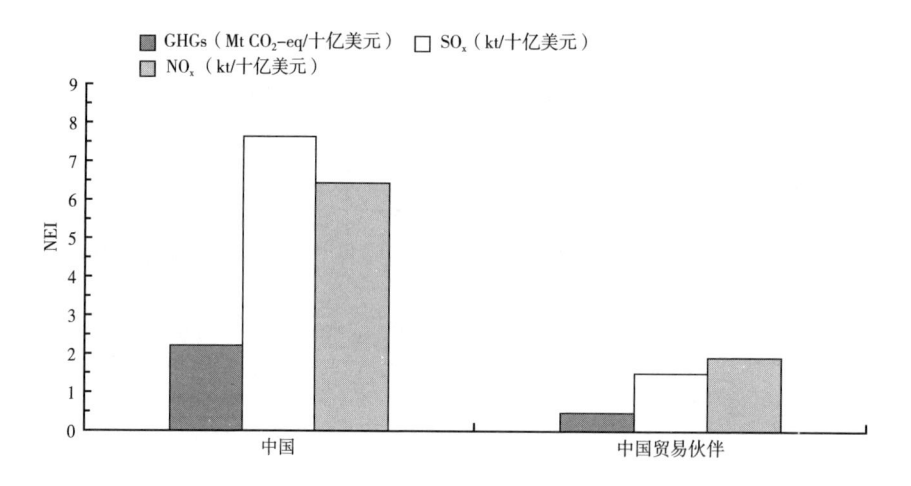

图 4-3　中国及其贸易伙伴的平均排放强度（2002~2011 年）

采矿业（MIN）、造纸、印刷与出版业（PPP）、化学工业（CRP）、非金属矿物制品业（NMP）和金属及其制品业（MMP）通常被认为是具有较大 SEI 值的比较"脏"的部门（对中国及其贸易伙伴来说均是如此）。我们发现，这些部门占中国出口的 18.31%~20.61%，占进口的 30.46%~39.08%（见图 4-4），这一发现进一步证实中国进口污染密集型产品的专业化程度（sp）高于其出口产品，即 $sp_{tp} > sp_c$。这使得专业化效应（$\Delta SP$）为负，抵消了一部分强度效应（$\Delta EI$）。

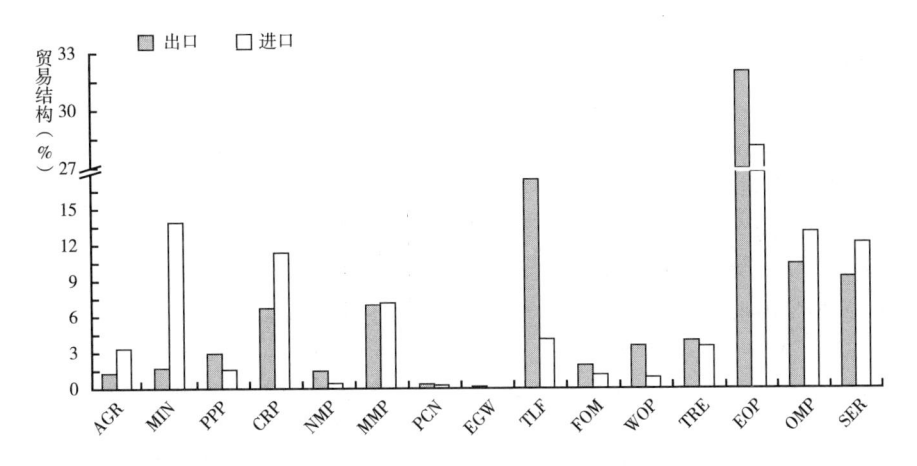

图 4-4　中国不同部门平均进出口额比较（2002~2011 年）

注：部门代码见附表 1。

中国的贸易顺差从 2002 年的 254 亿美元增加到 2008 年的 2950 亿美元，使得 BEET 值自 2002 年开始持续增长，直到 2008 年仍然保持较高水平。然而，美国金融危机导致世界经济疲软，世界经济增长趋于停滞导致国外市场需求减少，直接影响到国内加工贸易的订单和从事加工贸易的外贸出口企业的生产经营。从 2009 年开始中国贸易顺差显著下降（2011 年减少到 1056 亿美元），贸易平衡效应（ΔTB）也随之下降，但其总体上对 BEET 值贡献较小。但近年来，我国贸易顺差快速回升，2015 年贸易顺差达到创纪录的 5939 亿美元，因此贸易平衡效应（ΔTB）仍不可忽视。

表 4-3　2002~2011 年中国与其贸易伙伴的 $NEI_c/NEI_{tp}$、$sp_c/sp_{tp}$ 与 X/M

| 年份 | 2002 | 2003 | 2004 | 2005 | 2006 | 2007 | 2008 | 2009 | 2010 | 2011 |
| --- | --- | --- | --- | --- | --- | --- | --- | --- | --- | --- |
| GHGs ||||||||||||
| $NEI_c$（Mt/十亿美元） | 2.40 | 2.36 | 2.41 | 2.34 | 2.29 | 2.19 | 2.22 | 2.13 | 2.10 | 2.05 |
| $NEI_{tp}$（Mt/十亿美元） | 0.56 | 0.54 | 0.53 | 0.51 | 0.51 | 0.49 | 0.5 | 0.49 | 0.5 | 0.51 |
| $NEI_c/NEI_{tp}$ | 4.32 | 4.34 | 4.52 | 4.55 | 4.51 | 4.45 | 4.42 | 4.37 | 4.24 | 4.03 |
| $sp_c$ | 1.00 | 1.10 | 1.17 | 1.18 | 1.01 | 0.93 | 0.85 | 0.82 | 0.74 | 0.71 |
| $sp_{tp}$ | 1.45 | 1.57 | 1.7 | 1.79 | 1.6 | 1.55 | 1.67 | 1.44 | 1.45 | 1.39 |

续表

| 年份 | 2002 | 2003 | 2004 | 2005 | 2006 | 2007 | 2008 | 2009 | 2010 | 2011 |
|---|---|---|---|---|---|---|---|---|---|---|
| $sp_c/sp_{tp}$ | 0.69 | 0.70 | 0.69 | 0.66 | 0.63 | 0.60 | 0.51 | 0.57 | 0.51 | 0.51 |
| X/M | 1.10 | 1.06 | 1.05 | 1.15 | 1.26 | 1.33 | 1.38 | 1.18 | 1.26 | 1.24 |
| $SO_x$ | | | | | | | | | | |
| $NEI_c$(kt/十亿美元) | 10.14 | 9.74 | 9.05 | 9.09 | 8.57 | 7.26 | 6.80 | 5.85 | 5.16 | 4.99 |
| $NEI_{tp}$(kt/十亿美元) | 2.14 | 2 | 1.81 | 1.7 | 1.55 | 1.38 | 1.32 | 1.3 | 1.18 | 1.08 |
| $NEI_c/NEI_{tp}$ | 4.73 | 4.88 | 4.99 | 5.36 | 5.54 | 5.25 | 5.15 | 4.48 | 4.38 | 4.60 |
| $sp_c$ | 1.31 | 1.37 | 1.50 | 1.36 | 1.16 | 1.07 | 0.95 | 0.90 | 0.84 | 0.77 |
| $sp_{tp}$ | 1.96 | 2.21 | 2.63 | 2.83 | 2.83 | 2.33 | 2.44 | 1.76 | 1.91 | 1.93 |
| $sp_c/sp_{tp}$ | 0.67 | 0.62 | 0.57 | 0.48 | 0.41 | 0.46 | 0.39 | 0.51 | 0.44 | 0.40 |
| X/M | 1.10 | 1.06 | 1.05 | 1.15 | 1.26 | 1.33 | 1.38 | 1.18 | 1.26 | 1.24 |
| $NO_x$ | | | | | | | | | | |
| $NEI_c$(kt/十亿美元) | 6.96 | 6.96 | 6.89 | 6.84 | 6.58 | 6.58 | 6.40 | 5.95 | 5.79 | 5.51 |
| $NEI_{tp}$(kt/十亿美元) | 2.55 | 2.41 | 2.22 | 2.05 | 1.9 | 1.81 | 1.76 | 1.63 | 1.56 | 1.46 |
| $NEI_c/NEI_{tp}$ | 2.73 | 2.89 | 3.11 | 3.33 | 3.46 | 3.64 | 3.63 | 3.64 | 3.72 | 3.77 |
| $sp_c$ | 0.77 | 0.81 | 0.84 | 0.84 | 0.70 | 0.64 | 0.63 | 0.62 | 0.59 | 0.65 |
| $sp_{tp}$ | 0.93 | 1 | 1.06 | 1.18 | 1.11 | 1.1 | 1.3 | 1.17 | 1.28 | 1.44 |
| $sp_c/sp_{tp}$ | 0.83 | 0.81 | 0.79 | 0.71 | 0.63 | 0.58 | 0.48 | 0.53 | 0.46 | 0.45 |
| X/M | 1.10 | 1.06 | 1.05 | 1.15 | 1.26 | 1.33 | 1.38 | 1.18 | 1.26 | 1.24 |

表4-3列出了2002~2011年$NEI_c/NEI_{tp}$、$sp_c/sp_{tp}$和X/M比值的分年度结果。对于温室气体、$SO_x$和$NO_x$三项指标，中国及其贸易伙伴总排放强度（$NEI_c$和$NEI_{tp}$）从2002年到2011年持续下降。但是在"十五"规划期间，与贸易伙伴相比，中国温室气体和$SO_x$的排放强度下降速度较慢，而当"十一五"规划开始后，排放强度下降速度开始加快。因此，温室气体和$SO_x$的$NEI_c/NEI_{tp}$比值在"十五"规划期间有上升趋势，到了"十一五"规划期间则转而持续下降。这与中国采取了更严格的节能措施和$SO_2$总量控制措施密切相关。但$NO_x$的$NEI_c/NEI_{tp}$比值在"十五"和"十一五"规划期间均持续上升，这是由于"十五"和"十一五"规划期间中国缺乏对$NO_x$控制的重视（Mao et al., 2014; Zhou et al., 2015），在"十二五"规划中才开始将$NO_x$列为总量控制污染物指标。

温室气体、$SO_x$ 和 $NO_x$ 的 $sp_c/sp_{tp}$ 比值均小于 1 并且呈现持续下降趋势，表明近年来中国的出口与进口相比，逐渐趋于清洁化。

### 4.3.3 关于驱动力分解的不确定性分析

虽然本研究尽力优化了驱动力分析过程，但仍存在方法、数据上的不确定性。

采用 IDA 方法分解 EEE 值和 BEET 值变化的驱动力，显然有别于微观经济学家所常用的经典统计或计量经济学方法。一般来说，统计或计量方法的核心是将噪声与所想要找到的影响因子分离，这样做主要有两个目的：（1）如果将噪声从分析数据中去除，可以在一个更准确的基础上分析造成变化的不同原因，如本研究中的规模、结构和技术效应；（2）正规的统计分析是一种定义结果误差限的严格统计学过程，常通过置信区间和假设检验等经典统计工具来实现。与之相对应的，采用 LMDI 分解方法的 IDA 分析将所有因素完全分解，刻意避免了统计中的误差分析，因此在运用该方法的文献中，将其称为"不留残差项"的理想分解方法（Ang et al.，1998，2003；Hoekstra and van den Bergh，2003）。IDA 分析早期被用于确定数量关系，对某个宏观经济指标进行分解，如将"产值"的变化分解为"产量"和"价格"变化的作用（Sato，1976；Caves et al.，1982）。20 世纪 70 年代后，IDA 分析的应用领域逐渐扩大并开始用于分析能源环境问题（Boyd et al.，1987；Reitler et al.，1987；Boyd et al.，1988；Huntington，1989）。传统的统计和计量经济学方法主要处理因变量与其众多独立自变量之间的因果关系，而这些变量的选取主要基于研究者的理性假设。IDA 分析与之不同，在 IDA 分析中，假设因变量（例如 EEE 值）和自变量（例如总出口、部门出口占比和部门 SEI 值）间具有确定的对应关系，因变量实质上是由自变量的乘积计算得到，因此，因变量可被自变量完全解释。虽然早期的 IDA 分析，如 Laspeyres 基本方法和简单平均 Divisia 方法均会留下残差（Reitler et al., 1987; Boyd et al., 1988; Ang et al., 1998), 但应用适当的解决方案如本研究中使用的 LMDI 方法, 可以避免残差产生。以下是 LMDI 方法不会留下残差的证明过程 (Ang et al., 1998):

$$(EEE^T - EEE^0) - \begin{bmatrix} \sum_i \frac{EEE_i^T - EEE_i^0}{\ln EEE_i^T - \ln EEE_i^0} \ln\left(\frac{X^T}{X^0}\right) + \\ \sum_i \frac{EEE_i^T - EEE_i^0}{\ln EEE_i^T - \ln EEE_i^0} \ln\left(\frac{S_i^T}{S_i^0}\right) + \\ \sum_i \frac{EEE_i^T - EEE_i^0}{\ln EEE_i^T - \ln EEE_i^0} \ln\left(\frac{F_i^T TFP^T}{F_i^0 TFP^0}\right) + \\ \sum_i \frac{EEE_i^T - EEE_i^0}{\ln EEE_i^T - \ln EEE_i^0} \ln\left(\frac{\frac{1}{TFP^T}}{\frac{1}{TFP^0}}\right) \end{bmatrix} = (EEE^T - EEE^0) -$$

$$\left[ \sum_i \frac{EEE_i^T - EEE_i^0}{\ln EEE_i^T - \ln EEE_i^0} \ln\left(\frac{X^T S_i^T F_i^T TFP^T \frac{1}{TFP^T}}{X^0 S_i^0 F_i^0 TFP^0 \frac{1}{TFP^0}}\right) \right] =$$

$$(EEE^T - EEE^0) - \left[ \sum_i (EEE_i^T - EEE_i^0) \right] = 0 \quad (4.3.1)$$

此外,数据的不确定性来自以下几点:首先,尽管本研究的基础数据主要来自 WIOD 数据库,该数据库的数据源是基于各国家和地区统计机构的官方和公开发布的数据,数据较为可靠,但 WIOD 数据库是在国民账户体系 (System of National Accounts) 框架内构建的,并遵循其理念和核算方法,由于数据质量和全面性较难兼顾,这限制了WIOD 所囊括的国家和地区数量 (Timmer et al., 2015);其次,由于部门集结的原因,结构效应的作用可能没有完全得到反映,而如果在更精细的部门集结下进行分解分析,就有可能更准确地揭示结构效应在隐含排放变化中发挥的作用 (Dong et al., 2010);最后,在计算BEET 值时,本文采用中国主要贸易伙伴的加权平均 SEI 值来估计中国进口商品的总排放量,但由于世界其他国家和地区 (ROW) 的 SEI 值数据较难计算,所以本文假定其与中国的 SEI 值相同,这可能导致 EEI 值和 BEET 值估计的偏差。

# 第5章
# 加入WTO对中国贸易隐含排放的影响

本章在前文中国贸易隐含温室气体和污染物核算及其驱动力分析的基础上，运用反现实情景分析方法和多区域动态CGE模型，研究"加入WTO"对中国贸易隐含温室气体和污染物的影响。贸易隐含污染物表示的是实际贸易中隐含的污染物的量，反映的是贸易量中携带的污染物排放的"流动"量。加入WTO不但通过扩大出口增加了国内温室气体和污染物排放，也通过增加进口在一定程度上缓解了国内环境压力。测算加入WTO对中国贸易隐含污染物的影响，可以反映中国在国际贸易中的环境利益得失，有着丰富的政策含义。

## 5.1 数据基础与模型检验

CGE模拟中，各国家和地区2002~2011年投资率、熟练劳动力和非熟练劳动力的变化率等动态模拟外生给定参数数据使用GTAP官方网站推荐的数据库"CEPII baseline 1.0"[①]，其包含1980~2050年122个国家和地区GDP、储蓄、投资、总人口、劳动力、总资本、一次能源消费量等基础数据，2011年之后的数据为其预测值（Fouré et

---

① http://www.cepii.fr/anglaisgraph/bdd/baseline.htm。

al., 2012)。宏观经济假设和基准情景设计的数据见附表2。为便于分析，将 GTAP 6 数据库中的 87 个地区集结为 12 个区域，集结的原则是重点关注中国的主要贸易伙伴。最终集结的 12 个国家和地区为中国（CHH）、东盟（ASEAN）、日本（JPN）、韩国（KOR）、北美自由贸易区（美国、加拿大和墨西哥，NAFTA）、中国台湾地区（TWN）、欧盟（EU）、印度（IND）、俄罗斯（RUS）、巴西（BRA）、澳大利亚（AUS）及世界其他地区（the Rest Of the World，ROW）。

如表 5-1 和 5-2 所示，2001 年、2004 年和 2007 年 11 个国家和地区对中国的各部门产品进口关税税率，以及中国对 11 个国家和地区各部门产品的进口关税税率分别来自 GTAP 数据库 6、7 和 8 版本。同时，假设 2002 和 2003 年的关税税率介于 2001 年和 2004 年税率之间，且相邻两年份间的变化量相同。以此类推得到 2005、2006 年的关税税率。由于中国于 2007 年已经基本履行完加入 WTO 减税承诺，假定 2008~2011 年的关税税率减免与中国加入 WTO 关系不大，2007 年之后的进口关税税率保持不变。

表 5-1　CGE 模型中其他国家和地区对中国各部门产品进口关税的变化情况

|  | AUS | ASEAN | IND | NAFTA | BRA | EU | JPN | KOR | RUS | TWN | ROW |
|---|---|---|---|---|---|---|---|---|---|---|---|
| 2001 年进口关税税率（%） ||||||||||||
| AGR | 0.9 | 6.9 | 19.1 | 2.2 | 8.0 | 13.9 | 11.7 | 78.5 | 10.9 | 8.9 | 10.9 |
| MIN | 1.8 | 2.9 | 13.7 | 0.6 | 1.0 | 0.0 | 0.0 | 1.2 | 5.0 | 0.2 | 2.0 |
| FOM | 5.3 | 30.8 | 25.6 | 4.1 | 12.3 | 21.2 | 25.1 | 31.6 | 16.8 | 24.9 | 17.4 |
| TLF | 18.2 | 13.8 | 15.6 | 12.7 | 20.9 | 10.3 | 10.8 | 10.7 | 21.5 | 10.4 | 28.5 |
| WOP | 4.8 | 12.1 | 17.5 | 1.2 | 16.0 | 1.2 | 0.8 | 5.7 | 22.5 | 4.3 | 11.6 |
| PPP | 4.1 | 7.7 | 14.6 | 0.8 | 11.6 | 0.4 | 0.1 | 4.3 | 13.4 | 3.7 | 8.9 |
| PCN | 0.0 | 8.7 | 8.3 | 1.4 | 0.2 | 0.2 | 0.8 | 5.9 | 5.0 | 1.8 | 9.5 |
| CRP | 4.5 | 5.3 | 17.0 | 3.5 | 9.9 | 3.6 | 0.2 | 7.1 | 10.0 | 4.1 | 9.1 |
| NMP | 4.6 | 11.9 | 15.4 | 4.7 | 14.0 | 5.7 | 0.0 | 7.4 | 16.1 | 7.2 | 13.7 |
| MMP | 5.1 | 5.6 | 16.8 | 3.0 | 13.8 | 3.2 | 0.3 | 4.5 | 13.4 | 3.1 | 11.0 |
| TRE | 1.3 | 2.0 | 8.9 | 0.8 | 13.6 | 2.0 | 0.0 | 2.5 | 9.2 | 0.8 | 7.9 |
| EOP | 5.2 | 32.6 | 17.2 | 4.1 | 17.7 | 3.8 | 0.0 | 6.9 | 13.6 | 7.9 | 11.8 |
| OMP | 3.7 | 5.0 | 14.9 | 2.3 | 17.5 | 2.1 | 0.2 | 6.8 | 14.1 | 4.6 | 11.6 |

续表

|     | AUS | ASEAN | IND | NAFTA | BRA | EU | JPN | KOR | RUS | TWN | ROW |
|-----|-----|-------|-----|-------|-----|-----|-----|-----|-----|-----|-----|
| \multicolumn{12}{c}{2004 年进口关税税率(%)} ||||||||||||
| AGR | 0.6 | 11.7 | 16.7 | 1.9 | 7.4 | 14.9 | 8.5 | 62.4 | 11.5 | 9.8 | 11.5 |
| MIN | 0.1 | 2.2 | 10.9 | 0.5 | 1.5 | 0.0 | 0.1 | 1.7 | 5.0 | 0.0 | 3.5 |
| FOM | 2.0 | 21.8 | 21.6 | 4.8 | 12.3 | 15.0 | 18.6 | 28.2 | 15.6 | 25.5 | 14.4 |
| TLF | 18.7 | 12.0 | 9.1 | 11.7 | 19.0 | 10.2 | 9.3 | 10.7 | 18.2 | 9.0 | 15.7 |
| WOP | 4.8 | 6.3 | 7.5 | 1.1 | 15.8 | 0.4 | 0.7 | 5.6 | 18.1 | 3.6 | 11.6 |
| PPP | 3.6 | 9.9 | 7.1 | 0.4 | 10.9 | 0.0 | 0.0 | 3.5 | 11.9 | 2.8 | 10.2 |
| PCN | 0.0 | 7.6 | 7.5 | 0.8 | 0.1 | 0.0 | 1.5 | 5.2 | 5.0 | 1.7 | 2.8 |
| CRP | 4.1 | 5.3 | 7.4 | 3.3 | 8.3 | 3.5 | 0.2 | 7.0 | 10.7 | 3.8 | 8.3 |
| NMP | 4.1 | 9.7 | 6.9 | 4.9 | 13.3 | 5.7 | 0.0 | 7.4 | 16.3 | 6.3 | 13.0 |
| MMP | 4.2 | 4.7 | 7.8 | 2.9 | 13.9 | 2.6 | 0.0 | 3.4 | 13.1 | 2.5 | 9.6 |
| TRE | 1.0 | 2.1 | 1.4 | 0.6 | 12.0 | 1.6 | 0.0 | 1.9 | 8.5 | 0.7 | 6.1 |
| EOP | 4.2 | 14.9 | 7.3 | 2.7 | 15.5 | 0.8 | 0.0 | 6.8 | 13.5 | 7.3 | 13.5 |
| OMP | 3.5 | 6.3 | 7.1 | 2.6 | 16.0 | 1.8 | 0.0 | 6.9 | 13.2 | 3.9 | 9.1 |
| \multicolumn{12}{c}{2007 年进口关税税率(%)} ||||||||||||
| AGR | 0.5 | 5.5 | 13.0 | 1.7 | 7.2 | 4.8 | 10.3 | 79.0 | 10.5 | 8.3 | 9.5 |
| MIN | 0.3 | 0.9 | 2.4 | 0.4 | 0.2 | 0.0 | 0.0 | 0.5 | 3.8 | 0.0 | 1.3 |
| FOM | 2.6 | 14.7 | 16.9 | 3.1 | 9.9 | 12.6 | 11.3 | 30.7 | 11.6 | 14.4 | 14.5 |
| TLF | 13.0 | 10.5 | 8.8 | 11.4 | 19.3 | 10.1 | 9.7 | 9.0 | 18.5 | 8.7 | 13.1 |
| WOP | 4.7 | 5.7 | 5.6 | 0.9 | 15.6 | 0.6 | 0.8 | 4.2 | 16.9 | 2.2 | 10.1 |
| PPP | 3.9 | 5.8 | 4.2 | 0.2 | 11.4 | 0.0 | 0.0 | 0.2 | 9.0 | 0.0 | 7.4 |
| PCN | 0.0 | 4.4 | 5.8 | 0.2 | 0.1 | 0.0 | 0.3 | 3.1 | 5.0 | 1.7 | 2.8 |
| CRP | 4.0 | 4.4 | 4.3 | 2.9 | 7.6 | 1.9 | 0.1 | 5.0 | 9.2 | 2.2 | 6.6 |
| NMP | 4.3 | 9.6 | 4.4 | 4.3 | 12.3 | 4.9 | 0.0 | 7.3 | 13.9 | 4.9 | 11.2 |
| MMP | 4.9 | 4.5 | 5.4 | 2.2 | 12.4 | 2.1 | 0.2 | 1.7 | 10.1 | 0.9 | 8.0 |
| TRE | 0.9 | 0.7 | 0.7 | 0.5 | 9.3 | 1.3 | 0.0 | 1.1 | 5.2 | 0.7 | 3.9 |
| EOP | 4.9 | 11.3 | 6.6 | 2.5 | 16.1 | 0.6 | 0.0 | 1.8 | 9.9 | 5.0 | 11.5 |
| OMP | 3.5 | 3.6 | 4.4 | 1.7 | 14.2 | 1.8 | 0.0 | 4.9 | 7.6 | 2.4 | 7.0 |

注：作者根据 GTAP 数据库 6、7 和 8 版本数据整理。部门代码的说明见附表 1，电力、燃气与水的生产与供应业（EGW）与服务业（SER）在数据库中没有进口关税情况，因此没有列出。国家代码分别为：中国（CHH）、东盟（ASEAN）、日本（JPN）、韩国（KOR）、北美自由贸易区（美国、加拿大和墨西哥，NAFTA）、中国台湾地区（TWN）、欧盟（EU）、印度（IND）、俄罗斯（RUS）、巴西（BRA）、澳大利亚（AUS）及世界其他地区（the Rest Of the World，ROW）。

表5-2 CGE模型中中国对其他国家和地区各部门产品进口关税变化情况

| | AUS | ASEAN | IND | NAFTA | BRA | EU | JPN | KOR | RUS | TWN | ROW |
|---|---|---|---|---|---|---|---|---|---|---|---|
| | | | | | 2001年进口关税税率(%) | | | | | | |
| AGR | 25.1 | 9.0 | 6.8 | 45.9 | 49.4 | 8.8 | 6.1 | 9.4 | 8.8 | 5.9 | 35.3 |
| MIN | 0.1 | 0.2 | 0.8 | 1.3 | 0.8 | 1.9 | 2.8 | 2.5 | 2.2 | 2.7 | 2.8 |
| FOM | 11.2 | 9.9 | 12.1 | 9.6 | 7.9 | 12.5 | 12.1 | 15.3 | 16.6 | 9.9 | 11.8 |
| TLF | 11.1 | 11.2 | 6.1 | 10.5 | 7.0 | 7.9 | 20.3 | 16.5 | 18.2 | 16.3 | 8.4 |
| WOP | 12.8 | 8.5 | 3.7 | 5.1 | 1.6 | 10.9 | 16.7 | 13.6 | 3.2 | 9.6 | 4.5 |
| PPP | 10.1 | 6.5 | 13.0 | 5.1 | 2.6 | 8.7 | 9.7 | 12.8 | 4.3 | 12.5 | 5.2 |
| PCN | 5.7 | 4.4 | 6.7 | 6.3 | 7.2 | 6.4 | 5.8 | 7.0 | 8.1 | 6.5 | 7.5 |
| CRP | 12.3 | 20.6 | 11.6 | 9.3 | 12.3 | 9.4 | 10.9 | 11.4 | 9.2 | 11.6 | 10.1 |
| NMP | 9.9 | 11.3 | 10.0 | 11.8 | 19.5 | 8.4 | 10.1 | 12.5 | 11.0 | 8.2 | 11.4 |
| MMP | 9.2 | 4.7 | 8.3 | 4.7 | 6.7 | 7.4 | 7.0 | 8.0 | 5.2 | 7.2 | 5.4 |
| TRE | 6.7 | 6.6 | 5.4 | 7.7 | 9.1 | 9.1 | 8.3 | 9.0 | 11.9 | 4.9 | 7.0 |
| EOP | 10.9 | 7.8 | 8.3 | 7.0 | 25.7 | 19.2 | 27.5 | 37.6 | 12.6 | 23.3 | 9.1 |
| OMP | 11.1 | 11.5 | 3.6 | 11.3 | 11.6 | 11.8 | 11.3 | 12.9 | 11.6 | 11.8 | 9.1 |
| | | | | | 2004年进口关税税率(%) | | | | | | |
| AGR | 16.9 | 5.7 | 2.4 | 32.2 | 32.8 | 6.4 | 3.8 | 11.3 | 0.5 | 6.7 | 23.7 |
| MIN | 0.3 | 0.3 | 0.6 | 1.4 | 0.1 | 2.5 | 2.7 | 2.4 | 0.1 | 2.7 | 0.2 |
| FOM | 5.9 | 3.2 | 7.1 | 8.1 | 1.9 | 10.0 | 7.5 | 7.6 | 12.4 | 9.5 | 5.1 |
| TLF | 15.9 | 8.5 | 5.7 | 8.4 | 5.6 | 7.9 | 12.5 | 10.8 | 10.0 | 10.6 | 8.6 |
| WOP | 4.5 | 3.5 | 4.5 | 2.5 | 0.6 | 6.8 | 10.0 | 9.6 | 1.1 | 7.0 | 2.1 |
| PPP | 4.7 | 3.1 | 6.9 | 2.2 | 1.4 | 4.2 | 4.3 | 5.5 | 1.6 | 6.6 | 1.4 |
| PCN | 5.2 | 4.2 | 2.5 | 4.6 | 5.9 | 5.5 | 6.0 | 5.1 | 6.0 | 5.3 | 5.3 |
| CRP | 7.0 | 9.8 | 8.4 | 11.2 | 8.0 | 7.7 | 7.6 | 7.7 | 12.5 | 8.9 | 8.4 |
| NMP | 9.6 | 10.0 | 7.0 | 10.3 | 12.7 | 7.2 | 9.1 | 9.9 | 9.1 | 10.0 | 3.8 |
| MMP | 6.4 | 4.2 | 5.6 | 3.5 | 4.1 | 5.1 | 5.0 | 5.0 | 3.3 | 6.1 | 2.9 |
| TRE | 1.5 | 1.6 | 1.6 | 1.0 | 3.6 | 1.8 | 3.0 | 2.5 | 4.5 | 0.5 | 0.5 |
| EOP | 8.6 | 8.5 | 12.3 | 6.9 | 12.0 | 14.9 | 19.8 | 20.8 | 2.8 | 17.6 | 5.5 |
| OMP | 6.0 | 7.2 | 2.8 | 5.2 | 7.5 | 6.9 | 6.3 | 6.9 | 5.5 | 7.4 | 5.5 |
| | | | | | 2007年进口关税税率(%) | | | | | | |
| AGR | 14.5 | 0.3 | 0.8 | 24.3 | 26.6 | 3.0 | 5.9 | 2.4 | 1.8 | 0.3 | 15.3 |
| MIN | 0.1 | 0.0 | 0.3 | 0.1 | 0.2 | 0.0 | 2.0 | 2.9 | 0.5 | 0.1 | 0.2 |
| FOM | 6.8 | 1.3 | 7.3 | 4.3 | 4.5 | 5.0 | 8.2 | 6.6 | 8.4 | 3.6 | 8.0 |
| TLF | 9.8 | 0.4 | 5.7 | 4.3 | 2.5 | 6.4 | 7.1 | 8.3 | 7.2 | 10.0 | 6.7 |
| WOP | 1.6 | 0.3 | 1.8 | 2.0 | 0.7 | 0.2 | 2.7 | 4.7 | 1.7 | 0.2 | 2.8 |

续表

|     | AUS | ASEAN | IND | NAFTA | BRA | EU   | JPN  | KOR  | RUS | TWN | ROW |
| --- | --- | ----- | --- | ----- | --- | ---- | ---- | ---- | --- | --- | --- |
| PPP | 1.5 | 0.2   | 2.1 | 5.5   | 0.9 | 0.5  | 2.4  | 3.3  | 3.1 | 0.6 | 2.6 |
| PCN | 5.6 | 0.0   | 2.7 | 2.0   | 4.5 | 5.5  | 5.4  | 6.3  | 5.0 | 6.2 | 5.1 |
| CRP | 5.6 | 0.5   | 8.3 | 5.3   | 5.9 | 6.6  | 6.0  | 5.8  | 5.5 | 4.9 | 5.7 |
| NMP | 7.7 | 1.5   | 6.8 | 2.4   | 9.8 | 10.3 | 7.7  | 10.7 | 6.6 | 6.9 | 8.9 |
| MMP | 4.3 | 0.8   | 2.8 | 3.0   | 3.9 | 3.2  | 4.3  | 4.8  | 4.3 | 2.8 | 3.7 |
| TRE | 0.6 | 1.0   | 0.8 | 2.4   | 0.8 | 2.1  | 1.6  | 5.6  | 1.6 | 1.7 | 0.5 |
| EOP | 6.9 | 0.0   | 4.6 | 6.7   | 6.7 | 7.0  | 10.6 | 12.9 | 4.9 | 2.5 | 3.8 |
| OMP | 5.6 | 0.8   | 3.6 | 1.7   | 4.9 | 7.3  | 6.2  | 6.0  | 6.2 | 5.6 | 7.4 |

注：作者根据 GTAP 数据库 6、7 和 8 版本数据整理。国家和部门代码的说明见附表 1，电力、燃气与水的生产与供应业（EGW）与服务业（SER）在数据库中没有进口关税情况，因此没有列出。国家代码分别为：中国（CHH）、东盟（ASEAN）、日本（JPN）、韩国（KOR）、北美自由贸易区（美国、加拿大和墨西哥，NAFTA）、中国台湾地区（TWN）、欧盟（EU）、印度（IND）、俄罗斯（RUS）、巴西（BRA）、澳大利亚（AUS）及世界其他地区（the Rest Of the World，ROW）。

如之前分析，WIOD 和 GTAP 数据库中部门分类并不相同。GTAP 数据库中包含了 57 个部门，而 WIOD 则有 35 个部门。为方便研究，这些部门在 EIO 和 CGE 模型中被统一集结为 15 个部门（见附表 1）。

另外，现实情景（中国加入 WTO）的建立同时也是动态 CGE 模型的校准过程。为了测试该模型模拟的准确性，将进出口额的模拟值和统计数据进行了比较（如图 5-1 所示），各年份误差均低于 5%，表明以此模型进行模拟分析较为可靠。

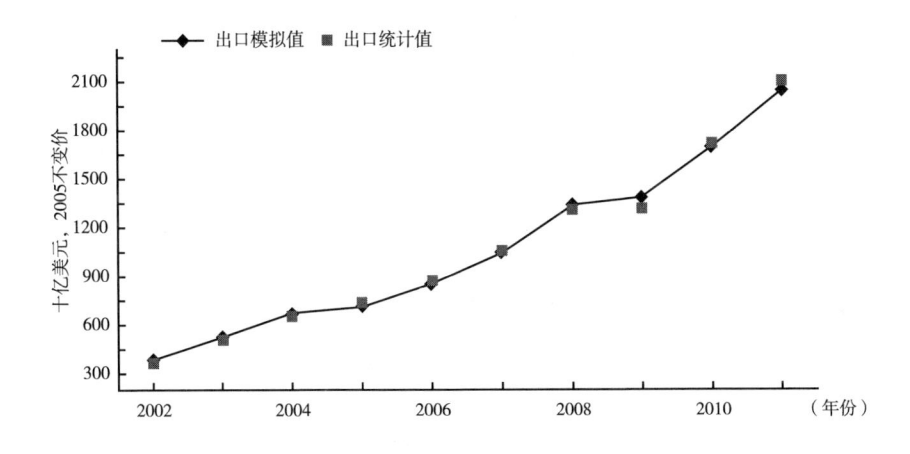

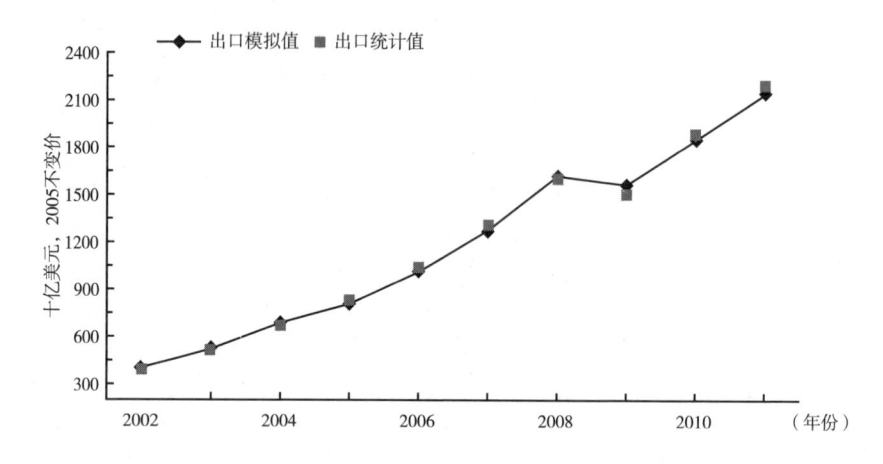

图 5-1　中国进出口额的动态 CGE 模型模拟值与
统计值的比较（2002~2011 年）

## 5.2　加入 WTO 对中国贸易的影响

根据 CGE 模型的模拟结果，与反现实情景（不加入 WTO）相比，现实情景（加入 WTO）下中国各年度的进出口都有不同程度的增长（如表 5-3 所示）。这表明加入 WTO 对中国的进出口贸易确实产生了较为显著的促进作用。由于加入 WTO，中国的出口和进口在 2002 年分别额外增加了 186.3 亿美元和 128.1 亿美元，在 2011 年则分别额外增加了 2212.1 亿美元和 1914.5 亿美元。与不加入 WTO 情景相比，2002 年出口和进口变化率分别为 5.01% 和 3.64%，2011 年这一影响扩大为 11.19% 和 10.07%。在 2005 年后，出口和进口增长（变动）率基本稳定在 10% 左右。有研究预计中国进出口在加入 WTO 的长期影响下，将比基准情景高出 14%~16%（Ghosh and Rao，2010）。相比之下，本研究得出的影响结果稍小，可能是因为本文研究周期为 10 年，时间跨度稍短，且中间经历了全球金融危机的过程。

表 5-3  加入 WTO 造成中国进出口额的变化率测算

| 年份 | 出口变化率(%) | 进口变化率(%) |
|---|---|---|
| 2002 | 5.01 | 3.64 |
| 2003 | 7.05 | 5.56 |
| 2004 | 8.64 | 7.23 |
| 2005 | 9.61 | 9.11 |
| 2006 | 10.33 | 9.96 |
| 2007 | 10.86 | 10.62 |
| 2008 | 10.68 | 10.12 |
| 2009 | 10.51 | 9.99 |
| 2010 | 10.40 | 9.61 |
| 2011 | 11.19 | 10.07 |

通过现实和反现实情景的比较可见，受加入 WTO 影响，关税削减导致所有部门产品进出口增加，但不同行业的变化率差异很大（见表 5-4）。出口变化（增长）最大的三个行业是非金属矿物制品业（NMP），电子与光学设备制造业（EOP），以及纺织、皮革及服装鞋帽制造业（TLF）。其中非金属矿物制品业是中国温室气体和空气污染物（$SO_x$ 和 $NO_x$）排放量最大的部门之一，这些部门出口的增长对中国环境造成了压力。然而，根据之前关于贸易自由化环境影响的理论分析，进口扩大可以减少国内生产，进而规避一部分排放，农业（AGR）和采矿（MIN）部门进口的增长可以替代国内生产从而减少中国温室气体和污染物的排放量。但矿产品如铁矿石和煤炭的进口增加，会促进下游高能耗和高排放产业的发展，如金属及其制品部门（MMP）（包括钢铁），也会产生污染增排效果。

表 5-4  加入 WTO 造成的中国各部门进出口累计
变化量和变化率（2002~2011）

| 部门 | 出口变化量（十亿美元） | 累积变化率（同 2001 年相比,%) | 进口变化量（十亿美元） | 累积变化率（同 2001 年相比,%) |
|---|---|---|---|---|
| AGR | 11.35 | 118.98 | 33.62 | 473.26 |
| MIN | 10.82 | 200.58 | 52.77 | 312.80 |
| FOM | 15.70 | 265.70 | 3.77 | 141.86 |

续表

| 部门 | 出口变化量（十亿美元） | 累积变化率（同2001年相比,%） | 进口变化量（十亿美元） | 累积变化率（同2001年相比,%） |
| --- | --- | --- | --- | --- |
| TLF | 317.41 | 450.37 | 41.59 | 206.64 |
| WOP | 27.12 | 203.85 | 6.92 | 139.52 |
| PPP | 24.10 | 252.49 | 14.53 | 185.67 |
| PCN | 3.61 | 96.75 | 16.61 | 300.99 |
| CRP | 11.21 | 53.08 | 81.46 | 223.79 |
| NMP | 228.50 | 678.00 | 4.60 | 245.14 |
| MMP | 61.23 | 380.38 | 56.03 | 255.73 |
| TRE | 16.39 | 174.75 | 65.49 | 653.86 |
| EOP | 281.75 | 555.10 | 243.99 | 471.16 |
| OMP | 204.18 | 444.43 | 211.33 | 374.55 |
| EGW | — | — | — | — |
| SER | 43.66 | 132.72 | 38.55 | 98.79 |
| 总计 | 1057.04 | 353.49 | 871.27 | 308.29 |

注：部门缩写含义见附表1。

## 5.3 加入WTO带来的贸易隐含温室气体和污染物变化：△EEE、△NECT和△BEET

2002~2011年，加入WTO带来的出口隐含排放的累计增量分别为1540.10 Mt（$CO_2$-eq）、5830.84 kt（$SO_x$）和3336.48 kt（$NO_x$）（△EEE，对应于图5-2第一行图中的阴影区域），与不加入WTO相比，增长率分别为7.94%、7.92%和8.01%，其出口隐含排放增量分别占中国总排放量的1.81%、2.47%和1.73%。这一结果揭示出加入WTO通过扩大出口对中国国内污染排放施加了额外的压力。

如果以加入WTO导致的出口额的增长率作为规模增加对出口隐含排放的作用，即规模效应，则出口隐含温室气体、$SO_x$和$NO_x$排放的增长率与规模效应的差可以看作是出口结构变化对出口隐含排放的影响，即结构效应。加入WTO导致的出口隐含温室气体和污染物排放的年增长率见表5-5。出口隐含温室气体、$SO_x$和$NO_x$排放的增长率总体来看略小于出口的增长率，这表明中国加入WTO导致的出口结构的变化并未对环境产生负面影响，但加入WTO的规模效应增加了出口隐含排放量，进而对中国国内排放施加了更多的压力。

表5-5 加入WTO引起的中国出口隐含排放的年增长率与出口增长率对比（△EEE与△E）

| 年份 | 温室气体(%) | $SO_x$(%) | $NO_x$(%) | 出口增长率(%) |
| --- | --- | --- | --- | --- |
| 2002 | 4.08 | 3.99 | 4.19 | 5.01 |
| 2003 | 5.21 | 5.18 | 5.33 | 7.05 |
| 2004 | 8.40 | 8.33 | 8.55 | 8.64 |
| 2005 | 9.01 | 8.81 | 9.10 | 9.61 |
| 2006 | 9.49 | 8.96 | 9.53 | 10.33 |
| 2007 | 9.23 | 8.98 | 9.24 | 10.86 |
| 2008 | 8.46 | 9.46 | 8.58 | 10.68 |
| 2009 | 8.34 | 8.33 | 8.33 | 10.51 |
| 2010 | 8.55 | 8.54 | 8.55 | 10.40 |
| 2011 | 8.64 | 8.66 | 8.67 | 11.19 |
| 十年总体水平 | 7.94 | 7.92 | 8.01 | 9.41 |

如果用贸易伙伴的排放强度计算进口隐含排放量（$EEI_{tp}$），十年间（2002~2011年）加入WTO带来的温室气体和污染物的BEET增量（△BEET，对应于图5-2第二行图中阴影区域）为847.44 Mt（$CO_2$-eq）、3629.69 kt（$SO_x$）和1886.98 kt（$NO_x$），与不加入WTO情景相比分别增长了6.33%、7.53%和7.61%，分别占该时期中国总排放量的1.00%、1.54%和0.98%。加入WTO在一定程度上强化了中国（与其贸易伙伴相比）的净污染物出口国地位。

十年间（2002~2011年）加入WTO带来的温室气体和污染物的NECT增量为144.02 Mt（$CO_2$-eq）、684.21 kt（$SO_x$）和560.77 kt（$NO_x$）（△NECT，对应于图5-2第三行图中的阴影区域），分别仅

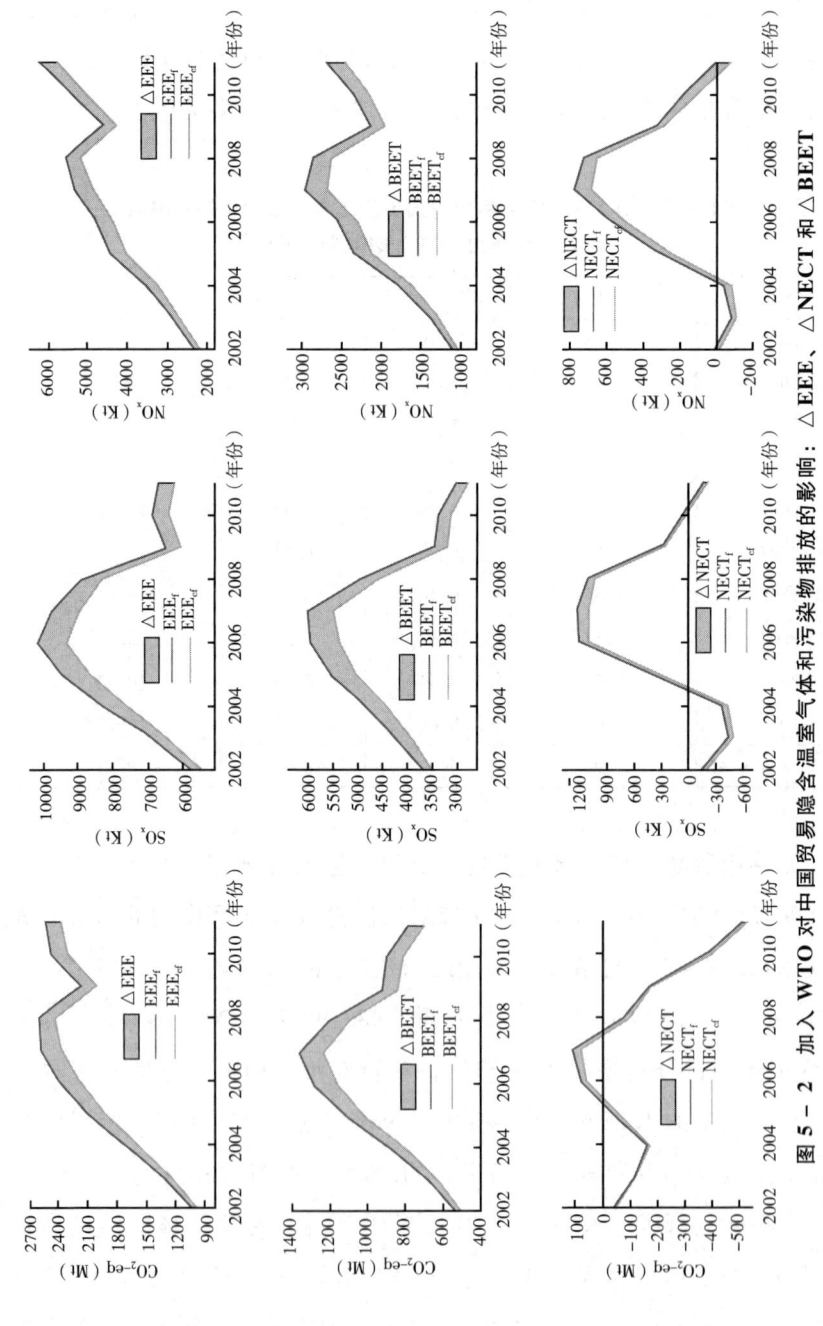

图 5-2 加入 WTO 对中国贸易隐含温室气体和污染物排放的影响：△EEE、△NECT 和 △BEET

注：下标 *cf* 表示反现实情景（即"不加入 WTO"），下标 *f* 表示现实情景，即"加入 WTO"。

占该时期中国三种污染物总排放量的 0.17%、0.29% 和 0.29%，远小于△BEET 的值。这意味着，如果采取"进口规避排放"和"国内技术"假设，考虑到进口的增加能在一定程度上避免或抵消出口增加带来的国内排放，则加入 WTO 对中国环境并没有产生较大的压力。

通过观察△EEE 的时间序列变化可知，温室气体的△EEE 在 2002~2007 年不断扩大，而在 2008~2009 年持续缩小，后在 2010 年和 2011 年又有所扩大。除了比温室气体提前一年，即在 2006 年达到峰值外，$SO_x$ 的△EEE 表现出与温室气体类似的变化趋势。同样地，$NO_x$ 的△EEE 在 2002~2007 年不断扩大，在 2008 年和 2009 年有所缩小，而在 2010 年和 2011 年再次扩大。类似的，温室气体、$SO_x$ 和 $NO_x$ 的△BEET 与△NECT 都呈现"先扩大后减小"的总体趋势，与△EEE 变化趋势相近。

# 第 6 章

# 加入 WTO 对中国及全球温室气体和大气污染物排放的影响

贸易自由化造成出口国生产的实际增加量要小于其实际出口的增加量，而贸易自由化导致进口国生产的减少量也要小于其实际进口的增加量，因此，贸易隐含污染物的变化并不等同于该国"实际污染排放量"的变化。而考察与该国生产和消费变化相关的温室气体与污染物排放的实际变化量，则可以更准确地反映加入 WTO 对中国的环境影响。本章进一步分析中国加入 WTO 造成全球其他国家和地区经济结构和规模的变化，以及对这些国家和地区温室气体和污染物排放的影响。

## 6.1 数据基础

在研究加入 WTO 对中国及全球温室气体和污染物实际排放量的影响时，采用与前文相同的全球多区域动态 CGE 模型、反现实情景设定及地区和部门分类，各地区各部门温室气体和污染物排放量数据采用 WIOD 数据库的环境账户数据，并使用欧盟委员会合作研究中心的 EDGAR（Emissions Database for Global Atmospheric Research）

数据库[①]（Crippa et al., 2016）中各国家和地区的温室气体和大气污染物总排放量数据进行校正。由于 WIOD 数据库中环境方面的数据仅更新至 2009 年，本文对各地区各部门 2010~2011 年直接排放强度，仍采取前文述及的各地区 2010 年与 2011 年完全排放强度矩阵推算方法进行估算。

## 6.2 加入 WTO 对中国温室气体和污染物排放的影响

根据 CGE 模型的模拟结果，"现实情景"（中国加入 WTO）与"反现实情景"（中国不加入 WTO）相比，总产出（以总产值表示）的变化如表 6-1 所示。受加入 WTO 影响，中国的总产值在 2002 年（比"不加入 WTO"情景）提高了 80.8 亿美元，变化率为 0.21%。在 2011 年（比"不加入 WTO"情景）提高了 2628.0 亿美元，变化率达 1.18%。

表 6-1 中国的总产值受"中国加入 WTO"影响的变化量和变化率

| 年份 | 产出变化量（亿美元） | 产出变化率（%） |
| --- | --- | --- |
| 2002 | 80.8 | 0.21 |
| 2003 | 194.7 | 0.44 |
| 2004 | 337.5 | 0.63 |
| 2005 | 559.6 | 0.86 |
| 2006 | 924.5 | 1.13 |
| 2007 | 1342.2 | 1.25 |
| 2008 | 1708.7 | 1.23 |
| 2009 | 1773.6 | 1.17 |
| 2010 | 2130.7 | 1.18 |
| 2011 | 2628.0 | 1.18 |

---

① European Commission, Joint Research Centre (JRC)/Netherlands Environmental Assessment Agency (PBL). Emission Database for Global Atmospheric Research (EDGAR), release version 4.3.1 http://edgar.jrc.ec.europa.eu/overview.php? v=431, 2016.

从产出结构来看，通过对比现实情景和反现实情景可以发现，加入 WTO 导致一些部门的产值增加而另一些部门的产值减少，且变化幅度分布范围较大（如表 6-2 所示）。受中国加入 WTO 影响，产值增长量与增长率均最高的三个部门是纺织、皮革与服装鞋帽制造业（TLF），电子与光学设备制造业（EOP）和其他制造业（OMP），可见加入 WTO 对中国的纺织服装以及装备制造产业生产提升作用明显，这主要是与中国劳动力的比较优势有关；而产值减少量与减少率均最显著的三个部门是交通运输设备制造业（TRE）、服务业（SER）与农业（AGR），这是由于中国的汽车等交通运输设备制造水平、服务业发达程度以及农业生产水平与国外相比相对落后，加入 WTO 使得这些部门的生产受到一定的冲击。从对环境的影响来看，污染密集型部门的产出变动对最终的污染物实际排放以及环境影响起决定性作用。比较图 6-1 中各部门排放强度可知，产值增长率较高且部门排放强度相对较大的部门为：纺织、皮革与服装鞋帽制造业（TLF），电力、燃气和水的生产与供应业（EGW），非金属矿物制品业（NMP），化学工业（CRP）等。这些高污染部门的产出增加直接对中国国内环境产生压力。另外，由于生产要素的流动和竞争，中国加入 WTO 也造成一些高污染部门产值下降，如石油精炼、炼焦与核燃料加工业（PCN），农业（AGR），采矿业（MIN）等，这些部门的产出下降一定程度上缓解了中国温室气体和污染物排放的上升势头。

表 6-2　中国加入 WTO 对国内各部门产值影响的
变化量和变化率（2002~2011 年累计）

| 部门 | 累计变化量（十亿美元） | 累计变化率 |
| --- | --- | --- |
| 农业（AGR） | -156.92 | -2.40 |
| 采矿业（MIN） | -50.26 | -1.49 |
| 食品加工业（FOM） | 107.64 | 2.24 |
| 纺织、皮革与服装鞋帽制造业（TLF） | 626.52 | 10.84 |

第6章 加入WTO对中国及全球温室气体和大气污染物排放的影响 | 97

续表

| 部门 | 累计变化量(十亿美元) | 累计变化率 |
| --- | --- | --- |
| 木材及其加工业(WOP) | 31.35 | 2.48 |
| 造纸、印刷与出版业(PPP) | 47.74 | 2.72 |
| 石油精炼、炼焦与核燃料加工业(PCN) | -38.02 | -1.96 |
| 化学工业(CRP) | 133.61 | 1.80 |
| 非金属矿物制品业(NMP) | 56.20 | 1.89 |
| 金属及其制品业(MMP) | 108.23 | 1.17 |
| 交通运输设备制造业(TRE) | -185.08 | -4.62 |
| 电子与光学设备制造业(EOP) | 769.10 | 6.96 |
| 其他制造业(OMP) | 254.52 | 4.00 |
| 电力、燃气和水的生产与供应业(EGW) | 47.01 | 1.71 |
| 服务业(SER) | -585.73 | -2.86 |

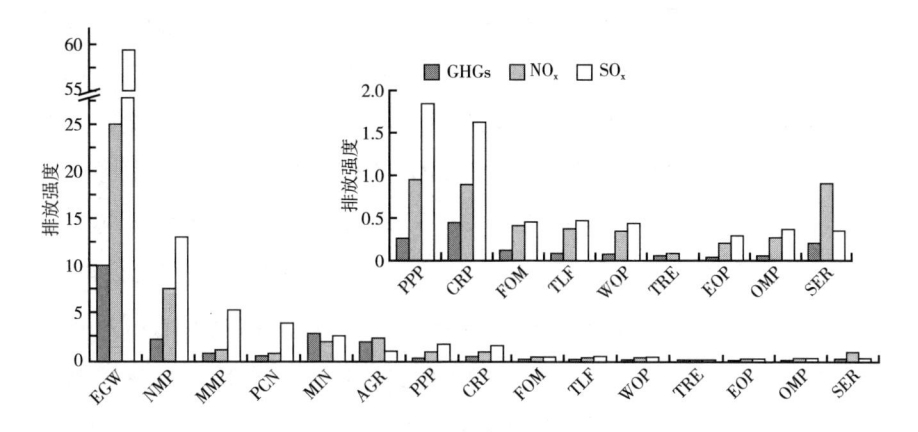

图6-1 中国各部门2002~2011年平均排放强度

注：GHGs的单位为千吨/百万美元，$NO_x$和$SO_x$为吨/百万美元；部门缩写含义见附表1。

表6-3为加入WTO造成的中国温室气体和污染物实际排放量随时间序列的变化量。由于加入WTO，2002年至2011年十年间，中国温室气体、硫氧化物（$SO_x$）和氮氧化物（$NO_x$）的排放量分别累计增加了203.79 Mt（$CO_2$-eq）、2477.84 kt和1291.08 kt，分别占同时期中国总排放量的0.24%、1.05%和0.67%。这一结果显示加入WTO确实对中国国内环境造成了一定的压力。加

入WTO导致$CO_2$、$CH_4$和$N_2O$三种温室气体十年累计（2002~2011年）变化量分别为594.38 Mt、-10992.82 kt和-400.60 kt，分别占同时期中国总排放量的0.96%、-1.59%和-1.71%。虽然加入WTO使中国温室气体排放总体上有所增加，但$CH_4$和$N_2O$的排放量由于采矿业（MIN）和农业（AGR）产值的减小而有所减少。

加入WTO产生的温室气体增排量在2002~2011年基本处于稳步上升的趋势，从2002年的2121.58 kt（$CO_2$-eq）上升至2011年的36351.79 kt（$CO_2$-eq）。但从增排量占各年全国总排放量的比例来看，自2007年达到0.30%后，基本保持不变，2011年温室气体增排量占全国总排放量的比重为0.31%（见表6-4）。加入WTO带来的$SO_x$排放增量在2002年至2007年间持续增长，而2008~2011年增速放缓，2008年$SO_x$增排量占全国总排放量比重达到1.38%后，这一比例基本稳定在1.40%左右，2011年$SO_x$增排量占全国总排放量的比重为1.43%。加入WTO导致的$NO_x$增排量随时间的变化情况与$SO_x$类似，自2007年后增速有所放缓。加入WTO导致的2011年温室气体、$SO_x$和$NO_x$的增排量与2008年相比，分别上升了16.47%、5.87%和14.53%。这与中国对各温室气体和污染物控制的严厉程度密切相关，在"十一五"时期（2006~2010年）即采取总量控制措施的硫氧化物（$SO_x$）增长比例最小。

**表6-3 中国加入WTO造成国内温室气体和污染物的增排量及其时序变化情况**

单位：kt

| 年份 | GHGs($CO_2$-eq) | $CO_2$ | $CH_4$ | $N_2O$ | $SO_x$ | $NO_x$ |
|---|---|---|---|---|---|---|
| 2002 | 2121.58 | 4860.09 | -69.65 | -3.45 | 26.50 | 14.29 |
| 2003 | 2977.47 | 11077.83 | -202.83 | -10.48 | 55.91 | 31.91 |
| 2004 | 8284.03 | 25078.09 | -447.38 | -19.41 | 122.47 | 72.63 |
| 2005 | 14128.19 | 40120.15 | -702.11 | -29.20 | 189.99 | 107.05 |

续表

| 年份 | GHGs($CO_2$-eq) | $CO_2$ | $CH_4$ | $N_2O$ | $SO_x$ | $NO_x$ |
|---|---|---|---|---|---|---|
| 2006 | 14512.99 | 52558.80 | -1049.66 | -40.85 | 243.69 | 130.69 |
| 2007 | 26430.25 | 75142.35 | -1351.27 | -51.66 | 323.99 | 167.43 |
| 2008 | 31212.63 | 86343.05 | -1575.51 | -54.47 | 365.88 | 180.99 |
| 2009 | 33083.37 | 92750.88 | -1708.70 | -58.65 | 374.38 | 188.77 |
| 2010 | 34683.52 | 98195.92 | -1820.02 | -62.33 | 387.66 | 190.05 |
| 2011 | 36351.79 | 108253.06 | -2065.69 | -70.10 | 387.37 | 207.29 |
| 合计 | 203785.81 | 594380.22 | -10992.82 | -400.60 | 2477.84 | 1291.08 |
| 占中国总排放量的比重 | 0.24% | 0.96% | -1.59% | -1.71% | 1.05% | 0.67% |

表6-4 中国加入WTO造成国内温室气体和污染物的
增排量占全国总排放比例

单位：%

| 年份 | GHGs | $CO_2$ | $CH_4$ | $N_2O$ | $SO_x$ | $NO_x$ |
|---|---|---|---|---|---|---|
| 2002 | 0.04 | 0.14 | -0.14 | -0.17 | 0.15 | 0.11 |
| 2003 | 0.05 | 0.27 | -0.38 | -0.53 | 0.3 | 0.22 |
| 2004 | 0.12 | 0.51 | -0.77 | -0.93 | 0.58 | 0.43 |
| 2005 | 0.19 | 0.74 | -1.13 | -1.36 | 0.86 | 0.59 |
| 2006 | 0.17 | 0.87 | -1.58 | -1.81 | 1.03 | 0.67 |
| 2007 | 0.3 | 1.15 | -1.96 | -2.24 | 1.34 | 0.82 |
| 2008 | 0.32 | 1.2 | -2.08 | -2.24 | 1.38 | 0.84 |
| 2009 | 0.32 | 1.22 | -2.13 | -2.27 | 1.41 | 0.85 |
| 2010 | 0.32 | 1.22 | -2.15 | -2.29 | 1.4 | 0.83 |
| 2011 | 0.31 | 1.25 | -2.26 | -2.38 | 1.43 | 0.86 |

分部门来看（见表6-5），加入WTO导致的GHGs、$SO_x$和$NO_x$增排量主要来自：电力、燃气和水的生产与供应业（EGW），其中GHGs、$SO_x$和$NO_x$的增排量分别为405.81 Mt（$CO_2$-eq）、1117.50 kt和965.07 kt；非金属矿物制品业（NMP），其中GHGs、$SO_x$和$NO_x$的增排量分别为124.34 Mt（$CO_2$-eq）、695.72 kt和490.31 kt；纺织、皮革与服装鞋帽制造业（TLF），其中GHGs、$SO_x$和$NO_x$的增排量分别为57.26 Mt（$CO_2$-eq）、312.55 kt和224.93 kt；金属及其制品业

(MMP)，其中 $GHG_s$、$SO_x$ 和 $NO_x$ 的增排量分别为 66.95 Mt（$CO_2$ - eq）、291.33 kt 和 108.39 kt；这四个部门的 $GHG_s$、$SO_x$ 和 $NO_x$ 增排量分别占加入 WTO 造成的总增排量的 321.10%、97.55% 和 138.54%。此外，加入 WTO 也使得一些部门由于生产的减少而产生可观的减排量，产生减排量较高的部门有：服务业（SER）、农业（AGR）和采矿业（MIN），这三个部门对 $GHG_s$、$SO_x$ 和 $NO_x$ 减排量之和分别达到 530.42 Mt（$CO_2$ - eq）、314.97 kt 和 743.31 kt，分别占加入 WTO 造成的总增排量的 -260.28%、-12.71% 和 -57.57%。

表6-5 中国加入WTO造成的国内温室气体和污染物排放变化：部门影响

单位：kt

| 部门 | GHGs($CO_2$-eq) | $CO_2$ | $CH_4$ | $N_2O$ | $SO_x$ | $NO_x$ |
| --- | --- | --- | --- | --- | --- | --- |
| AGR | -297455.11 | -30132.75 | -5854.72 | -418.53 | -0.76 | -162.70 |
| MIN | -124652.89 | -25251.60 | -3974.27 | -0.15 | -107.65 | -79.55 |
| FOM | 12531.87 | 12400.01 | 2.50 | 0.24 | 37.41 | 37.68 |
| TLF | 57257.71 | 56942.67 | 7.40 | 0.45 | 312.55 | 224.93 |
| WOP | 2708.41 | 2660.68 | 0.74 | 0.10 | 13.34 | 9.75 |
| PPP | 12443.56 | 12305.70 | 3.23 | 0.20 | 54.88 | 39.38 |
| PCN | -18534.54 | -17955.04 | -10.72 | -1.08 | -124.51 | -23.19 |
| CRP | 49561.29 | 43630.06 | 31.87 | 17.77 | 279.59 | 98.83 |
| NMP | 124337.37 | 123577.89 | 11.71 | 1.62 | 695.72 | 490.31 |
| MMP | 66950.65 | 66273.63 | 18.18 | 0.77 | 291.33 | 108.39 |
| TRE | -10281.35 | -10188.39 | -1.16 | -0.22 | -48.18 | -35.63 |
| EOP | 12792.09 | 12697.40 | 1.41 | 0.21 | 79.83 | 57.97 |
| OMP | 18629.18 | 18496.48 | 2.17 | 0.27 | 83.34 | 60.91 |
| EGW | 405805.83 | 402382.27 | 27.82 | 9.44 | 1117.50 | 965.07 |
| SER | -108308.26 | -73458.79 | -1258.99 | -11.68 | -206.56 | -501.06 |
| 合计 | 203785.81 | 594380.22 | -10992.82 | -400.60 | 2477.84 | 1291.08 |

注：部门缩写含义见附表1。

如果将加入 WTO 造成的中国总产值的变化率（即中国经济规模的变化率）作为考察中国加入 WTO 环境影响的规模效应，在假设技术效

第 6 章 加入 WTO 对中国及全球温室气体和大气污染物排放的影响 | 101

应不随加入 WTO 变化的情况下,则加入 WTO 对温室气体和污染物排放量产生的结构效应,可用各温室气体和污染物实际排放量的变化率减去总产出变化率来表征(Copeland and Taylor, 1995; Song et al., 2015)。由表 6-1 和表 6-4 可知 2002~2011 年总产值的变化率范围为 0.21%~1.25%,GHGs、$SO_x$ 和 $NO_x$ 排放量变化率范围分别为 0.04%~0.32%、0.15%~1.43% 和 0.11%~0.86%,由此可得 2002~2011 年加入 WTO 对中国温室气体和污染物排放的结构效应(如图 6-2 所示)。除 $SO_x$ 外,温室气体和氮氧化物的结构效应均为负,说明加入 WTO 带来的结构效应有助于减少污染排放。而对 $SO_x$ 来说,其结构效应随着时间推移逐渐由负转正,说明加入 WTO 对部门结构的影响加重了 $SO_x$ 的排放压力,这主要是因为加入 WTO 造成的增排较高的电力、燃气和水的生产与供应业(EGW),纺织、皮革与服装鞋帽制造业(TLF),非金属矿物制品业(NMP)和金属及其制品业(MMP)等行业均是硫氧化物排放较高的行业。而加入 WTO 造成减排量较高的行业中,服务业(SER)、农业(AGR)和采矿业(MIN)的 $SO_x$ 排放系数较低。总体上,加入 WTO 的结构效应对污染排放变化的影响仍小于规模效应,加入 WTO 仍造成温室气体与大气污染物的增排,表明加入 WTO 对中国的环境影响仍然由规模效应所主导。

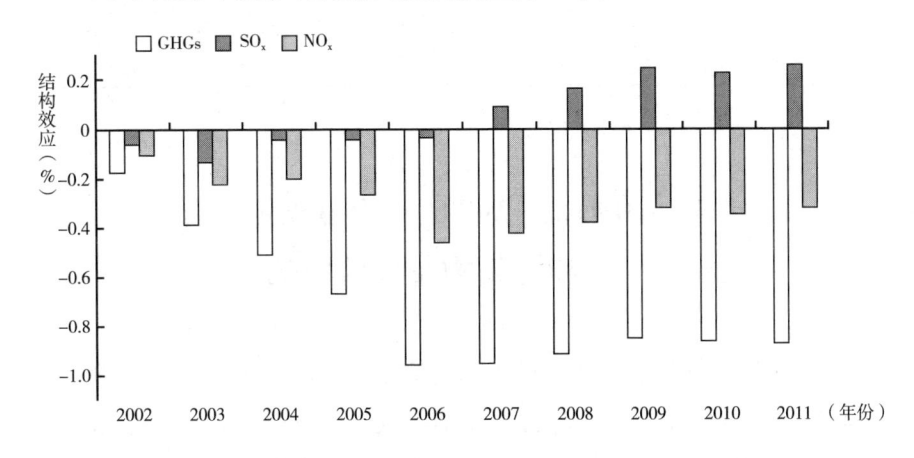

**图 6-2 加入 WTO 对中国温室气体和污染物排放影响的结构效应**

从中国加入 WTO 对隐含污染物排放和实际污染物排放影响的对比看（见表 6-6），2002~2011 年间，加入 WTO 造成中国的温室气体、硫氧化物（$SO_x$）和氮氧化物（$NO_x$）实际排放量分别累计增加了 203.8 Mt（$CO_2$ - eq）、2477.8 kt 和 1291.1 kt。加入 WTO 带来的出口隐含温室气体、硫氧化物（$SO_x$）和氮氧化物（$NO_x$）排放的累计增量（△EEE）分别为 1540.1 Mt（$CO_2$ - eq）、5830.8 kt 和 3336.5 kt，相应的贸易隐含排放平衡的累计增量（△BEET）分别为 847.4 Mt（$CO_2$ - eq）、3629.7 kt（$SO_x$）和 1887.0 kt（$NO_x$），相应的净贸易贡献排放的累计增量（△NECT）分别为 144.0 Mt（$CO_2$ - eq）、684.2 kt（$SO_x$）和 560.8 kt（$NO_x$）。

通过对比结果可以发现，加入 WTO 带来生产变化造成的温室气体和污染物实际排放的增加量，介于△BEET 和△NECT 之间。这验证了贸易自由化对贸易隐含污染物排放的影响与生产变动带来的实际污染排放的影响并不相同的观点。

表 6-6　中国加入 WTO 对隐含污染物排放和实际污染物排放影响对比

| 表征指标 | | GHGs [Mt($CO_2$ - eq)] | $SO_x$(kt) | $NO_x$(kt) |
| --- | --- | --- | --- | --- |
| 隐含污染物排放变化 | EEE | 1540.1 | 5830.8 | 3336.5 |
| | BEET | 847.4 | 3629.7 | 1887.0 |
| | NECT | 144.0 | 684.2 | 560.8 |
| 实际污染物排放变化 | | 203.8 | 2477.8 | 1291.1 |

## 6.3　中国加入 WTO 对全球温室气体和污染物排放的影响

中国加入 WTO，不仅对中国国内的经济规模和结构产生影响，进而影响国内的温室气体和污染物的排放，它同时也是影响全球经济和环境的重要事件。加入 WTO 促使中国更加深入地融入世界经济体系，通过影响贸易格局对各国各地区的经济发展产生影响，促使生产要素在全球范围实现再流动和再分配，使得全球的经济规模和结构相应发生变化，而这一系列经济规模和结构的变化必然会造成全球温室气体与污染物排放的变化。本研究通过采用全球多区域动态CGE模型，模拟全球主要国家和地区经济规模和结构的变化，并通过拓展环境模块的计算，得到全球主要国家和地区温室气体与污染物排放的变化量。

从全球总体来看，2002年至2011年间，中国加入WTO造成全球温室气体和污染物排放的累计增排量分别为262.98 Mt（$CO_2$-eq）、1689.81 kt（$SO_x$）和1150.07 kt（$NO_x$），与中国加入WTO引起的中国国内温室气体和污染物的增排量相比，全球温室气体的增排量略有升高，而$SO_x$和$NO_x$的增排量略有下降（见表6-7）。

表6-7 中国加入WTO造成的全球温室气体和污染物
排放变化量（2002~2011年累计）

单位：kt

| 年份 | GHGs($CO_2$-eq) | $SO_x$ | $NO_x$ |
| --- | --- | --- | --- |
| 2002 | 3686.06 | 12.19 | 14.03 |
| 2003 | 7898.26 | 29.47 | 33.36 |
| 2004 | 19468.07 | 91.94 | 69.13 |
| 2005 | 32222.02 | 155.89 | 108.42 |
| 2006 | 36279.90 | 195.77 | 132.34 |
| 2007 | 22470.72 | 194.52 | 98.87 |
| 2008 | 35797.45 | 259.59 | 169.28 |
| 2009 | 30208.81 | 249.20 | 170.47 |
| 2010 | 40796.52 | 258.47 | 173.14 |
| 2011 | 34155.49 | 242.76 | 181.03 |
| 总计 | 262983.30 | 1689.81 | 1150.07 |

中国加入WTO造成的全球各地区温室气体和大气污染物2002~2011年十年累计变化量中，虽然全球总排放量有所增加，但各个地区的排放量增减情况不一，各地区受中国加入WTO影响造成的温室

气体与污染物排放随时间序列的变化量如表6-8至表6-18所示。

2002~2011年，中国加入WTO造成NAFTA地区温室气体、$SO_x$和$NO_x$分别累计增加77.66 Mt（$CO_2$-eq），126.95 kt和252.60 kt，分别占该地区总排放量的比重为0.12%、0.08%和0.15%。其中$CO_2$、$CH_4$和$N_2O$三种温室气体排放量分别累计增加39.65 Mt、1005.26 kt和44.58 kt。这主要是因为中国加入WTO使得NAFTA地区农业（AGR）和服务业（SER）产值有所扩大，而NAFTA地区的农业和服务业温室气体和污染物排放量占其总排放量比重较高（2011年NAFTA地区农业和服务业氮氧化物排放量占其总排放量的60%，温室气体排放量占其总排放量的39.6%）。而对减排有贡献的部门是纺织、皮革与服装鞋帽制造业（TLF）和非金属矿物制品业（NMP）。

表6-8 中国加入WTO对北美自贸区（NAFTA）各部门温室气体和污染物排放的影响

单位：kt

| 部门 | GHGs($CO_2$-eq) | $CO_2$ | $CH_4$ | $N_2O$ | $SO_x$ | $NO_x$ |
|---|---|---|---|---|---|---|
| AGR | 27472.65 | 3378.67 | 507.01 | 39.51 | 43.22 | 67.91 |
| MIN | 6985.45 | 2725.33 | 169.91 | 0.04 | 1.76 | 6.68 |
| FOM | -1528.27 | -1511.26 | -0.17 | -0.04 | -3.03 | -5.25 |
| TLF | -7145.23 | -7024.70 | -0.86 | -0.34 | -6.66 | -24.89 |
| WOP | -4350.92 | -4279.69 | -0.74 | -0.18 | -6.44 | -25.86 |
| PPP | 495.92 | 485.98 | 0.09 | 0.03 | 1.73 | 3.17 |
| PCN | 4269.02 | 4208.22 | 1.76 | 0.06 | 28.04 | 4.97 |
| CRP | 5925.00 | 5197.20 | 2.49 | 2.30 | 24.07 | 11.95 |
| NMP | -10583.58 | -10548.40 | -0.42 | -0.09 | -15.56 | -22.01 |
| MMP | 5427.95 | 5377.21 | 1.14 | 0.08 | 11.44 | 8.04 |
| TRE | -4787.40 | -4693.76 | -0.58 | -0.27 | -3.86 | -15.19 |
| EOP | 3685.30 | 3629.76 | 0.42 | 0.16 | 3.04 | 12.65 |
| OMP | -1061.66 | -1046.38 | -0.12 | -0.04 | -0.70 | -3.14 |
| EGW | -2802.31 | -2743.69 | -1.88 | -0.04 | -6.19 | -3.18 |
| SER | 55659.02 | 46491.84 | 327.20 | 3.42 | 56.09 | 236.77 |
| 合计 | 77660.94 | 39646.33 | 1005.26 | 44.58 | 126.95 | 252.60 |
| 占该地区总排放比重（%） | 0.12 | 0.07 | 0.26 | 0.35 | 0.08 | 0.15 |

2002~2011年,欧盟(EU)地区温室气体、$SO_x$ 和 $NO_x$ 排放量受中国加入 WTO 影响的累计变化量分别为 30.19 Mt($CO_2$-eq)、-46.16 kt 和 112.99 kt,分别占其总排放量的比重为 0.07%、-0.06% 和 0.10%。其中 $CO_2$、$CH_4$ 和 $N_2O$ 三种温室气体排放累计变化量分别为 -7.03 Mt、779.38 kt 和 61.35 kt。温室气体的增长主要是因为农业(AGR)生产的扩大,而 $NO_x$ 排放量增长是由服务业(SER)扩张所致。欧盟地区农业和服务业 $SO_x$ 的排放量较小,对 $SO_x$ 的增排作用较小;同时 $SO_x$ 排放由于电力、燃气和水的生产与供应业(EGW)生产的下降而下降,造成欧盟地区 $SO_x$ 出现减排。

表 6-9 中国加入 WTO 对欧盟(EU)地区各部门温室气体和污染物排放的影响

单位:kt

| 部门 | GHGs($CO_2$-eq) | $CO_2$ | $CH_4$ | $N_2O$ | $SO_x$ | $NO_x$ |
| --- | --- | --- | --- | --- | --- | --- |
| AGR | 43640.93 | 6836.36 | 727.45 | 64.42 | 8.26 | 80.76 |
| MIN | -1168.11 | -631.57 | -21.15 | -0.03 | -0.99 | -1.95 |
| FOM | 3430.99 | 3345.20 | 2.24 | 0.10 | 3.26 | 6.95 |
| TLF | -11510.52 | -11256.82 | -6.29 | -0.33 | -10.25 | -25.10 |
| WOP | -1959.09 | -1757.37 | -5.96 | -0.18 | -2.59 | -9.51 |
| PPP | 781.95 | 755.79 | 0.54 | 0.04 | 1.38 | 2.34 |
| PCN | -922.53 | -866.95 | -2.01 | -0.02 | -4.07 | -1.39 |
| CRP | -5515.63 | -4317.37 | -5.88 | -3.64 | -6.68 | -8.13 |
| NMP | 2245.12 | 2225.12 | 0.20 | 0.05 | 2.69 | 4.45 |
| MMP | 3598.62 | 3521.32 | 2.58 | 0.10 | 4.88 | 3.96 |
| TRE | -4228.96 | -4168.25 | -0.93 | -0.13 | -23.68 | -15.90 |
| EOP | 1506.51 | 1484.76 | 0.33 | 0.05 | 0.77 | 3.10 |
| OMP | -2659.23 | -2617.07 | -0.67 | -0.09 | -1.31 | -7.93 |
| EGW | -14980.53 | -14639.42 | -9.64 | -0.35 | -39.88 | -20.30 |
| SER | 17926.40 | 15057.68 | 98.57 | 1.40 | 22.05 | 101.64 |
| 合计 | 30185.92 | -7028.60 | 779.38 | 61.35 | -46.16 | 112.99 |
| 占该地区总排放比重(%) | 0.07 | -0.02 | 0.41 | 0.53 | -0.06 | 0.10 |

东盟（ASEAN）地区温室气体、$SO_x$ 和 $NO_x$ 排放累计变化量分别为 -3.74 Mt（$CO_2$-eq）、-76.57 kt 和 -45.65 kt，分别占东盟地区十年累计总排放量的比重为 -0.03%、-0.32% 和 -0.14%。其中 $CO_2$、$CH_4$ 和 $N_2O$ 三种温室气体排放累计变化量分别为 -35.07 Mt、718.14 kt 和 46.06 kt。东盟地区所有环境指标均出现减排，是因为中国与东盟在世界贸易中的出口商品具有一定的替代性，加入 WTO 使得中国少量挤占了东盟本该在世界贸易中的份额。出现增排的部门主要是农业和化学工业，但其造成的增排量小于在电力、燃气和水的生产与供应业（EGW）和纺织、皮革与服装鞋帽制造业（TLF）等部门产生的减排量。

表 6-10 中国加入 WTO 对东盟（ASEAN）地区各部门温室气体和污染物排放的影响

单位：kt

| 部门 | GHGs($CO_2$-eq) | $CO_2$ | $CH_4$ | $N_2O$ | $SO_x$ | $NO_x$ |
| --- | --- | --- | --- | --- | --- | --- |
| AGR | 24769.82 | 2161.72 | 481.59 | 38.89 | 14.23 | 34.37 |
| MIN | 4037.59 | 2408.62 | 68.57 | 0.03 | 3.48 | 5.81 |
| FOM | 579.99 | 567.30 | 0.55 | 0.05 | 1.69 | 4.24 |
| TLF | -27138.08 | -27672.94 | -4.55 | -0.22 | -41.79 | -72.11 |
| WOP | -1831.09 | -1823.76 | -1.22 | -0.12 | -3.78 | -6.66 |
| PPP | -247.96 | -248.88 | -0.09 | -0.01 | -0.71 | -0.88 |
| PCN | -514.40 | -487.59 | -1.10 | -0.01 | -1.14 | -0.54 |
| CRP | 11830.46 | 9882.05 | 11.19 | 7.02 | 14.54 | 13.65 |
| NMP | -3719.36 | -3793.70 | -0.59 | -0.07 | -6.09 | -9.74 |
| MMP | -2579.05 | -2616.57 | -0.49 | -0.03 | -2.24 | -2.19 |
| TRE | -417.98 | -429.19 | -0.05 | -0.01 | -0.73 | -1.27 |
| EOP | -1752.11 | -1782.19 | -0.35 | -0.05 | -3.45 | -5.96 |
| OMP | -649.57 | -655.28 | -0.28 | -0.02 | -1.24 | -2.19 |
| EGW | -13962.27 | -14269.63 | -2.13 | -0.17 | -53.45 | -24.56 |
| SER | 7853.51 | 3692.66 | 167.10 | 0.79 | 4.10 | 22.38 |
| 合计 | -3740.53 | -35067.40 | 718.14 | 46.06 | -76.57 | -45.65 |
| 占该地区总排放比重(%) | -0.03 | -0.43 | 0.39 | 0.53 | -0.32 | -0.14 |

日本的温室气体、$SO_x$ 和 $NO_x$ 排放累计变化量分别为 $-25.09$ Mt（$CO_2$-eq）、$-29.06$ kt 和 $-30.92$ kt，占日本十年累计总排放量的比重分别为 $-0.23\%$、$-0.17\%$ 和 $-0.10\%$。其中 $CO_2$、$CH_4$ 和 $N_2O$ 三种温室气体排放累计变化量分别为 $-22.74$ Mt、$-57.11$ kt 和 $-3.21$ kt。与东盟地区一样，日本的所有环境指标也均出现减排。中国加入 WTO 造成日本大多数行业产值下降，如纺织、皮革与服装鞋帽制造业（TLF）、电子与光学设备制造业（EOP）、其他装备制造业（OMP）等，产值上升较大的部门有交通运输设备制造业（TRE）和石油精炼、炼焦和核燃料加工业（PCN），其中石油精炼、炼焦和核燃料加工业（PCN）是造成日本温室气体和污染物增排较高的部门，而电力、燃气和水的生产与供应业（EGW）是减排的主要贡献部门。

表 6-11 中国加入 WTO 对日本各部门温室气体和污染物排放的影响

单位：kt

| 部门 | GHGs($CO_2$-eq) | $CO_2$ | $CH_4$ | $N_2O$ | $SO_x$ | $NO_x$ |
| --- | --- | --- | --- | --- | --- | --- |
| AGR | -3381.84 | -1125.89 | -57.42 | -2.84 | -0.42 | -6.58 |
| MIN | -1371.45 | -1344.75 | -1.01 | -0.01 | -0.27 | -1.94 |
| FOM | -1080.12 | -1071.81 | -0.02 | -0.03 | -0.78 | -2.33 |
| TLF | -1100.98 | -1081.95 | -0.14 | -0.05 | -0.29 | -2.13 |
| WOP | -414.11 | -396.65 | -0.15 | -0.05 | -0.30 | -2.18 |
| PPP | 251.43 | 244.45 | 0.03 | 0.02 | 0.22 | 0.77 |
| PCN | 1236.84 | 1233.07 | 0.04 | 0.01 | 5.22 | 1.42 |
| CRP | 821.35 | 795.31 | 0.08 | 0.08 | 1.55 | 1.27 |
| NMP | -2053.44 | -2043.21 | -0.09 | -0.03 | -1.01 | -2.07 |
| MMP | -3503.36 | -3489.62 | -0.14 | -0.04 | -4.48 | -4.23 |
| TRE | -2140.34 | -2083.75 | -0.46 | -0.16 | -0.91 | -6.64 |
| EOP | 1626.55 | 1598.16 | 0.23 | 0.08 | 0.46 | 3.34 |
| OMP | -846.73 | -828.77 | -0.14 | -0.05 | -0.29 | -2.10 |
| EGW | -15868.27 | -15774.70 | -0.13 | -0.31 | -32.51 | -24.53 |
| SER | 2732.30 | 2634.05 | 2.19 | 0.15 | 4.74 | 17.03 |
| 合计 | -25092.16 | -22736.07 | -57.11 | -3.21 | -29.06 | -30.92 |
| 占该地区总排放比重(%) | -0.23 | -0.22 | -0.54 | -0.44 | -0.17 | -0.10 |

韩国温室气体、$SO_x$ 和 $NO_x$ 排放累计变化量分别为 -11.62 Mt（$CO_2$-eq）、-45.57 kt 和 -30.09 kt，占韩国十年累计总排放量的比重分别为 -0.21%、-0.31% 和 -0.16%。其中 $CO_2$、$CH_4$ 和 $N_2O$ 三种温室气体排放累计变化量分别为 -10.77 Mt、-15.79 kt 和 -1.59 kt。中国加入 WTO 造成韩国食品加工业（FOM）、电子与光学设备制造业（EOP）、交通运输设备制造业（TRE）和服务业（SER）产值上升，其他行业均不同程度出现下降，其中对温室气体和大气污染物减排贡献最大的部门是电力、燃气和水的生产与供应业（EGW）。

表 6-12  中国加入 WTO 对韩国各部门温室气体和污染物排放的影响

单位：kt

| 部门 | GHGs($CO_2$-eq) | $CO_2$ | $CH_4$ | $N_2O$ | $SO_x$ | $NO_x$ |
| --- | --- | --- | --- | --- | --- | --- |
| AGR | -1398.16 | -453.70 | -24.64 | -1.14 | -19.03 | -18.32 |
| MIN | 389.92 | 316.52 | 2.93 | 0.00 | 0.38 | 0.67 |
| FOM | 271.21 | 268.37 | 0.06 | 0.00 | 0.29 | 0.91 |
| TLF | -1353.53 | -1348.16 | -0.14 | -0.01 | -2.43 | -5.25 |
| WOP | -69.39 | -68.25 | -0.02 | 0.00 | -0.17 | -0.38 |
| PPP | -85.96 | -85.45 | -0.01 | 0.00 | -0.15 | -0.27 |
| PCN | -969.81 | -962.27 | -0.23 | -0.01 | -1.56 | -0.92 |
| CRP | -2109.16 | -1963.48 | -1.36 | -0.39 | -3.34 | -3.74 |
| NMP | -1203.68 | -1200.65 | -0.05 | -0.01 | -1.19 | -2.73 |
| MMP | -3203.28 | -3181.51 | -0.63 | -0.02 | -3.58 | -4.17 |
| TRE | 450.16 | 447.27 | 0.06 | 0.00 | 0.71 | 1.79 |
| EOP | 322.27 | 319.93 | 0.04 | 0.00 | 0.48 | 1.13 |
| OMP | -169.69 | -167.99 | -0.03 | 0.00 | -0.22 | -0.52 |
| EGW | -5109.27 | -5054.98 | -0.69 | -0.13 | -17.34 | -10.63 |
| SER | 2613.66 | 2364.83 | 8.92 | 0.09 | 1.56 | 12.34 |
| 合计 | -11624.70 | -10769.51 | -15.79 | -1.59 | -45.57 | -30.09 |
| 占该地区总排放比重（%） | -0.21 | -0.21 | -0.13 | -0.41 | -0.31 | -0.16 |

澳大利亚温室气体、$SO_x$ 和 $NO_x$ 排放受中国加入 WTO 影响的累计变化量分别为 10.69 Mt（$CO_2$-eq）、-53.75 kt 和 25.40 kt，分别占

其总排放量的比重为 0.11%、-0.21% 和 0.11%。其中 $CO_2$、$CH_4$ 和 $N_2O$ 三种温室气体排放累计变化量分别为 -10.37 Mt、688.16 kt 和 13.35 kt。澳大利亚近年来成为中国主要的农产品进口国，温室气体和 $NO_x$ 排放的增长主要由农业（AGR）和服务业的生产扩大引起。而 $SO_x$ 的增排主要受非金属矿物制品业（NMP）和电力、燃气和水的生产与供应业（EGW）的影响。虽然中国从澳大利亚大量进口铁矿石、煤炭等矿产品，但由于中国加入 WTO 之前对澳大利亚采矿业产品的进口关税水平就很低，所以中国加入 WTO 对该国温室气体、$SO_x$ 和 $NO_x$ 排放量影响不大。

表 6-13 中国加入 WTO 对澳大利亚各部门温室气体和污染物排放的影响

单位：kt

| 部门 | GHGs($CO_2$-eq) | $CO_2$ | $CH_4$ | $N_2O$ | $SO_x$ | $NO_x$ |
| --- | --- | --- | --- | --- | --- | --- |
| AGR | 20017.74 | 1234.65 | 609.08 | 12.30 | 1.91 | 19.08 |
| MIN | 2254.90 | 937.87 | 52.62 | 0.00 | 0.98 | 3.59 |
| FOM | 435.51 | 412.49 | 0.15 | 0.07 | 3.20 | 4.71 |
| TLF | -279.76 | -277.09 | -0.03 | -0.01 | -0.40 | -1.46 |
| WOP | -40.26 | -38.74 | -0.02 | 0.00 | -0.35 | -1.29 |
| PPP | 85.13 | 83.65 | 0.01 | 0.00 | 0.50 | 0.77 |
| PCN | -281.18 | -258.46 | -0.85 | -0.01 | -2.33 | -0.33 |
| CRP | 1012.16 | 756.36 | 0.07 | 0.88 | 4.01 | 1.55 |
| NMP | -473.42 | -472.83 | -0.01 | 0.00 | -1.29 | -1.39 |
| MMP | -4530.40 | -4512.07 | -0.44 | -0.03 | -22.02 | -9.96 |
| TRE | -36.90 | -35.89 | -0.01 | 0.00 | -0.04 | -0.16 |
| EOP | 17.67 | 17.12 | 0.00 | 0.00 | 0.03 | 0.10 |
| OMP | -31.80 | -30.95 | -0.01 | 0.00 | -0.04 | -0.14 |
| EGW | -11614.59 | -11377.68 | -8.15 | -0.11 | -46.07 | -17.42 |
| SER | 4153.63 | 3187.88 | 35.73 | 0.25 | 8.17 | 27.77 |
| 合计 | 10688.43 | -10373.69 | 688.16 | 13.35 | -53.75 | 25.40 |
| 占该地区总排放比重（%） | 0.11 | -0.15 | 0.66 | 0.83 | -0.21 | 0.11 |

中国台湾地区温室气体、$SO_x$ 和 $NO_x$ 排放累计变化量分别为 -5.88 Mt（$CO_2$-eq）、-63.02 kt 和 -17.05 kt，分别占台湾地区十年累计

总排放量的比重为 -0.19%、-0.43% 和 -0.15%。其中 $CO_2$、$CH_4$ 和 $N_2O$ 三种温室气体排放累计变化量分别为 -5.87 Mt、4.86 kt 和 -0.45 kt。纺织、皮革与服装鞋帽制造业（TLF）及电力、燃气和水的生产与供应业（EGW）的生产下降是造成温室气体、$SO_x$ 和 $NO_x$ 减排的主要原因。

表 6-14　中国加入 WTO 对中国台湾地区各部门温室气体和污染物排放的影响

单位：kt

| 部门 | GHGs($CO_2$-eq) | $CO_2$ | $CH_4$ | $N_2O$ | $SO_x$ | $NO_x$ |
| --- | --- | --- | --- | --- | --- | --- |
| AGR | -161.15 | -57.13 | -1.40 | -0.24 | -3.24 | -1.79 |
| MIN | 1784.71 | 1768.73 | 0.64 | 0.00 | 4.48 | 5.28 |
| FOM | -152.17 | -150.64 | -0.03 | 0.00 | -0.41 | -0.73 |
| TLF | -3107.56 | -3097.21 | -0.25 | -0.01 | -9.83 | -13.39 |
| WOP | -20.67 | -19.57 | -0.02 | 0.00 | -0.39 | -0.51 |
| PPP | 150.43 | 149.35 | 0.02 | 0.00 | 0.81 | 0.76 |
| PCN | -813.01 | -805.52 | -0.20 | -0.01 | -3.99 | -1.29 |
| CRP | -1986.79 | -1935.46 | -0.54 | -0.13 | -7.83 | -5.58 |
| NMP | -854.17 | -852.05 | -0.03 | 0.00 | -1.94 | -2.58 |
| MMP | 3678.94 | 3654.29 | 0.66 | 0.03 | 9.59 | 6.16 |
| TRE | -104.89 | -103.55 | -0.03 | 0.00 | -1.48 | -1.50 |
| EOP | 78.15 | 77.42 | 0.01 | 0.00 | 0.35 | 0.46 |
| OMP | -36.89 | -36.25 | -0.01 | 0.00 | -0.19 | -0.27 |
| EGW | -6752.74 | -6676.95 | -1.63 | -0.12 | -51.55 | -17.89 |
| SER | 2415.68 | 2210.90 | 7.66 | 0.05 | 2.60 | 15.82 |
| 合计 | -5882.13 | -5873.64 | 4.86 | -0.45 | -63.02 | -17.05 |
| 占该地区总排放比重(%) | -0.19 | -0.20 | 0.14 | -0.34 | -0.43 | -0.15 |

俄罗斯温室气体、$SO_x$ 和 $NO_x$ 排放累计变化量分别为 -54.08 Mt（$CO_2$-eq）、-22.38 kt 和 -77.68 kt，占俄罗斯十年累计总排放量的比重分别为 -0.25%、-0.35% 和 -0.17%。其中 $CO_2$、$CH_4$ 和 $N_2O$ 三种温室气体排放累计变化量分别为 -40.78 Mt、-102.49 kt 和 -12.73 kt。温室气体、$SO_x$ 和 $NO_x$ 的减排主要发生

在农业（AGR）、非金属矿物制品业（NMP）及电力、燃气和水的生产与供应业（EGW）。

表 6-15　中国加入 WTO 对俄罗斯各部门温室气体和污染物排放的影响

单位：kt

| 部门 | GHGs($CO_2$-eq) | $CO_2$ | $CH_4$ | $N_2O$ | $SO_x$ | $NO_x$ |
| --- | --- | --- | --- | --- | --- | --- |
| AGR | -7765.83 | -1094.70 | -120.12 | -13.98 | -9.40 | -53.69 |
| MIN | 3673.47 | 1408.27 | 71.19 | 0.01 | 0.28 | 3.23 |
| FOM | 595.00 | 702.15 | 1.25 | 0.05 | 0.17 | 3.09 |
| TLF | -422.20 | -3612.08 | -0.93 | -0.06 | -0.21 | -2.57 |
| WOP | -285.37 | -333.07 | -0.39 | -0.02 | -0.13 | -1.50 |
| PPP | 89.70 | 130.54 | 0.18 | 0.01 | 0.18 | 1.38 |
| PCN | 871.99 | 627.87 | 1.71 | 0.01 | 0.16 | 0.52 |
| CRP | 6373.33 | 4127.77 | 4.68 | 1.31 | 1.50 | 9.39 |
| NMP | -1052.22 | -961.20 | -1.40 | 0.00 | -0.13 | -1.75 |
| MMP | -30381.48 | -23504.96 | -25.01 | -0.17 | -3.49 | -23.06 |
| TRE | -116.82 | -245.18 | -0.12 | -0.01 | -0.05 | -0.56 |
| EOP | -144.48 | -138.58 | -0.34 | -0.01 | -0.07 | -0.80 |
| OMP | -394.16 | -344.07 | -0.45 | -0.02 | -0.13 | -1.79 |
| EGW | -33155.41 | -20535.11 | -157.63 | -0.16 | -11.44 | -40.46 |
| SER | 8037.55 | 2997.15 | 124.89 | 0.30 | 0.37 | 30.89 |
| 合计 | -54076.94 | -40775.20 | -102.49 | -12.73 | -22.38 | -77.68 |
| 占该地区总排放比重（%） | -0.25 | -0.33 | -0.05 | -0.37 | -0.35 | -0.17 |

巴西温室气体、$SO_x$ 和 $NO_x$ 排放量受中国加入 WTO 影响的累计变化量分别为 109.45 Mt（$CO_2$-eq）、-15.44 kt 和 13.16 kt，占其总排放量的比重分别为 0.53%、-0.22% 和 0.07%。其中 $CO_2$、$CH_4$ 和 $N_2O$ 三种温室气体排放累计变化量分别为 -7919.80 kt、2986.00 kt 和 147.82 kt。农业是巴西的主要产业，而农业产生的温室气体排放量占巴西总温室气体排放量的 60% 左右。中国加入 WTO 造成中国从巴西进口的农产品上升，带动巴西国内温室气体排放增加。值得一提的是，巴西农业目前主要以种植大豆和养牛放牧为主，巴西也是世界上主要

的大豆和牛肉出口国，其大豆种植面积和放牧草场面积的不断扩张，挤占了亚马逊热带雨林的生态空间，砍伐森林开垦耕地和草场的现象一直屡禁不止，对全球环境和应对气候变化形势造成不利影响。

表 6-16　中国加入 WTO 对巴西各部门温室气体和污染物排放的影响

单位：kt

| 部门 | GHGs($CO_2$-eq) | $CO_2$ | $CH_4$ | $N_2O$ | $SO_x$ | $NO_x$ |
| --- | --- | --- | --- | --- | --- | --- |
| AGR | 116459.93 | 5324.93 | 2720.16 | 149.24 | 8.83 | 41.13 |
| MIN | 7117.08 | 3104.81 | 157.62 | 0.25 | 1.00 | 3.08 |
| FOM | -1510.70 | -1213.91 | -6.16 | -0.49 | -3.17 | -12.81 |
| TLF | -1515.29 | -1492.33 | -0.57 | -0.03 | -0.71 | -2.02 |
| WOP | -65.27 | -56.36 | -0.18 | -0.02 | -0.13 | -0.35 |
| PPP | -674.51 | -581.48 | -2.50 | -0.11 | -2.13 | -4.47 |
| PCN | -2546.31 | -1975.80 | -19.09 | -0.32 | -2.50 | -2.05 |
| CRP | -3012.04 | -2657.85 | -3.46 | -0.93 | -1.40 | -2.10 |
| NMP | -3349.22 | -3286.82 | -1.06 | -0.12 | -1.83 | -5.64 |
| MMP | -5297.19 | -5087.63 | -5.57 | -0.24 | -3.16 | -4.61 |
| TRE | -874.57 | -864.94 | -0.20 | -0.02 | -0.37 | -1.08 |
| EOP | -291.28 | -283.57 | -0.12 | -0.02 | -0.19 | -0.53 |
| OMP | -973.93 | -945.96 | -0.54 | -0.05 | -0.42 | -1.28 |
| EGW | -3860.85 | -3641.48 | -7.21 | -0.14 | -10.49 | -8.88 |
| SER | 9845.41 | 5738.60 | 154.88 | 0.81 | 1.23 | 14.76 |
| 合计 | 109451.26 | -7919.80 | 2986.00 | 147.82 | -15.44 | 13.16 |
| 占该地区总排放比重(%) | 0.53 | -0.13 | 0.78 | 0.85 | -0.22 | 0.07 |

印度温室气体、$SO_x$ 和 $NO_x$ 排放累计变化量分别为 -49.36 Mt($CO_2$-eq)、-263.92 kt 和 -76.71 kt，占印度十年累计总排放量的比重分别为 -0.24%、-0.35% 和 -0.14%。其中 $CO_2$、$CH_4$ 和 $N_2O$ 三种温室气体排放累计变化量分别为 -43.26 Mt、12.25 kt 和 -22.16 kt。印度电力、燃气和水的生产与供应业（EGW）是温室气体和大气污染物的主要排放部门，该部门产值下降是减排的主要原因。

表6-17 中国加入WTO对印度各部门温室气体和污染物排放的影响

单位：kt

| 部门 | GHGs($CO_2$-eq) | $CO_2$ | $CH_4$ | $N_2O$ | $SO_x$ | $NO_x$ |
| --- | --- | --- | --- | --- | --- | --- |
| AGR | -20225.68 | -1380.83 | -489.97 | -22.82 | -141.19 | -93.60 |
| MIN | 988.37 | 581.49 | 16.23 | 0.00 | 0.85 | 1.22 |
| FOM | 5946.47 | 5757.51 | 3.69 | 0.33 | 13.31 | 28.43 |
| TLF | -1383.09 | -1358.88 | -0.59 | -0.03 | -4.99 | -7.99 |
| WOP | 936.26 | 916.03 | 0.39 | 0.04 | 1.66 | 2.83 |
| PPP | 1048.42 | 1027.77 | 0.47 | 0.03 | 2.10 | 3.00 |
| PCN | -4928.72 | -4856.73 | -2.21 | -0.06 | -11.32 | -4.69 |
| CRP | -5719.54 | -4664.50 | -2.73 | -3.41 | -9.56 | -7.72 |
| NMP | -4344.64 | -4313.88 | -0.49 | -0.06 | -5.90 | -9.61 |
| MMP | -6602.55 | -6524.28 | -1.82 | -0.11 | -8.71 | -8.47 |
| TRE | -588.57 | -583.30 | -0.08 | -0.01 | -1.03 | -1.72 |
| EOP | 421.86 | 415.60 | 0.07 | 0.02 | 0.64 | 1.09 |
| OMP | -740.14 | -727.97 | -0.19 | -0.03 | -1.21 | -2.03 |
| EGW | -36183.54 | -35861.58 | -3.97 | -0.77 | -113.20 | -51.24 |
| SER | 22017.88 | 8315.11 | 493.43 | 4.73 | 14.64 | 73.80 |
| 合计 | -49357.22 | -43258.45 | 12.25 | -22.16 | -263.92 | -76.71 |
| 占该地区总排放比重(%) | -0.24 | -0.34 | 0.01 | -0.26 | -0.35 | -0.14 |

世界其他地区（ROW）温室气体、$SO_x$ 和 $NO_x$ 排放累计变化量分别为 -34.21 Mt（$CO_2$-eq）、-299.11 kt 和 -267.06 kt，占其十年累计总排放量的比重分别为 -0.04%、-0.17% 和 -0.12%。其中 $CO_2$、$CH_4$ 和 $N_2O$ 三种温室气体排放累计变化量分别为 -104.19 Mt、1682.67 kt 和 96.62 kt。由于这些国家和地区并非中国的主要贸易伙伴，总体来看受中国加入WTO的影响较小。电子和光学设备制造业（EOP）及电力、燃气和水的生产与供应业（EGW）对其污染减排贡献较大。

表 6-18　中国加入 WTO 对世界其他地区（ROW）各部门温室气体和污染物排放的影响

单位：kt

| 部门 | GHGs($CO_2$-eq) | $CO_2$ | $CH_4$ | $N_2O$ | $SO_x$ | $NO_x$ |
| --- | --- | --- | --- | --- | --- | --- |
| AGR | 73115.53 | 4269.07 | 1554.37 | 103.76 | 24.69 | 76.15 |
| MIN | 851.30 | 286.09 | 22.45 | 0.01 | -2.76 | 0.04 |
| FOM | 598.61 | 587.53 | 0.20 | 0.02 | 1.18 | 3.08 |
| TLF | -8227.85 | -8146.66 | -1.35 | -0.16 | -16.89 | -29.54 |
| WOP | -504.38 | -485.72 | -0.28 | -0.04 | -1.87 | -3.70 |
| PPP | -31.96 | -30.88 | -0.02 | 0.00 | 0.86 | -0.20 |
| PCN | 7718.15 | 7543.12 | 6.22 | 0.07 | 22.70 | 10.57 |
| CRP | -18878.49 | -16593.11 | -10.69 | -6.98 | -48.71 | -63.78 |
| NMP | 8558.47 | 8530.03 | 0.43 | 0.06 | 9.79 | 17.50 |
| MMP | -17598.99 | -17396.36 | -5.71 | -0.21 | -23.25 | -24.32 |
| TRE | -33471.94 | -33302.67 | -3.01 | -0.33 | -66.96 | -140.81 |
| EOP | 2097.25 | 2055.57 | 0.40 | 0.11 | 3.69 | 7.03 |
| OMP | -30859.76 | -30491.26 | -7.71 | -0.61 | -49.69 | -121.86 |
| EGW | -32544.17 | -32291.49 | -7.21 | -0.25 | -164.40 | -79.58 |
| SER | 14972.65 | 11272.30 | 134.57 | 1.16 | 12.51 | 82.38 |
| 合计 | -34205.55 | -104194.44 | 1682.67 | 96.62 | -299.11 | -267.06 |
| 占该地区总排放比重(%) | -0.04 | -0.22 | 0.21 | 0.24 | -0.17 | -0.12 |

综上所述，由于中国加入 WTO，多个国家和地区的温室气体、$SO_x$ 和 $NO_x$ 排放有所下降，包括东盟、日本、韩国、台湾地区、俄罗斯、印度和世界其他地区；因中国加入 WTO 造成温室气体、$SO_x$ 和 $NO_x$ 出现增排的地区为 NAFTA 和中国；欧盟、澳大利亚和巴西的温室气体和 $NO_x$ 出现增排，$SO_x$ 出现减排。

# 第7章

# 加入 WTO 后中巴大豆—肉类产业链替代性及其环境影响研究

巴西是中国最大的大豆进口国，2019 年中国从巴西进口的大豆占中国大豆总进口量的 63.2%。中国进口大豆大部分用于加工生产豆油和豆粕，其中豆粕则是重要的饲料产品，是畜牧业重要的蛋白养料。近年来巴西为扩大大豆种植面积，增加了对热带雨林的开垦，这对全球应对气候变化产生了负面影响。全球经济一体化和贸易自由化发展为重塑中国和巴西间豆—肉产业链提供了机遇，本文运用投入产出模型和 GTAP 模型模拟分析将大豆种植、大豆加工、饲料生产、畜牧养殖等产业链环节转移至巴西境内完成，巴西将畜牧产品（牛肉、禽肉、猪肉等）直接出口至中国，即以"豆"换"肉"政策的可行性以及经济和环境效应。

## 7.1 大豆贸易现状及趋势

### 7.1.1 全球大豆生产概况

随着人口的不断增长，人们对于粮食和食用油的需求快速增加。大豆作为一种重要的粮食作物，同时也是主要的食用油来源，其生产在全球范围内呈现较大幅度的增长。目前，全球大豆生产的基本格局可以总结为：播种面积不断增加，单产水平趋于稳定，总产量显著提高。从图 7-1 可以看出，2014 年全球大豆产量突破了 3 亿吨，2019 年全球大豆产量达到 3.34 亿吨，接近 1990 年产量的三倍。

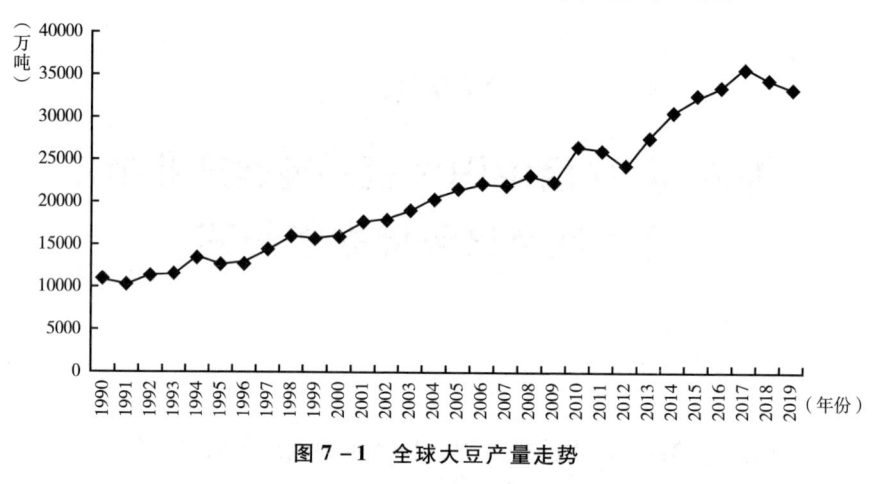

**图 7-1 全球大豆产量走势**

资料来源：联合国粮农组织数据库。

由于技术原因，大豆的单产量增加十分缓慢，2000 年以后，大豆的单产量一直维持在 2.3 吨/公顷左右。2019 年，上升至 2.77 吨/公顷。因此，全球大豆产量的增加主要依赖于播种面积的增加。2019 年全球大豆种植面积达到了 1.21 亿公顷，较 1990 年增加了 40%。

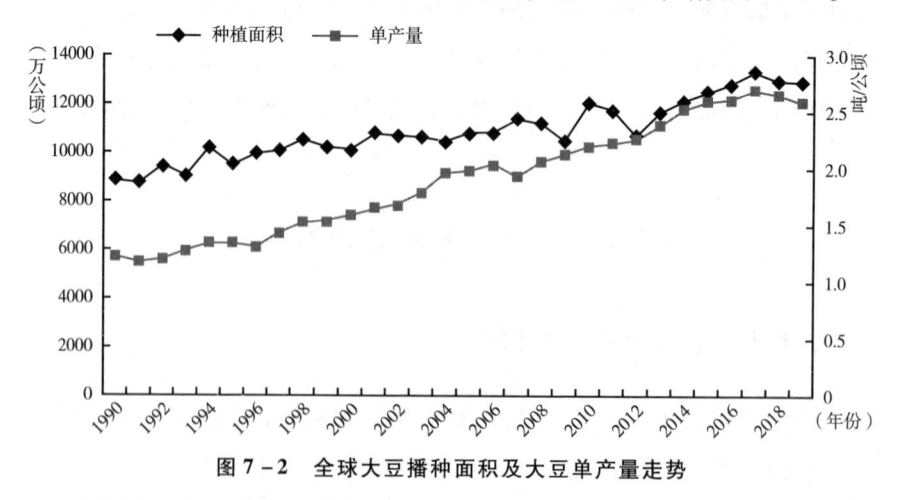

**图 7-2 全球大豆播种面积及大豆单产量走势**

资料来源：联合国粮农组织数据库。

另外，大豆生产的区域结构也在发生变化，表现出从北美洲向南美洲转移的趋势。1990年北美洲的大豆产量约占全球总产量的49.5%，南美洲为31.1%。到2019年，南美洲的大豆产量占全球总产量的比例已经达到了55.2%，北美洲则下降到了30.8%（见图7-3、图7-4）。

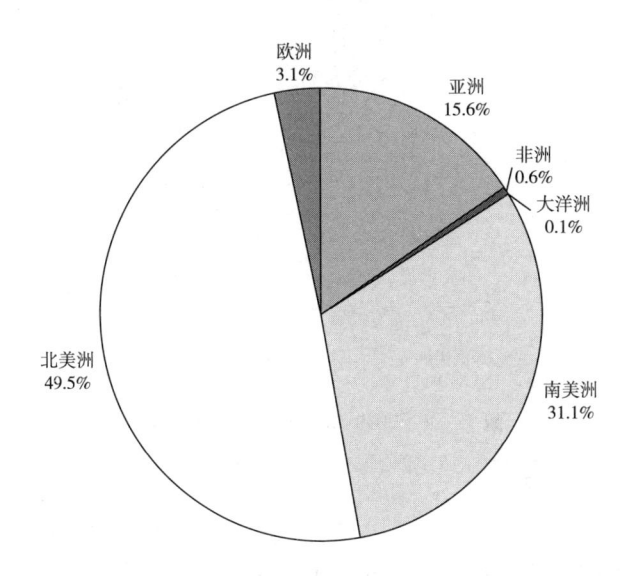

**图7-3　1990年全球大豆产量区域结构**

资料来源：联合国粮农组织数据库。

南美洲大豆产量的迅速增长主要是由于其大豆种植面积的迅速增加，近年来新增的大豆种植面积中很大一部分来自南美洲，尤其是巴西和阿根廷两国。从图7-5可以看出，1990年以来，美国的大豆种植面积基本保持稳定，巴西、阿根廷的大豆种植面积大幅增加，而中国的大豆种植面积则呈现缓慢减少的趋势。

目前，全球最主要的大豆生产国为美国、巴西、阿根廷三国。2019年，这三个国家的大豆产量分别约占世界总产量的29.01%、34.25%、16.56%。相较之下，中国2019年大豆产量仅约占世界总产量的4.71%。

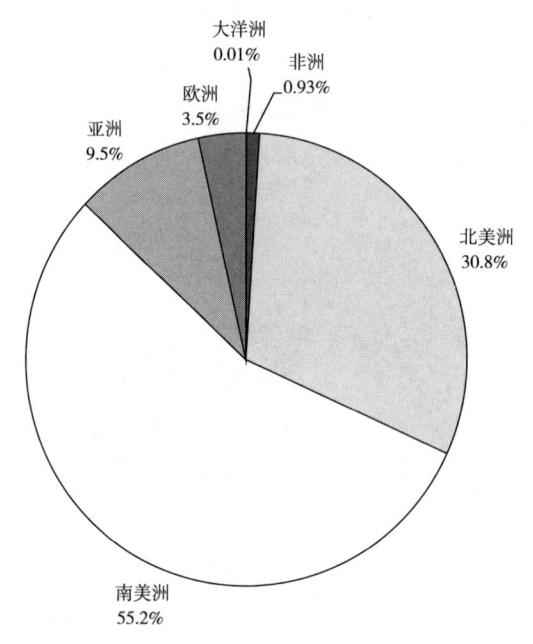

**图 7-4　2019 年全球大豆区域结构**

资料来源：联合国粮农组织数据库。

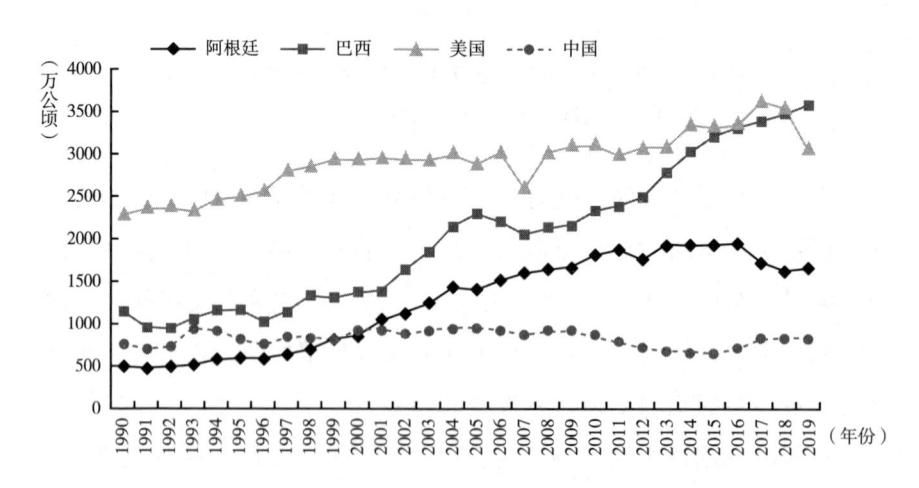

**图 7-5　美国、巴西、阿根廷和中国大豆种植面积**

资料来源：联合国粮农组织数据库。

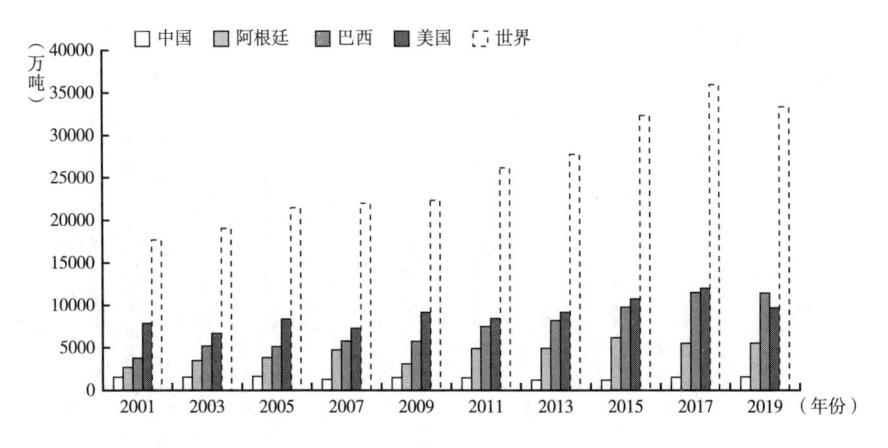

图 7-6　主要大豆生产国产量

资料来源：联合国粮农组织数据库。

### 7.1.2　全球大豆贸易概况

全球大豆贸易量呈现增长趋势，2019 年达到 3 亿吨，较 1990 年增长了 476%。

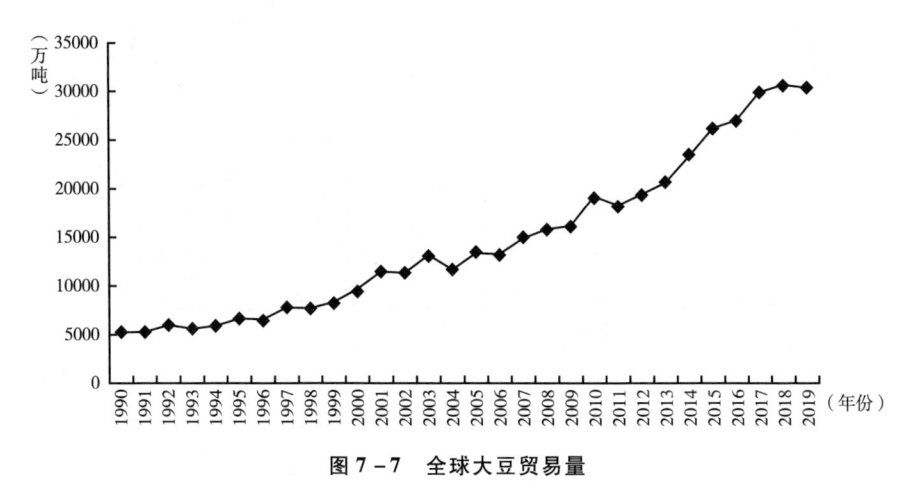

图 7-7　全球大豆贸易量

资料来源：联合国粮农组织数据库。

目前，全球最主要的大豆出口国为美国、巴西、阿根廷，三者的出口量之和占全球总出口量的比例超过 85%。

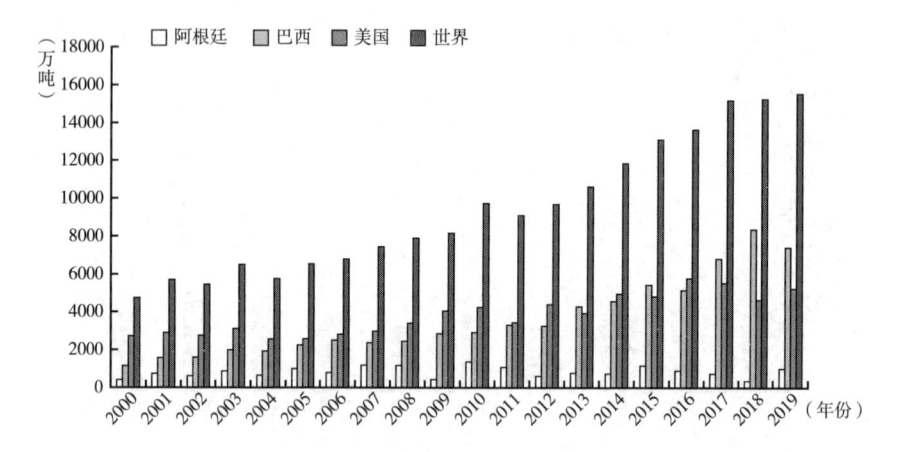

图 7-8 全球主要大豆出口国出口量

资料来源：联合国粮农组织数据库。

其中，最主要的大豆进口国为中国，2008 年中国大豆进口量约占全球总进口量的半数以上，该比例持续攀升，截至 2019 年，中国

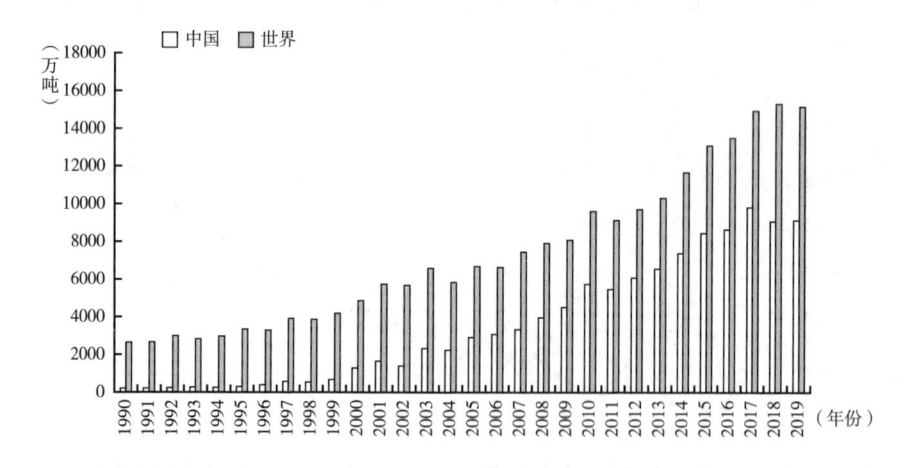

图 7-9 中国大豆进口量

资料来源：联合国粮农组织数据库。

大豆进口量约占全球大豆总进口量的 60.2%。从全球经济发展趋势来看，豆油、豆粕需求将持续呈现刚性增长态势，但其供需还存在诸多不稳定因素。巴西、美国、阿根廷等美洲国家作为大豆主

要产出国，生产规模大、科技水平高、单产量高、大豆品质均一，具有明显的价格和品质优势。中国大豆生产多为散户种植，生产技术参差不齐、单产量低、大豆品质不均，竞争优势相对较弱。然而，考虑到中国食用大豆蛋白质含量较高及非转基因等因素，越来越多的欧美企业从安全食品资源的角度出发，开始大量采购中国大豆。

### 7.1.3 中国—巴西大豆贸易现状

近年来，巴西在中国大豆进口国中占据越来越重要的地位。从2013年开始，巴西首次超越美国，成为中国第一大豆进口国。2019年，中国从巴西进口大豆占总进口量的比例达到63.2%，超过排名第二的美国44.5个百分点，足见中国对巴西大豆的依赖程度日趋上升。

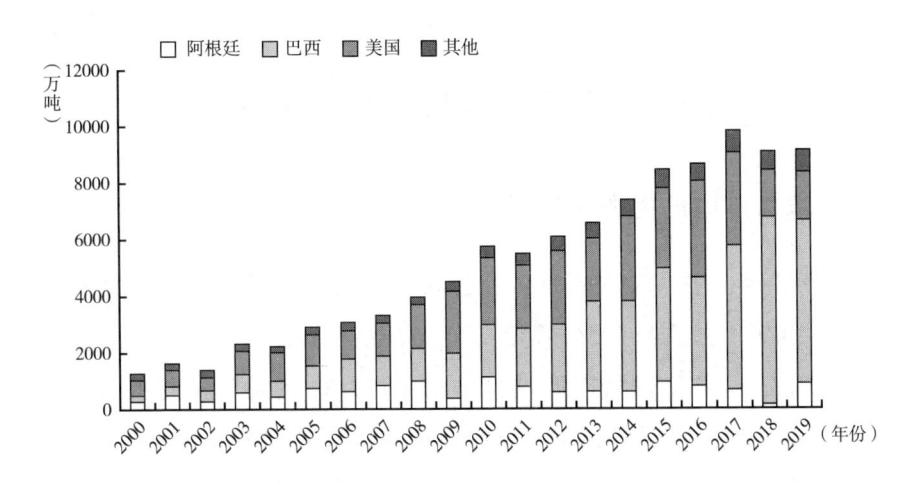

**图7-10　2000~2019年中国从主要大豆进口国进口量**

资料来源：UN Comtrade Database。

除大豆品质方面的不同外，巴西大豆还拥有对中国大豆的价格优势，同类大豆产品的价格相较于中国大豆的价格要低出20%~30%。美国和巴西作为中国最重要的两个大豆供应国，其收获期不同。地处北半球的美国，大豆的收获期是9~10月份，而地处南美洲的巴西，其大豆收获期为4~5月份，这样收获期的交替使得中国每半年就会有分别来自美国和巴西的大豆进口。就现状来看，虽然巴西有超越美国成为中国第一大豆进口国的趋势，但由于收获期的不同及其他各种因素的综合影响，巴西和美国大豆在中国市场中的竞争在近期内依然激烈。

### 7.1.4 中国—巴西大豆贸易趋势

美国大豆的到货价与巴西差价不大，且鉴于巴西大豆的蛋白质含量及质量高于美国大豆，巴西大豆在国际市场中仍然具有一定的优势，中巴大豆的贸易潜力依然巨大。另外，中国居民对肉制品需求的不断增长，拉动了国内养殖业的发展，预计大豆进口量还会持续增长，因此未来巴西大豆出口仍将会受到中国需求的有力拉动。

## 7.2 中巴肉类贸易现状及趋势

### 7.2.1 中巴肉类贸易现状

2012年，中国农业部和质检总局联合发布《关于防止巴西疯牛病传入我国的公告》，公告规定"禁止直接或间接从巴西输入牛及其相关产品，暂停签发从巴西进口牛相关产品的进境动植物检疫许可证"。直到2015年5月，中巴发布《中华人民共和国政府和巴西联邦共和国政府联合声明》，巴西牛肉的禁令才就此解除。在2010~2016年间，全球牛肉的主要出口国为巴西、澳大利亚和美国，而中国最大的牛肉进口国为澳大利亚。在2015年中国解禁了巴西牛肉之后，巴西已有16家牛肉生产商获得对华出口资质，加之巴西牛肉的进口价格仅为国内市场的一半，与澳大利亚相比也拥有巨大的价格优势，这使得2015年后的中巴牛肉贸易量飞速增长。2016年前三个月，中国从巴西进口牛肉的数量为4.63万吨，已超过澳大利亚的2.90万吨，巴西成为中国最大的牛肉进口国，在中国的牛肉贸易中占据越来越重要的地位。

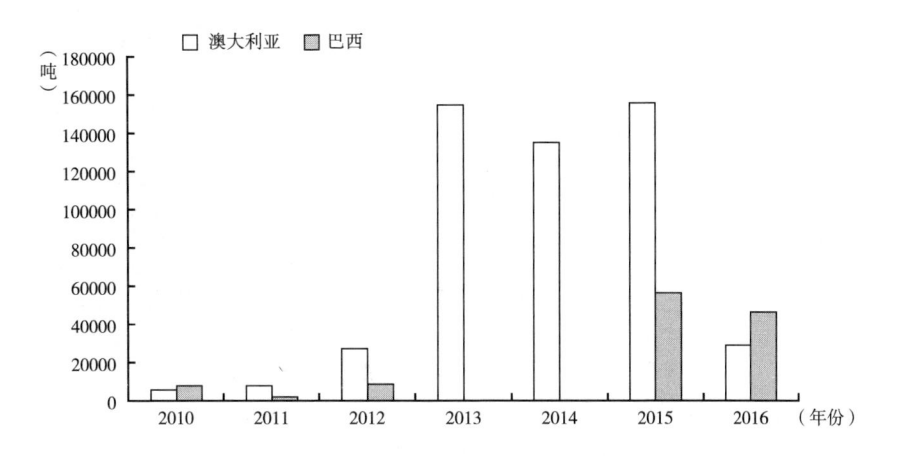

**图 7-11　中国进口巴西和澳大利亚牛肉的数量**

资料来源：2010～2014 年，uncomtrade；2015～2016 年，中国海关数据库。

作为内需型猪肉消费大国，中国 2019 年猪肉贸易量仅占猪肉消费量的 4.5%，国内猪肉的生产基本用于满足国内消费需求，既不依赖国外进口，也较少用于出口。巴西猪肉产量相对中国来说比较少，出口量也较少。但 2015 年，巴西猪肉对中国的出口量达到 6601 吨，是 2014 年的 7.5 倍，这可能与巴西动物蛋白协会（ABPA）和中国出入境检验检疫协会（CIOA）在 2014 年 11 月 20 日签订的家禽和猪肉贸易协议有关，此份协议的签订促进了中巴猪肉贸易的发展。2019 年，巴西对中国的猪肉出口量达到了 22.2 万吨。

目前中国最主要的两个禽肉进口国是美国和巴西。2013 年，中国进口美国的禽肉量为 34.82 万吨，超过巴西的 19.19 万吨，美国成为当年中国最大的禽肉进口国。尽管中国国内禽肉供应量充足，但受速生鸡、禽流感等事件的影响，中国对禽肉的进口需求仍然较大。2015 年，中国因禽流感而禁止美国禽肉进口，为巴西产品进入中国市场提供了机会。

作为中国禽肉的主要进口国之一，巴西对华出口的禽肉量虽然有

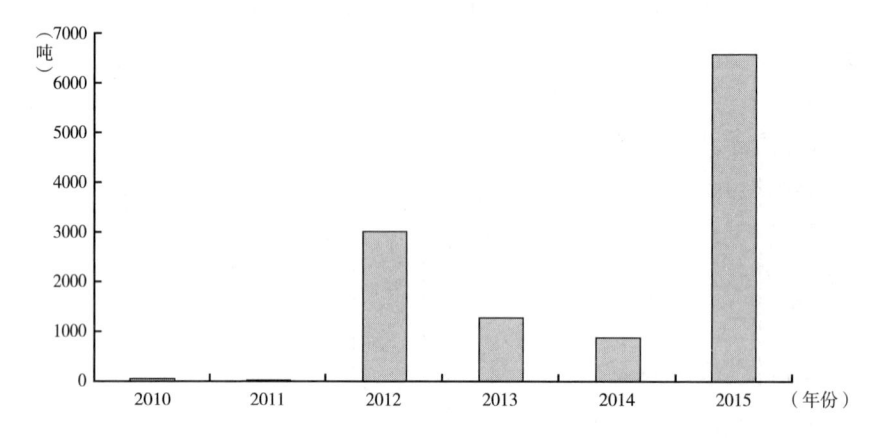

图 7-12　2010～2015 年巴西猪肉对华出口量

资料来源：2010～2014 年，uncomtrade；2015 年，中国海关数据库。

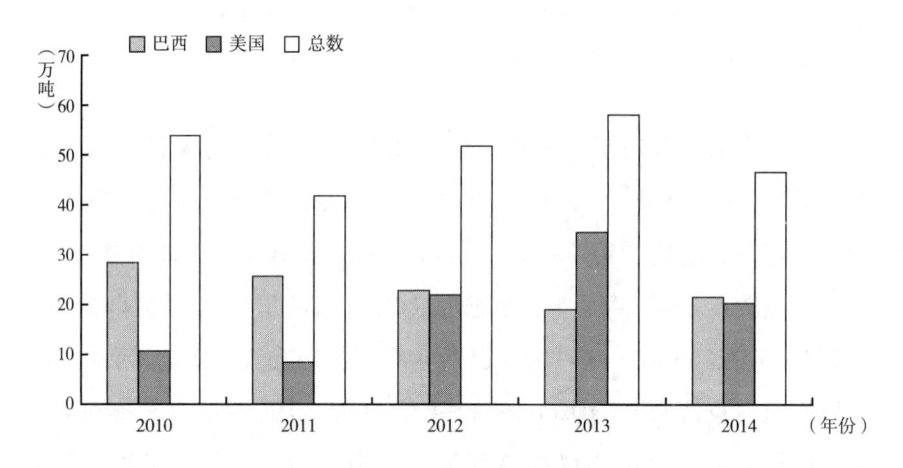

图 7-13　2010～2014 年中国禽肉进口量

资料来源：UN Comtrade Database。

波动，但整体呈现上升趋势。其中 2009 年到 2010 年中国进口禽肉量由 2.78 万吨增长到 28.57 万吨。

禽肉包括肉鸡、肉鸭、火鸡、鹅等。在世界主要禽肉生产国中，美国主要生产肉鸡和火鸡，中国主要生产肉鸡、肉鸭和鹅，而巴西主要的禽肉品种为肉鸡。2013 年，美国禽肉生产量为 2023.48 万吨，

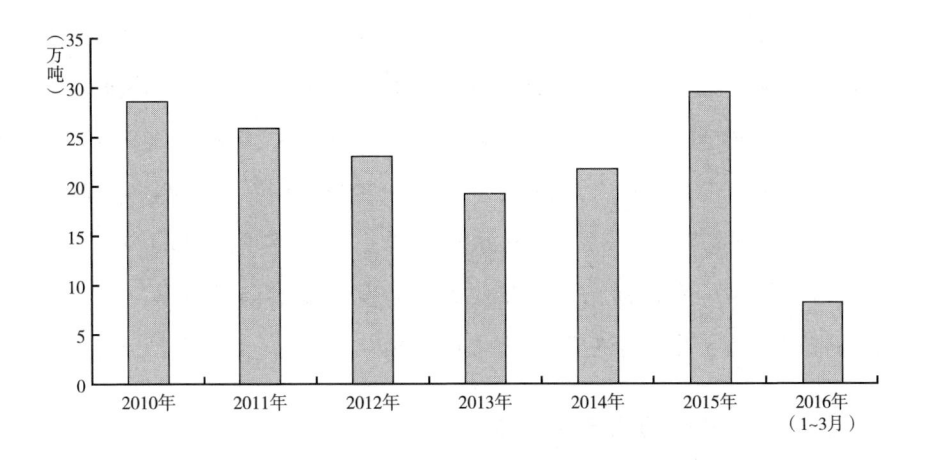

图 7-14　2010～2016 年（1～3 月）中国进口巴西禽肉量

资料来源：UNcometrade Database。

出口量为 415.02 万吨，出口量占总产量的 20.5%；巴西禽肉生产量为 1296.34 万吨，出口量为 364.60 万吨，出口量占总产量的 28.13%；而中国禽肉生产量为 1891.29 万吨，出口量 77.72 万吨，出口量仅占总产量的 4.11%[①]。由此看来，中国目前的禽肉生产以内销为主，总体进口量大于出口量，进口以鸡爪、鸡翅、鸡杂等制品为主，出口鸡胸、鸡腿等肉制品到欧美国家，在贸易中采取低进高出的战略，使得利润最大化（黄逆和宁中华，2007）。而近些年，巴西之所以能成为世界禽肉生产和出口大国，很大一部分原因是其价格优势明显，巴西拥有大量廉价的耕地，玉米和大豆等禽类养殖原料成本低产量高，使得巴西在用低廉价格大规模生产方面拥有得天独厚的优势。此外，巴西禽肉产地集中（主要分布在南部的 4 个州），运输和贮存成本低，疾病防御措施完善，这些条件的综合作用使巴西在国际禽肉市场上竞争力不断增强，巴西成为中国目前最优选择的禽肉贸易伙伴之一。

从禽肉出口类别来看，以鸡肉为例，2013 年巴西禽肉产品出口

---

① 数据来源：FAOSTAT。

类别分别是：鸡块（53%），整只鸡（38%），盐制产品（5%），工业产品（4%）。2014年1~10月巴西禽肉出口目的地：沙特阿拉伯（16.3%）、欧盟（10.4%）、日本（10.4%）、中国香港（8.0%）、阿联酋（6.4%）、中国内地（5.7%）、委内瑞拉（5.4%）、南非（4.0%）、俄罗斯（2.8%）、科威特（2.6%）、其他（28.0%）。巴西出口至日本的禽产品主要是带皮胸肉卷及去皮胸肉卷，出口至中东的是带皮胸肉，出口至欧盟的为去皮胸肉[①]。

### 7.2.2 中巴肉类贸易趋势

巴西农业部所属的战略管理咨询局预测显示，到2023年，巴西鸡肉产量将增至2370万吨，牛肉产量将增至1360万吨，猪肉产量将增至530万吨。预测同时显示，巴西猪、牛、禽类生产60%以上将供应国内消费，但由于生产量巨大，巴西肉类出口也将同样保持惊人的增长。

（1）牛肉

目前巴西已有16家牛肉生产商获得对华出口资质。由于巴西货币雷亚尔贬值，巴西对华出口牛肉均价仅为每公斤5.29澳元，相比之下，由于澳元升值，澳大利亚对华出口牛肉的均价达到每公斤6.17澳元。《澳华财经在线》于2016年4月22日报道，澳大利亚肉类与家畜组织（MLA）4月20日公布的最新月报显示，2月份澳牛肉出口额6.235亿澳元，同比下降12%。其中，对中国的牛肉出口额4782万澳元，同比下降24%。[②] 巴西成为澳大利亚在中国出口牛肉的最主要竞争对手。预计中国对巴西牛肉的进口将会迅速增加。

中国牛肉虽然一直都有出口，但出口量较小，而近年来牛肉的进

---

[①] 中国畜牧业协会禽业分会：《巴西禽肉概况》，http://www.zgjq.cn/news/ShowArticle.asp? ArticleID=353465，2015-2-28/2016-5-23。

[②] 《澳对华牛肉出口贸易面临巴西竞争》中国农业信息网，http://mt.sohu.com/20160510/n448769344.shtml.2016-5-10/2016-5-23。

口量却在不断攀升，加之国内居民对牛肉需求量的增加和巴西牛肉的价格优势，这给中巴牛肉贸易创造了巨大的增长空间。

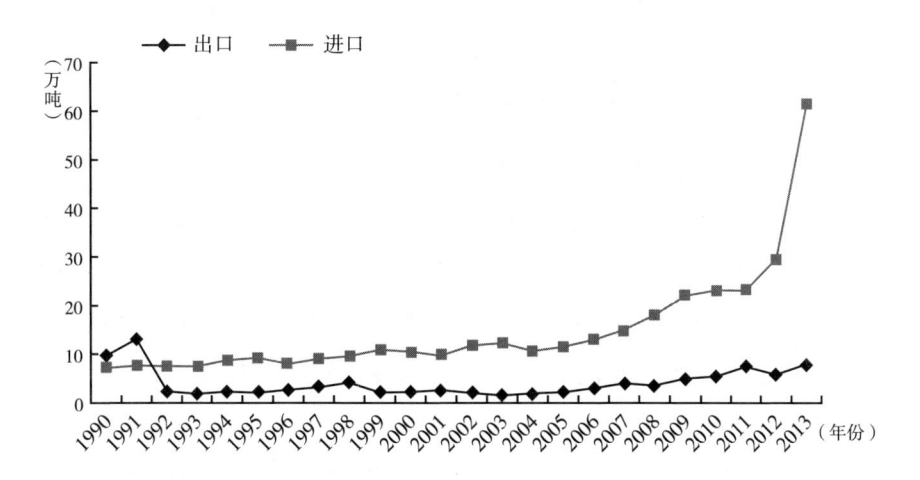

图 7-15 1990~2013 年中国牛肉进口量和出口量

资料来源：UN Comtrade Database。

（2）禽肉

在禽肉贸易方面，2015 年，中国因禽流感而禁止美国禽肉进口，这为巴西禽肉产品进一步进入中国市场提供了机会。另外，2015 年，中国政府按程序向巴西的 7 家禽肉加工厂和 1 家猪肉加工厂发放了进口许可证，截至 2015 年下半年，中国向巴西发放进口许可证的禽肉加工厂达到了 29 家。这表明中巴两国禽肉贸易量继续呈增长态势。

（3）猪肉

在猪肉贸易方面，中国已成为巴西猪肉出口的亮点市场。2014 年，中国向两家巴西猪肉制品生产厂家发放了进口许可证，2015 年又向一家猪肉加工厂发放了进口许可证。在此影响下，中巴两国 2015 年的猪肉贸易量达到 6601 吨，是前一年的 7.5 倍。巴西猪肉制品行业工会主席何塞·罗伯特·古拉尔特称，中国市场的猪肉消耗量大于巴西全国全年的猪肉生产量。从中国居民对猪肉需求量的增长态势来看，中巴猪肉贸易之间还有潜力可以挖掘。

## 7.3 中巴大豆—肉类产业链替代程度分析

### 7.3.1 中巴大豆—肉类产业链

中国巴西间大豆—肉类相关产业链主要有两条，如图7-16所示。

一是中巴大豆—肉类产业链。巴西是中国最大的大豆进口国，2014年占中国大豆总进口量的44.8%。中国自产大豆及进口大豆大部分用于加工生产豆油和豆粕，豆粕则是重要的饲料产品，是畜牧业重要的蛋白养料。巴西国内大豆消费约占总产量的50%，约一半用于出口。

二是巴西肉类出口到中国的产业链。大豆种植、大豆加工、饲料生产、畜牧养殖等产业链环节均在巴西境内完成，巴西将畜牧产品（牛肉、禽肉、猪肉等）直接出口至中国，供中国居民消费。巴西直接出口中国的肉类以牛肉为主，自2015年中国政府解除了对巴西牛肉进口禁令以来，巴西出口中国牛肉快速增长。

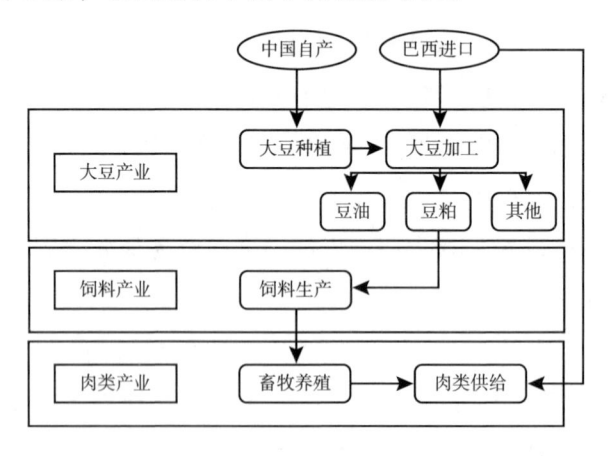

图7-16 中巴大豆—肉类产业链主要供给关系示意图

### 7.3.2 研究方法——多区域投入产出模型

多区域投入产出模型与地区间投入产出模型相比可以更多地用于

实证研究，可以用于分析某一地区某一部门最终需求量改变时，所有地区的所有部门因此而产生的总产出的改变。地区间投入产出模型可以更全面地反映各个地区各个产业间的联系，可以为地区间资源的合理分配提供参考，研究某地区经济技术的发展是否对其他地区有带动作用。

本文所研究的对象为巴西和中国两个国家，可以采用两地区投入产出模型来测算中巴两国产业关联反馈效应，计算中国肉类生产减少对巴西大豆及肉类产量变化的影响，进而计算中国对中巴大豆—肉类产业链的替代程度。

两地区间投入产出模型中 r 和 s 分别表示不同的地区，此处假设 r 地区有三个生产部门，s 地区有两个生产部门。模型中中间投入矩阵可以表示为：

$$Z = \begin{bmatrix} Z^{rr} & Z^{rs} \\ Z^{sr} & Z^{ss} \end{bmatrix} \quad (7-1)$$

其中，r 地区和 s 地区内部各自的中间投入矩阵可以表示为 $Z^{rr}(3 \times 3)$ 和 $Z^{ss}(2 \times 2)$，地区 r 对地区 s 的中间投入矩阵为 $Z^{rs}(3 \times 2)$，同理，s 对 r 的中间投入矩阵为 $Z^{sr}(2 \times 3)$。

两地区模型的基本平衡关系如下：

$$\begin{cases} x_1^r = z_{11}^{rr} + z_{12}^{rr} + z_{13}^{rr} + z_{11}^{rs} + z_{12}^{rs} + f_1^r + f_1^s \\ x_2^r = z_{21}^{rr} + z_{22}^{rr} + z_{23}^{rr} + z_{21}^{rs} + z_{22}^{rs} + f_2^r + f_2^s \\ x_3^r = z_{31}^{rr} + z_{32}^{rr} + z_{33}^{rr} + z_{31}^{rs} + z_{32}^{rs} + f_3^r + f_3^s \\ x_1^s = z_{11}^{sr} + z_{12}^{sr} + z_{13}^{sr} + z_{11}^{ss} + z_{12}^{ss} + f_1^{sr} + f_1^{ss} \\ x_2^s = z_{21}^{sr} + z_{22}^{sr} + z_{23}^{sr} + z_{21}^{ss} + z_{22}^{ss} + f_2^{sr} + f_2^{ss} \end{cases} \quad (7-2)$$

r 地区和 s 地区内部各部门的直接消耗系数为：

$$a_{ij}^{rr} = \frac{z_{ij}^{rr}}{x_j^r}, \; a_{ij}^{ss} = \frac{z_{ij}^{ss}}{x_j^s} \quad (7-3)$$

r 地区和 s 地区之间的直接消耗系数为：

$$a_{ij}^{rs} = \frac{z_{ij}^{rs}}{x_j^s}, \ a_{ij}^{sr} = \frac{z_{ij}^{sr}}{x_j^r} \qquad (7-4)$$

其代表的意义为某一地区 j 部门生产单位产品对另一地区 i 部门产品的直接消耗数量。可得两地区间用直接消耗系数表示的平衡关系：

$$\begin{cases} x_1^r = a_{11}^{rr}x_1^r + a_{12}^{rr}x_2^r + a_{13}^{rr}x_3^r + a_{11}^{rs}x_1^s + a_{12}^{rs}x_2^s + f_1^{rr} + f_1^{rs} \\ x_2^r = a_{21}^{rr}x_1^r + a_{22}^{rr}x_2^r + a_{23}^{rr}x_3^r + a_{21}^{rs}x_1^s + a_{22}^{rs}x_2^s + f_2^{rr} + f_2^{rs} \\ x_3^r = a_{31}^{rr}x_1^r + a_{32}^{rr}x_2^r + a_{33}^{rr}x_3^r + a_{31}^{rs}x_1^s + a_{32}^{rs}x_2^s + f_3^{rr} + f_3^{rs} \\ x_1^s = a_{11}^{sr}x_1^r + a_{12}^{sr}x_2^r + a_{13}^{sr}x_3^r + a_{11}^{ss}x_1^s + a_{12}^{ss}x_2^s + f_1^{sr} + f_1^{ss} \\ x_2^s = a_{21}^{sr}x_1^r + a_{22}^{sr}x_2^r + a_{23}^{sr}x_3^r + a_{21}^{ss}x_1^s + a_{22}^{ss}x_2^s + f_2^{sr} + f_2^{ss} \end{cases} \qquad (7-5)$$

将两地区间直接消耗系数用矩阵形式表示为：

$$A = \begin{bmatrix} A_{(3\times3)}^{rr} & A_{(3\times2)}^{rs} \\ A_{(2\times3)}^{sr} & A_{(2\times2)}^{ss} \end{bmatrix} \qquad (7-6)$$

令总产出和最终需求矩阵为：

$$X = [X^r, X^s]^T, \ F = [F^r, F^s]^T$$

两地区投入产出模型的基本平衡关系可表示为矩阵形式如下：

$$\begin{bmatrix} X^r \\ X^s \end{bmatrix} = \begin{bmatrix} A^{rr} & A^{rs} \\ A^{sr} & A^{ss} \end{bmatrix} \begin{bmatrix} X^r \\ X^s \end{bmatrix} + \begin{bmatrix} F^r \\ F^s \end{bmatrix} \qquad (7-7)$$

整理后得：

$$\begin{bmatrix} X^r \\ X^s \end{bmatrix} = \begin{bmatrix} I - \begin{bmatrix} A^{rr} & A^{rs} \\ A^{sr} & A^{ss} \end{bmatrix} \end{bmatrix}^{-1} \cdot \begin{bmatrix} F^r \\ F^s \end{bmatrix} \qquad (7-8)$$

其中定义单位对角阵为 $I = \begin{bmatrix} I_{(3\times3)} & 0_{(3\times2)} \\ 0_{(2\times3)} & I_{(2\times2)} \end{bmatrix}$

改写成如下形式：

$$\begin{aligned} (I - A^{rr})X^r - A^{rs}X^s &= F^r \\ -A^{sr}X^r + (I - A^{ss})X^s &= F^s \end{aligned} \qquad (7-9)$$

将最终需求和总产出都改写为变化值可得：

$$(I - A^{rr})\Delta X^r - A^{rs}\Delta X^s = \Delta F^r$$
$$- A^{sr}\Delta X^r + (I - A^{ss})\Delta X^s = \Delta F^s \qquad (7-10)$$

设仅有一地区的最终需求发生变化 $\Delta F^r$（已知），而另一地区 s 的最终需求不变 $\Delta F^s = 0$，可得：

$$\Delta X^s = (I - A^{ss})^{-1} A^{sr} \Delta X^r \qquad (7-11)$$

$$(I - A^{rr})\Delta X^r - A^{rs}(I - A^{ss})^{-1} A^{sr} \Delta X^r = \Delta F^r \qquad (7-12)$$

变形得单区域投入产出模型，其存在的平衡关系为 $(I - A^{rr})\Delta X^r = \Delta F^r$，$A^{rs}(I - A^{ss})^{-1} A^{sr} \Delta X^r$ 即为地区间产业关联的反馈效应。

将 $A^{rs}(I - A^{ss})^{-1} A^{sr} \Delta X^r$ 分解并分析可知：$A^{sr} \Delta X^r$ 是当 r 地区总产出改变 $\Delta X^r$ 时，s 地区由于其对 r 地区的中间投入关系而改变的产出量；$(I - A^{ss})^{-1} A^{sr} \Delta X^r$ 为当 s 地区产出变化 $A^{sr} \Delta X^r$ 时，s 地区由于其内部的产业关联关系而产生的完全（直接加间接）总产出的变化；$A^{rs}(I - A^{ss})^{-1} A^{sr} \Delta X^r$ 为当 s 地区完全总产出变化 $(I - A^{ss})^{-1} A^{sr} \Delta X^r$ 时，r 地区由于其对 s 地区的中间投入关系而产生的总产出的变化。

总的来说，若 r 地区对某部门产品的最终需求（本文中指出口部分）增加，会首先通过此地区内部的产业关联使该地区总产出增加，再通过两地区间的产业关联关系使 s 地区的总产出增加，最后 s 地区总产出的增加又会因两地区的产业关联而反过来带动 r 地区总产出的增加，形成了 r→r→s→r 的反馈效应。

由此可见，两地区之间的产业关联反馈效应不仅与地区间的投入有关，还与地区内部各部门间的产业关联关系有关。对两地区之间的产业关联反馈效应求解可得：

$$\Delta X^r = [I - A^{rr} - A^{rs}(I - A^{ss})^{-1} A^{sr}]^{-1} \Delta F^r \qquad (7-13)$$

该式表示地区 r 的最终需求改变所带动的该地区总产出的变化。若不考虑两地区间的投入关联关系，只采用单区域投入产出模型，r 地区最终需求的改变所带来的总产出的改变为 $(I-A^{rr})^{-1}\Delta F^r$，两地区投入产出模型的产业关联反馈效应即为 $[(I-A^{rr}-A^{rs}\tilde{B}^{ss}A^{sr})^{-1}-(I-A^{rr})^{-1}]\Delta F^r$。

### 3.3.2 结果分析

本研究采用 Eora 2012 年世界多区域投入产出表①，求解中国—巴西两区域产业关联反馈效应。若中国减少肉类的生产，则对巴西的产业产生两方面的影响：一是中国进口肉类增加，相应从巴西进口的肉类增加，即巴西肉类相关产业生产增加；二是中国生产肉类减少，则巴西对中国肉类生产的投入（如大豆等）会减少，即巴西相关产业（如大豆等）的生产减少。

计算可知，中国每少生产 1% 肉类，将造成巴西少生产 0.17% 的大豆，多生产 2.20% 的肉类，即中国肉类生产与巴西肉类生产的替代弹性为 -2.20，中国肉类生产与巴西大豆生产的替代弹性为 0.17。换算成实物量单位，中国每少生产 1 吨肉，巴西将少生产 0.18 吨大豆，多生产 0.156 吨肉。

由此可得，中国巴西大豆—肉类产业链存在替代性，其中中国肉与巴西肉的生产呈现负相关性，中国肉与巴西豆的生产呈现正相关性。替代性分析所得结论为下一步提出合适的政策建议建立了基础。

## 7.4　有关中国以"肉"换"豆"政策的建议

### 7.4.1　政策设计

**（一）政策目标分析**

中国畜牧养殖业造成了严重的环境污染，是我国水污染的重要来

---

① http://worldmrio.com/。

源之一。2017 年，畜禽养殖业化学需氧量、总氮和总磷的年排放量分别占全国污染物排放总量的 46.67%、19.61% 和 37.95%。因此，中国有必要采取相应措施将畜牧养殖业的环境成本内部化。

对中巴大豆产业的分析表明，中国直接从巴西进口的大豆多用于加工，其产物除豆油外，主要为豆粕。而这部分豆粕主要流向了饲料行业，并进而用于肉类产业的养殖过程。因此，中国政府如能以环境标准为要求，限制中国本土的畜牧养殖业发展，改为从巴西进口符合零森林破坏标准的肉类，将减少中国对巴西大豆（尤其是非绿色大豆）的进口，有助于缓解巴西国内大豆种植所导致的毁林开荒、转牧为耕等土地退化的局面，而保护热带雨林势必会对全球应对气候变化的严峻形势提供帮助。

从中国肉制品需求来看，随着中国居民收入的日益提高，其对肉制品的需求也不断增加。尤其是随着居民在饮食健康观念方面的改变，对牛肉、禽肉等低脂、高蛋白肉类需求将进一步扩大；另外，从中国肉制品供给来看，畜牧业的发展相对缓慢，尤其是中国肉制品产业政策主要偏向生猪产业，对肉牛及禽类产业的利好政策相对较少，加之肉牛及肉禽产业尚未实现规模化、集约化发展，因此牛肉及禽肉制品供给相对不足。其中，禽肉制品中虽然有部分品种供给充裕，但是受到速生鸡、禽流感等事件影响，中国居民转而寻求国外的进口禽肉。由此可见，中国肉制品供需矛盾将进一步加深。当前，巴西已成为中国牛肉第一大进口贸易伙伴，对中国出口的猪肉及禽肉也呈明显上升趋势。因此，中国向巴西释放肉制品需求信号，有助于缓解中国国内肉制品市场的供需矛盾。

对中巴肉类产业的分析表明，以猪肉、牛肉和禽肉为代表的中国肉类产业消耗的劳动力、土地等各类资源成本及对环境产生的污染，相较于巴西肉类产业而言更大。

因此，中国政府如能鼓励从巴西直接进口肉制品，可以达成多种政策目标：一方面有助于缓解中国国内肉类供不应求的矛盾，减少中国畜牧业的环境污染;另一方面将减少巴西热带雨林破坏,同时从全球的角度缓解气候变化的危害。

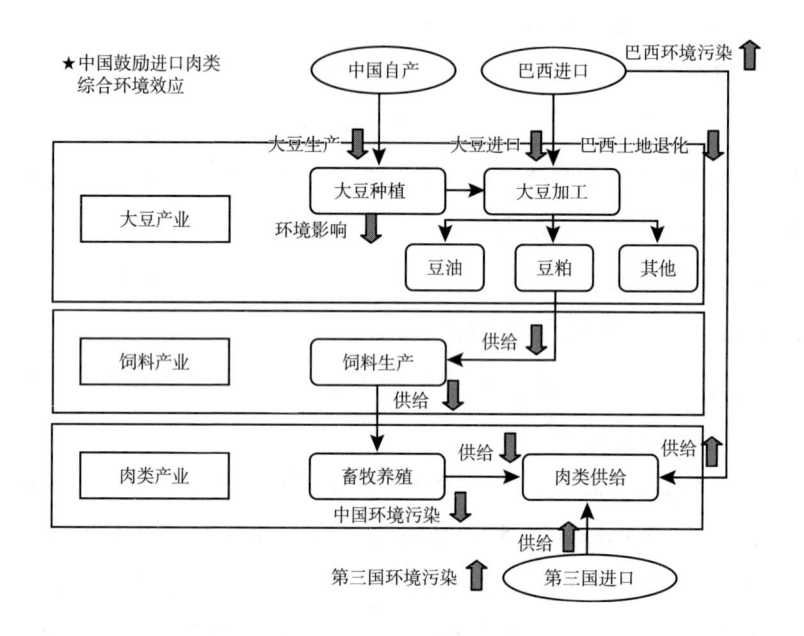

图 7-17 中国鼓励从巴西进口肉类的影响示意图

### (二) 政策假设

由此可见,中国政府如能鼓励从巴西直接进口肉类,从中巴大豆—肉类产业链的角度分析,这将对中国进口巴西大豆具有一定程度的替代性。再辅之以对从巴西进口大豆的环境要求,即鼓励从巴西进口符合相关环境标准的"绿色"大豆,则将在更大程度上缓解巴西当地大豆种植导致的土地退化等环境问题。

中巴大豆及肉制品产业链会受一系列经济、贸易、环境政策的影响,为改善中国畜禽养殖业造成的严重污染状况并缓解巴西的土地退化现象,调整中国、巴西大豆及肉制品产业链,从中国国内政策角度出发,本研究设计了如下政策情景。

中国对畜禽养殖业征收环境税情景。中国畜禽养殖业造成大量的环境污染(以水环境污染为主),但这部分外部环境成本并没有计入生产成本中。据本课题组青岛科技大学团队测算，畜禽养殖业外部环境成本占总产值的 7.25%，武深树等的研究结果显示湖南洞庭湖区畜禽养殖环境成本更高达该区域畜牧业生产总值的 14.08%。在进行环境成本测算时，对一些潜在的环境影响会出现低估，所以真实的环境成本可能更高。为使外部环境成本内部化，中国可对畜禽养殖业征收环境税，根据不同的环境税可设置低、中、高三个方案，其环境税税率分别为 7.25%（低方案）、14.08%（中方案）和 30%（高方案）。该政策情景将使中国肉制品生产成本上升，迫使中国更多地从国外进口肉制品，以调整目前的中国大豆及肉制品供应链。

政策情景的经济影响使用各国 GDP 变动率及相关产业产值变动率表征；政策对中国的环境影响采用大气污染物（$SO_2$、$NO_x$、烟粉尘）、水污染物（COD、氨氮）和温室气体（$CO_2$、$CH_4$、$N_2O$ 三种温室气体折算成二氧化碳当量）等指标来表征；政策对巴西的环境影响采用温室气体和土地退化面积等指标来表征；政策对全球的环境影响使用温室气体指标来表征。

### 7.4.2 中国以"肉"换"豆"的政策效果

#### （一）评估方法——GTAP 模型

GTAP 模型是由美国普渡大学教授 Thomas W. Hertel 所领导的全球贸易分析计划项目（Global Trade Analysis Project，GTAP）于 1993 年建立的多区域、多部门 CGE 模型（可计算一般均衡，Computable General Equilibrium）[1]，目前被广泛应用于贸易政策分析。

GTAP 模型的构建和应用是建立在一个由国家或区域间相互连接的数据（双边贸易、运输、贸易保护等）以及国家或区域内部的行业间相互关联的数据（投入产出）组成的数据库的基础上。GTAP 数据库（第九版）以 2011 年为基期，包括 140 个国家和地区、57 个行

---

[1] GTAP 官方网站：https://www.gtap.agecon.purdue.edu/default.asp。

业的数据。

用于运行求解 GTAP 模型的软件主要是由澳大利亚莫纳什大学开发的 GEMPACK（General Equilibrium Modelling PACKage）软件包[①]。GEMPACK 用于运行一般的 CGE 模型，具有求解过程简单、可变动模块及适用于政策分析的特点。RunGTAP 和 WinGEM 是 GEMPACK 的两个重要的应用程序。其中，WinGEM 是 GEMPACK 的 Windows 版本程序，用于执行和解决大部分的一般或局部均衡模型。而 RunGTAP 软件是 Mark Horridge 特别为运行和解决 GTAP 模型而编写的程序。本研究主要的模型模拟工作在 RunGTAP 里进行。

本研究使用 GTAP（第九版）数据库，将 140 个国家和地区集结为 10 个国家和地区，分别为：中国内地、巴西、美国、欧盟、澳洲（澳大利亚和新西兰）、阿根廷、中国香港、越南、其他南美国家、世界其他国家和地区；将 57 个部门集结为 22 个部门，部门集结情况如表 7-1 所示。由于 GTAP 模型中没有单独的大豆部门，但大豆占油籽及油果部门的比例很高，模型模拟中将油籽及油果部门近似当作大豆部门进行分析。

表 7-1　部门集结

| 集结后部门名称 | GTAP 数据库部门代码 |
| --- | --- |
| 其他农林牧渔业 | pdr,wht,gro,v_f,c_b,pfb,ocr,rmk,wol,frs,fsh |
| 油籽及油果（大豆） | osd |
| 牛、羊、马、驴、骡养殖 | ctl |
| 猪、蛋禽和其他动物 | oap |
| 采掘业 | coa,oil,gas,omn |
| 牛、羊、马、驴、骡的肉 | cmt |
| 猪和其他动物的肉、蛋 | omt |
| 食品加工制造业 | vol,mil,pcr,sgr,ofd,b_t |
| 纺织服装 | tex,wap |
| 皮革、箱包、鞋 | lea |
| 木材加工 | lum |

---

[①] GEMPACK 官方网站：http://www.copsmodels.com/gempack.htm。

续表

| 集结后部门名称 | GTAP 数据库部门代码 |
|---|---|
| 造纸印刷 | ppp |
| 炼焦、石油精炼及核燃料 | p_c |
| 化工产品 | crp |
| 非金属矿物制造 | nmm |
| 金属及金属制品业 | i_s,nfm fmp |
| 机动车及其他运输设备 | mvh,otn |
| 电子设备 | ele |
| 电气、机械及器材制造业 | ome |
| 其他制造业 | omf |
| 电力、燃气和水 | ely,gdt,wtr |
| 服务业 | cns,trd,otp,wtp,atp,cmn,ofi,isr,obs,ros,osg,dwe |

对各行业污染物排放数据进行处理并匹配到 22 个部门：工业行业排污数据来源于《中国环境统计年鉴》，各部门 COD、氨氮、$SO_2$、$NO_x$ 和烟粉尘排污系数通过计算集结后的各部门量和产值的比值而得；农业部门中畜禽养殖业 COD、氨氮排放数据采用本课题组青岛科技大学团队的调查和核算结果，其他农业部门污染物排放数据根据第一次全国农业污染源普查结果显示的畜禽养殖业污染物占农业源污染物比例折算得到；温室气体指标选取 $CO_2$、$CH_4$ 和 $N_2O$，并通过全球增温势能（GWP）统一为 $CO_2$ 当量指标（$CO_2$ - eq），各地区各部门温室气体排放数据来自 WIOD 数据库（Timmer，et al.，2015），通过计算集结后的各部门量和产值的比值得到；使用 LMDI 方法对巴西大豆总产量、单产量和种植面积数据进行效应分解分析，发现约 65.8% 的产量提升是由扩大种植面积带来的，以此分析结果作为巴西大豆种植造成的土地退化效应系数的下限，土地退化效应的上限是所有的大豆产量变动均是种植面积变动的结果。

（二）政策效果

从模型模拟结果来看，中国对畜禽养殖业征收环境税后，畜禽养殖业（包括牛、羊、马、驴、骡，猪、蛋禽和其他动物两个行业）生产成本上升，产值下降，并且带动该行业下游产业如肉制品业（牛、羊、马、驴、骡的肉，猪和其他动物的肉、蛋两个行业）与皮革、箱包、鞋的产值出现较大下降。与此同时，为满足中国国内对肉制品的需求，中国从巴西进口的肉制品将会大幅增长（如表7-4所示），其中猪和其他动物的肉增幅较大。然而，其基准值较低，巴西主要肉制品生产和出口以牛肉为主，以2016年前三个月中国从巴西进口牛肉的数量为4.63万吨估算，2016年全年巴西对中国的牛肉出口量为18.52万吨，则巴西对中国的牛肉出口量在低、中、高三种方案下将分别增长0.9万吨、2.0万吨和5.5万吨。由于中国畜禽养殖业规模的减小，作为饲料的大豆的需求量减小，造成三种方案下从巴西进口的大豆量分别减少1.11%、3.20%和6.14%。而从巴西大豆出口市场变化情况来看（如表7-5所示），当中国进口巴西大豆减少时，世界各国家和地区进口巴西大豆均有增长，但巴西大豆出口将主要向欧盟转移。从该政策情景对巴西各行业产值影响情况来看（如表7-6所示），受对中国出口大豆下降的影响，巴西的大豆产量将有0.37%~1.80%的下降，同时巴西对中国出口肉制品的增长，会使巴西的畜禽养殖业和肉制品加工业有一定程度的增长，猪和禽的养殖及猪和禽肉的增长幅度要高于牛的饲养和牛肉的生产。在低、中、高三种方案下中国的GDP均有下降，但幅度非常小，而其他国家的GDP有所上升。随着低、中、高方案环境税率的增加，各项指标的影响程度均有所加深。

通过表7-3和表7-6计算可知，低、中、高三种方案下中国肉制品与巴西肉制品的替代弹性分别为-0.250、-0.253和-0.265（平均值为-0.256），中国肉制品与巴西大豆的替代弹性分别为0.134、0.138和0.141（平均值为0.138）。换算成实物量单位则为，中国少生产1吨肉，将使巴西少生产0.15吨大豆，多生产0.11吨肉。

表7-2 中国环境税情景对各国（地区）GDP的影响

单位：%

|  | 低方案 | 中方案 | 高方案 |
| --- | --- | --- | --- |
| 中国内地 | -0.001 | -0.009 | -0.072 |
| 中国香港 | 0.018 | 0.039 | 0.108 |
| 越南 | 0.351 | 0.729 | 1.893 |
| 巴西 | 0.105 | 0.215 | 0.556 |
| 阿根廷 | 0.099 | 0.207 | 0.552 |
| 其他南美国家 | 0.063 | 0.131 | 0.337 |
| 美国 | 0.053 | 0.11 | 0.283 |
| 欧盟 | 0.046 | 0.094 | 0.239 |
| 澳洲 | 0.067 | 0.139 | 0.363 |
| 世界其他地区 | 0.04 | 0.082 | 0.208 |

表7-3 中国环境税情景对中国各行业产值的影响

单位：%

|  | 低方案 | 中方案 | 高方案 |
| --- | --- | --- | --- |
| 其他农林牧渔 | -0.03 | -0.06 | -0.16 |
| 油籽及油果 | -0.51 | -1.02 | -2.44 |
| 牛、羊、马、驴、骡 | -1.05 | -2.15 | -5.32 |
| 猪、蛋禽和其他动物 | -1.90 | -3.77 | -8.78 |
| 采掘业 | 0.22 | 0.46 | 1.17 |
| 牛、羊、马、驴、骡的肉 | -2.58 | -5.28 | -13.08 |
| 猪和其他动物的肉、蛋 | -2.79 | -5.48 | -12.69 |
| 食品加工制造业 | -0.25 | -0.51 | -1.29 |
| 纺织服装 | 0.24 | 0.48 | 1.16 |
| 皮革、箱包、鞋 | -3.50 | -7.14 | -17.36 |
| 木材加工 | 0.54 | 1.10 | 2.78 |
| 造纸印刷 | 0.16 | 0.33 | 0.83 |
| 炼焦、石油精炼及核燃料 | 0.08 | 0.17 | 0.41 |
| 化工业 | 0.14 | 0.28 | 0.67 |
| 非金属矿物制造 | 0.11 | 0.22 | 0.54 |
| 金属及金属制品业 | 0.34 | 0.71 | 1.84 |
| 机动车及其他运输设备 | 0.07 | 0.14 | 0.31 |
| 电子设备 | 0.88 | 1.82 | 4.78 |
| 电气、机械及器材制造业 | 0.40 | 0.82 | 2.13 |
| 其他制造业 | -0.30 | -0.63 | -1.74 |
| 电力、燃气和水 | 0.13 | 0.26 | 0.64 |
| 服务业 | -0.03 | -0.07 | -0.23 |

表7-4 中国环境税情景对中国从巴西进口大豆及肉制品的影响

单位：%

|  | 低方案 | 中方案 | 高方案 |
| --- | --- | --- | --- |
| 牛、羊、马、驴、骡的肉 | 5.11 | 10.83 | 29.89 |
| 猪和其他动物的肉 | 21.95 | 49.63 | 165.26 |
| 油籽及油果 | -1.11 | -3.20 | -6.14 |

表7-5 巴西向各个国家和地区大豆出口变动率

单位：%

|  | 中国内地 | 中国香港 | 越南 | 阿根廷 | 南美其他 | 美国 | 欧盟 | 澳洲 | 世界其他地区 |
| --- | --- | --- | --- | --- | --- | --- | --- | --- | --- |
| 低方案 | -1.11 | 0.29 | 0.15 | 0.11 | 0.09 | 0.13 | 0.41 | 0.07 | 0.32 |
| 中方案 | -3.20 | 0.60 | 0.31 | 0.23 | 0.17 | 0.27 | 1.15 | 0.12 | 0.76 |
| 高方案 | -6.14 | 0.01 | 0.84 | 0.59 | 0.40 | 0.69 | 2.97 | 0.25 | 1.89 |

表7-6 中国环境税情景对巴西各行业产值的影响

单位：%

|  | 低方案 | 中方案 | 高方案 |
| --- | --- | --- | --- |
| 其他农林牧渔 | -0.04 | -0.09 | -0.22 |
| 油籽及油果（大豆） | -0.37 | -0.75 | -1.80 |
| 牛、羊、马、驴、骡 | 0.30 | 0.66 | 1.64 |
| 猪和其他动物、蛋 | 0.82 | 1.60 | 3.89 |
| 采掘业 | -0.04 | -0.08 | -0.22 |
| 牛、羊、马、驴、骡的肉 | 0.38 | 0.80 | 1.94 |
| 猪和其他动物的肉 | 1.11 | 2.17 | 5.34 |
| 食品加工制造业 | -0.02 | -0.04 | -0.09 |
| 纺织服装 | -0.06 | -0.12 | -0.30 |
| 皮革、箱包、鞋 | 1.09 | 2.25 | 5.60 |
| 木材加工 | -0.14 | -0.28 | -0.71 |
| 造纸印刷 | -0.05 | -0.10 | -0.25 |
| 炼焦、石油精炼及核燃料 | -0.01 | -0.02 | -0.06 |
| 化工业 | -0.07 | -0.14 | -0.35 |
| 非金属矿物制造 | -0.04 | -0.08 | -0.20 |
| 金属及金属制品业 | -0.12 | -0.26 | -0.66 |
| 机动车及其他运输设备 | -0.03 | -0.06 | -0.16 |
| 电子设备 | -0.05 | -0.11 | -0.30 |
| 电气、机械及器材制造业 | -0.16 | -0.32 | -0.85 |
| 其他制造业 | 0.04 | 0.09 | 0.25 |
| 电力、燃气和水 | -0.02 | -0.04 | -0.10 |
| 服务业 | 0.01 | 0.03 | 0.07 |

中国对畜禽养殖业征收环境税可以有效减少中国水污染物排放量，以中国 GDP 减少量作为政策情景的经济成本，单纯从 COD 和氨氮两种指标来看，低、中、高三种方案下的 COD 减排成本分别为 0.03 亿美元/万吨 COD、0.13 亿美元/万吨 COD 和 0.43 亿美元/万吨 COD，氨氮减排成本分别为 0.49 亿美元/万吨氨氮、2.20 亿美元/万吨氨氮和 7.44 亿美元/万吨氨氮，由此判断低方案的环境—经济效应最佳。

### 7.4.3 中国以"肉"换"豆"政策可行性

#### （一）中国释放以"肉"换"豆"政策信号的路径

结合中国现有的肉制品产业状况及政策导向，目前中国向巴西释放或加强对肉制品需求信号可有多种方式，主要是对国内畜牧业征收环境税，并对巴西肉制品进口予以通关便利等。

当前，中国的环境税主要分为资源税、消费税、城市维护建设税和车船税，尚未对畜牧业征收环境税。在污染治理方面，则主要以排污收费、补偿收费及保证金的方式征收排污费。一方面，中国尚未对畜牧业征收环境税；另一方面，畜禽养殖业化学需氧量、总氮和总磷的年排放量分别占全国排放总量的 41.87%、21.67% 和 37.9%。因此，对中国畜牧业征收环境税，将向以巴西为代表的中国肉制品重要贸易伙伴释放强烈的需求信号，促进巴西等国对华的肉制品出口。

1. 鼓励对巴西零森林破坏肉制品的进口

尽管向巴西释放肉制品需求信号有助于缓解中国肉制品供需矛盾、减少中国畜牧业污染排放并在一定程度上减轻巴西土地退化，然而，有研究指出，巴西肉牛业的迅速发展，也是导致亚马逊森林破坏的主要原因之一。国际林业研究中心（CIFOR）于 2004 年 4 月发布的《汉堡包破坏了亚马逊森林》（Hamburger Connection Fuels Amazon Destruction）报告就认为，巴西砍伐森林用作牧场饲养肉牛，是造成近年来亚马孙森林遭到大规模破坏的主要原因之一。此外，一些研究的结论也支持了国际林业研究中心的说法（Pearce, et al., 2004），甚至认为巴西肉牛业造成了亚马逊森林60%~75%的面积破坏（Gonnella, et al., 2013）。因此，若不能确保进口肉制品的"零森林破坏"，将可能引起巴西热带雨林的继续破坏。环保NGO将从全球生态环境保护的角度出发，加强零森林破坏肉制品的宣传和监管。有鉴于此，为避免中国从巴西进口的肉制品导致亚马逊森林破坏及稀树草原区域的土地退化，有必要从战略层面强调肉制品的零森林破坏特性，即中国需向巴西释放对零森林破坏肉制品的需求信号。

2. 鼓励对巴西零森林破坏肉制品进口的政策需求信号

结合中国现有的肉制品产业状况及政策导向，目前中国向巴西释放或加强对零森林破坏肉制品需求信号可有多种方式，包括在对国内畜牧业征收环境税的同时，将零森林破坏肉制品纳入中国政府绿色采购清单、肉制品行业协会拒绝收购毁林肉制品、对巴西零森林破坏肉制品进口予以通关便利等。考虑到政府采购对市场行为的导向作用，将零森林破坏肉制品纳入中国政府绿色采购清单后，有助于鼓励中国大豆进口企业，主要是各类大豆加工企业，按照与政府绿色采购相同或相近的标准进口来自巴西的大豆。这一政府行为将向巴西释放对零森林破坏肉制品的强力信号。即使暂时难以将零森林破坏肉制品纳入中央政府绿色采购清单，也可以对某些地方政府、机关单位的肉制品采购开展试点探索，对现有的肉制品采购行为实施零森林破坏采购标准，并逐步从优先采购过渡到强制采购，从而逐步加强对巴西零森林破坏肉制品的需求信号。

由中国各肉制品行业协会牵头，拒绝收购毁林肉制品，是对巴西零森林破坏肉制品需求最直接的信号。中国大豆行业协会早已承诺拒收巴西毁林大豆，在此先例下，中国各肉制品行业协会，如牛肉行业协会、肉禽行业协会、生猪行业协会等均可做出同样承诺，从而影响行业协会的会员，包括各肉制品生产企业、加工屠宰企业等做出同样的行为。

对巴西零森林破坏肉制品进口予以通关便利，也有助于向巴西释放需求信号。此举有助于降低中国进口巴西零森林破坏肉制品的行政成本，从而鼓励从巴西进口零森林破坏肉制品。

3. 具体政策路径建议

（1）将畜牧产品纳入中国绿色政府采购清单

将巴西零森林破坏肉制品纳入中国绿色政府采购清单所面临的首要问题，是将畜牧产品这一品类纳入中国绿色政府采购清单。目前中国绿色政府采购清单主要针对节能认证产品和环境标准认证产品，其下的品类主要包括计算机设备、家具家电、建筑装修材料等，尚未囊括畜牧产品。造成这种局面的原因，一方面是中国绿色政府采购尚在持续推进中；另一方面则是在中国推行多年的节能减排分属国家发改委和环保部，而畜牧产品并不由这两个部门直接管辖。

要将畜牧产品纳入中国绿色政府采购政策及清单，需推动中国政府出台绿色畜牧产品采购清单，或将其纳入现有的环境标志产品采购目录。此外，还可考虑率先将零森林破坏的肉制品纳入中国地方政府采购清单中，如黑龙江省政府采购目录里已包含农林牧渔产品类别，可将地方政府对零森林破坏肉制品的采购作为试点，再扩大范围予以推行。

（2）建立零森林破坏肉制品的中国标准及认证体系

将畜牧产品纳入中国绿色政府采购清单后，需推动零森林破坏肉制品进入绿色畜牧产品的范畴中，这就需要针对零森林破坏肉制品建立起一套中国的环境标准及认证体系。

因此，有必要推动中国建立零森林破坏肉制品的环境标准及认证体系，评估出真正符合零森林破坏标准的肉制品。

（3）将巴西零森林破坏肉制品标准转化为中国的相应标准及认证体系

目前巴西部分牧场的肉制品生产已符合一定的环境标准及项目要

求。然而，考虑到当前各项针对肉制品的认证出发点、国际认可度、推广程度及金融支持力度均有不同，因此如何推动上述不同的认证标准转化为中国的零森林破坏肉制品环境标准及认证体系，将是巴西零森林破坏肉制品进入中国绿色政府采购清单的关键步骤。

### （二）中国以"肉"换"豆"的可行性分析

1. 利益相关者分析

（1）巴西方面

①养殖户

巴西向中国出口的肉制品主要为牛肉，因此，信号变化对养牛业的影响最大，下面主要从养牛业的角度进行分析。目前，巴西的养牛业主要实行放养模式，开垦热带雨林用以放牧是成本最低的扩大养殖规模的方式。实施"零森林破坏肉制品"项目限制养殖户非法破坏森林，不利于养殖户提高收入，另外，认证同样会增加养殖户的工作量。

②加工屠宰商

外部机会：随着社会公众的环境保护意识逐渐增强，巴西国内消费市场对零森林破坏产品的需求也被逐渐拉动。而且，关心国际市场的大企业都希望避免与生态破坏相关的负面新闻，例如巴西的肉类加工企业 JBS-Friboi 集团、Minerva 公司、Marfrig 集团和 Bertin 集团签署协议，宣布暂停采购来自被砍伐森林地区的牛，并且通过监控供应链确保采购的牛均来自环境认证的农场[①]。

外部威胁：目前零森林破坏肉制品的消费需求在全球肉制品贸易中所占的比例较小，需求的不足不利于激励加工屠宰商开展实施零森林破坏项目。

内部优势：巴西肉制品生产已经形成了较大规模，生产技术较为

---

① 《建立绿色供应链体系有助于保护巴西热带雨林》人民网，2015 - 06 - 05，http：//brazil. forestry. gov. cn/article/574/576/590/2015 - 06/20150605 - 034215. html。

先进，具有一定的传统知识、技术和管理经验，而且销售渠道顺畅，国际竞争力较强。

内部劣势：进行"零森林破坏肉制品"认证时，还需要追踪上游大豆种植、饲料生产等环节，难度较大，会明显提高屠宰加工企业的成本。

③消费者

获益：可以继续享受热带雨林带来的巨大的生态服务功能，如气候调节功能、独特的热带森林景观、丰富的生物多样性等。

受损："零森林破坏肉制品"的销售价格更高，部分消费者，尤其是低收入者，难以承受这类肉制品的涨价。

④巴西政府

畜牧业是巴西重要的支柱产业之一，巴西政府需要平衡热带雨林保护、行业发展及国内肉制品消费需求之间的关系。一方面，随着全球肉制品的需求量不断上升，巴西政府希望利用本国优良的自然资源，扩大畜牧业规模，在满足国内需求的同时扩大出口创汇；另一方面，巴西政府也承认热带雨林的重要地位，承诺保护森林和其他原生植被的生物多样性、土壤和水资源的合理利用、气候系统的完整性。

获益：实施"零森林破坏肉制品"项目有利于保护巴西国内的热带雨林，有利于产品进入欧美等对环保要求较高的高端市场，增加巴西整体经济收益。

受损："零森林破坏肉制品"及上游的"零森林破坏大豆"的认证都将额外增加企业的成本和工作量，不利于相关企业出口创汇。

⑤行业协会

越来越多的巴西组织机构开始参与到各类零森林破坏的协议中，通过制定统一的行业标准和加强行业监管，有效控制企业的森林破坏行为。例如2013年3月，巴西超市业协会（Abras）与巴西联邦公共事务部（MPF）签署协议，拒绝出售非法使用亚马逊森林作为牧场生产的牛肉。

⑥环保 NGO

环保 NGO 在巴西努力推行"零森林破坏肉制品"标准,通过媒体宣传等多种方式向产业链企业施加压力,力图减少肉制品生产对森林的破坏。

(2) 中国方面

①养殖户

"零森林破坏肉制品"的大量进口,将不利于中国国内的养殖业,尤其是牛肉养殖业。但是"零森林破坏肉制品"也对进口的肉制品加以限制,要求不造成巴西森林破坏,这又可能导致进口的"零森林破坏肉制品"价格上升,有利于国内的养殖业。

②加工屠宰商

中国的肉制品生产格局为:猪肉基本自给自足、禽肉供过于求、牛肉供不应求。因此,巴西牛肉对于中国肉制品加工企业的影响最为明显。

获益:"零森林破坏肉制品"的成本较高,将导致进口价格升高,从而在国内市场的竞争力下降,反而有利于国内的加工屠宰商。

受损:扩大巴西"零森林破坏肉制品"进口,将挤占国内的肉制品市场,尤其是牛肉市场,不利于中国的加工屠宰商。

③消费者

获益:扩大进口巴西"零森林破坏肉制品"可以满足国内消费者不断增长的需求。而且,随着社会经济增长和生活水平的提高,中国消费者的环保意识不断提高。选择购买零森林破坏肉制品的意愿不断增强。

受损:增加购买成本,部分低收入者难以承担零森林破坏肉制品的涨价,而且中国消费者对于零森林破坏肉制品的概念比较陌生,市场接受该概念仍需一定时间。

④中国政府

获益:国内的肉制品生产(尤其是牛肉生产)难以满足消费者

不断增长的肉制品消费需求。扩大进口巴西"零森林破坏肉制品"可以满足国内的消费需求，而且可以表现出中国负责任的大国形象。另外，进口肉制品还可以减少国内养殖业导致的污染。

受损：大量进口巴西的"零森林破坏肉制品"有可能对国内的养殖业带来冲击，进而对国内的加工屠宰商带来负面影响。

⑤行业协会

目前，中国的行业协会对各类零森林破坏协议参与较少，主要是由于国内对零森林破坏肉制品的消费需求较少，消费市场不够成熟。而且中国国内尚没有自己的零森林破坏的相关标准和指南，导致实施较为困难。随着消费者逐渐认识到环保的重要性，加上国际社会、环保NGO的呼吁，中国行业协会也在逐渐转变态度。

⑥环保NGO

由于中国目前对巴西肉制品进口未设置环保方面的限制，大量的非法毁林生产的肉制品进入中国市场，受到各类环保NGO的指责。因此，近年来各类环保NGO努力在中国推行"零森林破坏肉制品"，试图从需求端减少巴西肉制品生产所导致的森林破坏。

2. 经济可行性分析

此项政策具有经济可行性，中国畜牧养殖成本高企，肉制品缺乏国际竞争力，加大肉类进口可以充分发挥比较优势，提高生产效率，降低肉制品价格。以猪肉为例，中国从2015年上半年开始，生猪价格开始上涨，随后一发不可收拾。2016年4月，生猪价格已经高达19元/公斤，相比上年同期涨幅超过50%——无论是绝对价格还是涨幅，均创下了历史纪录。而在美国，猪肉行情却是另外一番景象。芝加哥商业交易所（CME，世界最大的期货、期权交易所）的数据显示，2016年2月生猪期货的价格为0.6294美元/磅，约合人民币9元/公斤——这仅相当于中国生猪价格的47%。

造成中外猪肉价格差异的因素主要有：

一是猪粮。饲料成本占猪肉成本的六成以上，目前美国玉米每斤约 0.97 元，比国内低 0.3 元，即饲料成本比国内低三成以上。

二是转化效率。美国育肥猪饲料转化率早在 2004 年即已达到 1.91∶1，而我国饲料转化率目前仍高达 3∶1。

三是我国每头能繁母猪提供的有效仔猪数约为 13.7 头，远低于欧盟等发达国家 20 头至 25 头的水平。

近几年国内为了确保农民利润，不断提高粮食收购价格，最终导致国内饲料原料成本快速上升，加上人口红利快速消失，中国生猪养殖平均成本飙升至 6.3~6.8 元/斤。而美国养殖成本则为 4~4.5 元/斤[①]。

3. 政治可行性分析

将畜牧养殖业环境成本内部化，增加肉类进口的政策最大的阻力来自本国养殖业利益集团。尽管其利益受到了较大损害，但中国的政治体制决定了中国政府有强大的执行力去推行该项政策。

与此同时，实施以"肉"换"豆"的政策也与中国政府整体的战略相吻合。正如党的十七大报告提出的"走出去"战略所强调的，中国需要把"引进来"和"走出去"更好地结合起来，形成经济全球化条件下参与国际经济合作和竞争的新优势。但是随着国际贸易发展引发的环境问题日益凸显，各国及 NGOs 对从中国大量进口农产品（如大豆和棕榈油）产生的环境影响有诸多诟病。中国领导层曾在各个场合表态"和平崛起"，而实施以"肉"换"豆"政策则能在满足中国国内对肉类市场需求的同时，有效保护巴西热带雨林、减缓当地土地退化，进而促进全球温室气体减排，有利于维护中国负责任的大国形象，这正是中国和平崛起战略的具体体现。

4. 社会可行性分析

在实施该政策时，应注重保护好原畜禽养殖户的利益，提高社

---

① 《中国进口猪肉分析：冲击究竟有多大？》, http://www.pig66.com/2015/123_0504/16147548.html。

会保险覆盖范围和福利水平，保护弱势群体的基本利益，保障其基本生活水平，积极拓展再就业渠道，开展岗前培训，做好分流工作。

另外，中国畜禽养殖业化学需氧量、总氮和总磷的年排放量分别占农业源排放总量的96%、38%和56%，占全国污染物排放总量的41.87%、21.67%和37.9%，是我国水污染的重要来源。实施该政策可以有效减少中国的环境污染，造福人民，具有社会可行性。

**（三）中国以"肉"换"豆"的关键因素**

1. 中国尚未将肉制品及相关标准纳入绿色政府采购清单

迄今为止，中国中央政府绿色采购范围尚未涵盖肉制品。根据财政部国库司在其官网最新发布的两份《节能产品政府采购清单（第十七期）》（2015年12月18日）及《环境标志认证产品政府采购清单（第十六期）》（2015年7月31日）公示稿，当前中国政府绿色采购的范围主要集中在节能节水或环境友好的电器设备、家具家居、建筑材料及塑料制品几大领域，均未涵盖或涉及农产品。

在绿色采购标准方面，广义而言，中国政府绿色采购标准为节能环保；狭义而言，则主要基于环境标志产品及节能产品两类认证标准，采购标准也主要基于上述两类认证的相应标准，尚缺乏对零森林破坏产品的认证标准。

此外，中央预算单位也未将肉制品纳入政府采购范围。但部分地方政府已将农产品纳入政府采购范围。例如黑龙江省，已将农林牧渔产品纳入其政府采购范围之中。

综上所述，将零森林破坏肉制品及其标准全面纳入政府绿色采购清单，还有待未来新的政策动向及变化。

2. 零森林破坏肉制品尚无统一的认证标准

目前，针对零森林破坏肉制品尚无统一的认证标准。全球可持续牛肉圆桌会议（Global Roundtable for Sustainable Beef，GRSB）建立了一整套评估牛肉是否具备可持续性的标准，其9项标准之中有2项涉及零森林破坏的标准[①]。此外，可持续农业网络（Sustainable Agriculture Network，SAN）也于2010年发布了关于养牛业的标准及项目，旨在减缓森林破坏及退化[②]。尽管有上述和零森林破坏肉制品相关的认证标准，但要确保真正的零森林破坏，对肉制品的追溯机制，包括牧草地是否为森林用地转换而来、饲喂料是否也为零森林破坏产品等，提出了较高的要求。

因此，有必要由巴西政府整合并推荐零森林破坏肉制品的认证体系及标准。

3. 零森林破坏肉制品认证将提高其生产成本

零森林破坏肉制品认证需要花费额外的人力和费用，从而提高其生产成本，并可能导致巴西肉制品的价格上涨。在消费者环保意识尚未达到一定程度之前，巴西肉制品价格的上涨将会削弱其购买意愿，从而降低从巴西进口的肉制品在中国市场的竞争力。如果维持巴西肉制品现有的价格，那么生产成本的上升又将压缩肉制品生产环节的利润，降低牛农等畜禽业生产者的积极性。

### 7.4.4 小结

综上所述，中国畜牧养殖业环境成本内部化政策具有较好的政策效果，不仅有助于缓解中国国内肉类供不应求的矛盾，减少中国畜牧业的环境污染，还可以保护巴西热带雨林免遭破坏，同时减缓全球气候变化，且在经济、政治、社会等方面具有可行性。需要特别注意的是，在扩大肉类进口尤其是巴西肉类进口时，应进口零森林破坏的肉制品，更好地保护巴西热带雨林。

---

① Natural Resources Criteria. GRSB website. http：//www.grsbeef.org/what-sustainable-beef/natural-resources.

② CGIAR Research Program on Climate Change, Agriculture and Food Security（CCAFS）Working Paper. Certifying sustainability: opportunities and challenges for the cattle supply chain in Brazil. 2013. http：//www.imaflora.org/downloads/biblioteca/5284ecfb84b1e_WorkingPaper57SANCattleCertification2013_B.pdf.

## 7.5 其他可选政策分析

### 7.5.1 将绿色认证后的大豆纳入绿色政府采购清单

政府是国民经济中最重要的消费者之一。政府采购的规模大、价值高，政府采购在其采购合同中的倾向性，必将影响到该国市场未来的发展趋势。实行绿色政府采购可以利用政采的巨大规模，直接推动绿色市场的成型，促使企业将更多的资源投入到绿色产品的研发设计和产业结构的调整中，最终实现资源节约和环境改善。与此同时，政府在社会生活中还具有重要的表率和示范作用，其消费行为也将对民众的消费取向产生重要影响。因此，政府机构及其他相关单位和组织选择购买绿色产品，有助于将绿色消费的理念推广至整个社会，提高公众的环保意识，使消费者形成购买绿色产品的习惯，从而推动社会的可持续发展。

本研究采用了 GTAP-CGE 模型模拟巴西绿色大豆纳入中国绿色政府采购对巴西的影响。中国如能将巴西绿色大豆纳入绿色政府采购，要求只有符合零森林破坏认证的巴西大豆方可进入中国绿色政府采购名单，则该政策措施会造成大豆生产成本增加。增加的生产成本包括绿色生产的成本及绿色生态认证费用，假设成本上升幅度分别为3%（低方案）、5%（中方案）和10%（高方案）。靠毁林种植的大豆将不符合中国政府采购标准，该措施将有效保护巴西热带雨林及遏制土地退化。

从模型模拟结果来看，中国对进口大豆实行绿色政府采购后，在低、中、高三种方案下中国的 GDP 均有很小幅度的下降，而其他国家的 GDP 有较小幅度的上升（见表7-7）；各国大豆产量变动率较小，产量下降最多的三个国家是巴西、美国和阿根廷。由于进口大豆的成本有所上升，中国的大豆产量将有所提高（见表7-8）。从该政策情景下巴西各行业产值变化来看（如表7-9所示），由于巴西大豆进入中国市场的难度增加，巴西大豆产量在低、中、高三种方案下分别减产59.1万吨、99.9万吨和206.7万吨（换算得出）。而生产要素的流动以及巴西一部分大豆留在国内当作饲料进行消费的情形，使得巴西畜禽养殖业的产值有较小的增长，但总体涨幅不大（低于0.1%）。

表7-7 中国对进口大豆实行绿色政府采购情景对各国（地区）GDP的影响

单位：%

|  | 低方案 | 中方案 | 高方案 |
| --- | --- | --- | --- |
| 中国内地 | -0.013 | -0.021 | -0.044 |
| 中国香港 | 0.006 | 0.01 | 0.02 |
| 越南 | 0.009 | 0.016 | 0.033 |
| 巴西 | 0.062 | 0.105 | 0.217 |
| 阿根廷 | 0.008 | 0.014 | 0.03 |
| 其他南美国家 | 0.028 | 0.048 | 0.1 |
| 美国 | 0.019 | 0.033 | 0.069 |
| 欧盟 | 0.006 | 0.01 | 0.022 |
| 澳洲 | 0.012 | 0.02 | 0.042 |
| 世界其他地区 | 0.017 | 0.028 | 0.06 |

表7-8 中国将进口大豆纳入绿色政府采购情景对各国（地区）大豆产值的影响

单位：%

|  | 低方案 | 中方案 | 高方案 |
| --- | --- | --- | --- |
| 中国内地 | 2.39 | 4.06 | 8.51 |
| 中国香港 | -0.84 | -1.42 | -2.91 |
| 越南 | -0.45 | -0.80 | -1.50 |
| 巴西 | -0.68 | -1.15 | -2.38 |
| 阿根廷 | -0.59 | -0.99 | -2.06 |
| 其他南美国家 | -0.24 | -0.40 | -0.85 |
| 美国 | -0.47 | -0.80 | -1.66 |
| 欧盟 | -0.39 | -0.66 | -1.34 |
| 澳洲 | -0.47 | -0.80 | -1.65 |
| 世界其他地区 | -0.13 | -0.22 | -0.47 |

表7－9　中国将进口大豆纳入绿色政府采购对巴西各行业产值的影响

单位：%

|  | 低方案 | 中方案 | 高方案 |
| --- | --- | --- | --- |
| 其他农林牧渔 | －0.04 | －0.07 | －0.16 |
| 油籽及油果（大豆） | －0.68 | －1.15 | －2.38 |
| 牛、羊、马、驴、骡 | 0.02 | 0.03 | 0.06 |
| 猪和其他动物、蛋 | 0.01 | 0.02 | 0.05 |
| 采掘业 | －0.02 | －0.03 | －0.06 |
| 牛、羊、马、驴、骡的肉 | 0.02 | 0.04 | 0.08 |
| 猪和其他动物的肉 | 0.03 | 0.05 | 0.10 |
| 食品加工制造业 | －0.10 | －0.17 | －0.36 |
| 纺织服装 | 0.01 | 0.02 | 0.04 |
| 皮革、箱包、鞋 | 0.01 | 0.01 | 0.03 |
| 木材加工 | －0.02 | －0.03 | －0.06 |
| 造纸印刷 | 0.00 | －0.01 | －0.01 |
| 炼焦、石油精炼及核燃料 | 0.00 | 0.01 | 0.02 |
| 化工业 | －0.04 | －0.06 | －0.13 |
| 非金属矿物制造 | 0.00 | 0.00 | 0.00 |
| 金属及金属制品业 | －0.04 | －0.07 | －0.15 |
| 机动车及其他运输设备 | －0.02 | －0.04 | －0.07 |
| 电子设备 | －0.01 | －0.01 | －0.03 |
| 电气、机械及器材制造业 | －0.05 | －0.09 | －0.19 |
| 其他制造业 | 0.02 | 0.03 | 0.06 |
| 电力、燃气和水 | 0.00 | 0.00 | －0.01 |
| 服务业 | 0.02 | 0.03 | 0.07 |

该情景的环境影响如表7－10所示，中国大气和水污染物排放量均有所下降，主要是中国的生产要素从工业部门向农业部门转移造成的。但总体来说其各项环境指标的政策冲击均不明显。

由全球各部门产值变化造成的温室气体排放直接变化情况为中国和全球温室气体排放量有所增加，但增加幅度较小，巴西的$CO_2$排放量有轻微的下降。但中国对大豆实行绿色政府采购政策能够向巴西等向中国出口大豆的国家传达绿色大豆需求信号，以促使大豆生产更加绿色与生态，如敦促巴西停止以破坏热带雨林的方式来扩张其大豆生产。巴西农业部下属的国家商品供应公司（CONAB）2016年4月7日发布的月度产量预测报告显示，2015~2016年度巴西大豆产量预计将达到创纪录的 9898 万吨,比上年高出 290 万吨,主要是因为大豆播种面积比上年提高了 100 万公顷。

假设中国将进口大豆纳入绿色政府采购清单,绿色政府采购政策低、中、高方案分别可以使 20%、50% 和 100% 巴西进口大豆做到零毁林生产,保护巴西热带雨林免于破坏。按巴西 2014 年向中国出口大豆占巴西总产量比例来看,三种方案下将分别有约 7.52%(562.6 万吨)、11.29%(844.7 万吨)和 37.6%(2813.1 万吨)的巴西大豆在该政策作用下转变为零毁林大豆。按照目前生产技术水平,生产 1 吨大豆需 0.35 公顷土地,按照 65.8% 的大豆产量增加是由扩大种植面积带来的,而监管措施薄弱时约 30% 的种植面积扩大是通过砍伐热带雨林得到的,所以增产 1 吨大豆造成的热带雨林砍伐面积约为 0.07 公顷。因此,将有 38.4 万公顷、59.1 万公顷和 196.9 万公顷的热带雨林受到保护。研究表明全世界的热带雨林每年大约能够吸收 12 亿吨二氧化碳气体,计算得出热带雨林对二氧化碳的吸收系数约为 1.92 吨/(公顷·年)(Simon, et al., 2009)。由于热带雨林对二氧化碳的吸收有逐年累加的效应,以十年为核算期,该政策低、中、高方案下将累计额外减少 4158.8 万吨、6243.8 万吨和 20794.1 万吨 $CO_2$,平均每年减少 415.9 万吨、624.4 万吨和 2079.4 万吨 $CO_2$。因此本政策情景在低、中、高三种方案下将分别减少全球温室气体排放量 381.3 万吨、566.2 万吨和 1960.6 万吨 $CO_2$ - eq。此项政策将会起到保护巴西热带雨林、改善全球气候环境的作用。

表 7 - 10 中国将进口大豆纳入绿色政府采购情景的环境影响

| 国家 | 环境指标 | 低方案 | 中方案 | 高方案 |
| --- | --- | --- | --- | --- |
| 中国 | $CO_2$($CO_2$ - eq 万吨) | 29.68 | 49.89 | 101.69 |
| | COD(吨) | -8877.83 | -15119.53 | -32004.29 |
| | 氨氮(吨) | -448.57 | -764.74 | -1623.37 |
| | $SO_2$(吨) | -73.40 | -128.94 | -295.40 |
| | $NO_x$(吨) | -534.46 | -909.57 | -1923.19 |
| | 烟粉尘(吨) | -565.73 | -959.03 | -2004.62 |

续表

| 国家 | 环境指标 | 低方案 | 中方案 | 高方案 |
|---|---|---|---|---|
| 巴西 | 土地退化面积（万平方公里） | −(0.53~0.60) | −(0.82~0.94) | −(2.44~2.69) |
| | $CO_2$（$CO_2$-eq 万吨） | −0.88 | −1.49 | −3.08 |
| 世界 | $CO_2$（$CO_2$-eq 万吨） | −381.3 | −566.2 | −1960.6 |

### 7.5.2 中国有效地减少了食物浪费

近年来，国际食物价格高涨也引发了各界对食物浪费的高度关注。据联合国粮农组织测算，全球每年约有三分之一（约 13 亿吨）的食物遭损耗或浪费（Gustavsson, et al., 2011），若这些食物中有四分之一能够得以保留，就足以养活全世界目前约为 9 亿的饥饿人口。我国是世界上人口第一大国，在工业化、城镇化进程中，随着人口的增长和收入水平的提高，食物需求持续增长，而国内耕地面积在不断下降，水资源越来越紧张，环境不断恶化，保障我国食物安全的压力不断增加。然而，受消费习惯、收入差距等因素影响，我国存在更加严重的食物浪费问题。中国农业大学食品科学与营养工程学院调查的数据显示，全国一年仅餐饮浪费的蛋白质和脂肪就高达 800 万吨和 300 万吨，这相当于倒掉了 2 亿人一年的口粮（胡越等，2013）。"浪费之风务必狠刹！" 2013 年初，习近平总书记在新华社一份《网民呼吁遏制餐饮环节"舌尖上的浪费"》的材料上作出批示，要求大力弘扬中华民族勤俭节约的优秀传统，努力使厉行节约、反对浪费在全社会形成风气。之后中央办公厅印发通知，要求各地区各部门充分认识狠刹浪费之风的重要性和迫切性，采取有力措施落实好习近平总书记重要批示。减少食物浪费已成为当前社会各界关注的焦点，2013 年中央出台了"八项规定"，其中一点就是要厉行勤俭节约。减少食物浪费不仅能够间接增加食物的供给，有助于保障我国食物安全，还能减少对资源的浪费和环境的污染（成升魁，2012）。在此背景下，本书提出中国应出台有效减少食物浪费的政策，并对其政策效果进行评估。

政策情景设定：中国有效减少食物浪费，每年可节约居民食物最终消费量10%。

利用多区域投入产出模型，分析中国、巴西两区域产业关联反馈效应。从模型结果来看，中国减少食物浪费后，中国畜牧养殖业产值有较大幅度降低。巴西对中国出口大豆和肉类量均下降。在此情景下，巴西大豆产量将下降4.59%，肉类产量将下降0.25%。

若中国可减少10%食物浪费，将使中国温室气体排放量下降1.5%，COD排放量下降21.0%，氨氮排放量下降17.6%，$SO_2$、$NO_x$、烟粉尘排放量分别下降0.47%、0.46%和0.33%，对中国具有较好的减排效果。而巴西大豆产量的下降，将可防止0.92万~1.40万平方公里土地退化，对巴西环境也有较好的保护作用。

表7-11　中国有效减少食物浪费情景的环境影响

| 国家 | 环境指标 | 减少10%食物浪费 |
| --- | --- | --- |
| 中国 | $CO_2$（$CO_2$-eq 万吨） | -15619.2 |
|  | COD（万吨） | -312.3 |
|  | 氨氮（万吨） | -17.0 |
|  | $SO_2$（万吨） | -7.9 |
|  | $NO_x$（万吨） | -7.7 |
|  | 烟粉尘（万吨） | -4.2 |
| 巴西 | 土地退化面积（万平方公里） | -(0.92~1.40) |

### 7.5.3　巴西征收大豆出口关税

保护热带雨林，不仅是全球共同关注的环境问题，巴西国内更是责无旁贷，为遏制本国热带雨林砍伐和土地退化，巴西可对其出口大豆征收出口关税，以适度减少大豆种植。根据不同出口关税税率设置低、中、高三个方案，出口关税税率分别为10%（低方案）、20%（中方案）和30%（高方案）。

GTAP模型模拟表明，巴西实施大豆出口关税后，在低、中、高三种方案下均会使中国和巴西的GDP产生较小幅度的下降，这主要是由于中国需要增加其大豆产量来弥补从巴西进口大豆数量的减少，而中国的大豆生产水平相对落后，当大豆产业挤占了其他产业的生产要素时，将造成GDP下降（见表7-12）。

由于巴西大豆出口量占总产量的比重超过50%，在此情景下巴西大豆产业受到较大影响，在低、中、高三种方案下将分别减产1075.8万吨、2090.9万吨和2996.7万吨。相应的全球其他地区大豆产量将有所提高，由于基准产量较大，产量提升最大的三个国家分别是美国、中国内地和阿根廷（见表7-13）。

表7-12 巴西出口关税情景对各国（地区）GDP的影响

单位：%

|  | 低方案 | 中方案 | 高方案 |
| --- | --- | --- | --- |
| 中国内地 | -0.02 | -0.03 | -0.05 |
| 中国香港 | 0 | 0.01 | 0.01 |
| 越南 | 0 | 0 | 0.01 |
| 巴西 | -0.2 | -0.44 | -0.71 |
| 阿根廷 | 0.15 | 0.32 | 0.49 |
| 其他南美国家 | 0.02 | 0.04 | 0.05 |
| 美国 | 0.02 | 0.04 | 0.07 |
| 欧盟 | 0 | 0.01 | 0.01 |
| 澳洲 | 0.01 | 0.02 | 0.03 |
| 世界其他地区 | 0.01 | 0.01 | 0.02 |

表7-13 巴西出口关税情景对各国（地区）大豆产值的影响

单位：%

|  | 低方案 | 中方案 | 高方案 |
| --- | --- | --- | --- |
| 中国内地 | 2.4 | 4.84 | 7.15 |
| 中国香港 | 0.5 | 1.02 | 1.5 |
| 越南 | 1.6 | 3.01 | 4.29 |
| 巴西 | -12.4 | -24.1 | -34.54 |
| 阿根廷 | 2.2 | 4.42 | 6.66 |
| 其他南美国家 | 2.7 | 5.5 | 8.2 |
| 美国 | 3.7 | 7.57 | 11.38 |
| 欧盟 | 2.7 | 5.34 | 7.77 |
| 澳洲 | 2.5 | 4.92 | 7.31 |
| 世界其他地区 | 1 | 1.97 | 2.89 |

表7-14呈现了巴西大豆征收出口关税情景对中国、巴西以及全球的环境影响，中国COD和氨氮排放量有所降低，主要是因为从巴西进口大豆的减少会使以豆粕为重要饲料的畜禽养殖业的产值下降，而畜禽养殖业是最主要的COD和氨氮排放部门。该政策情景对中国大气污染物有轻微的减排作用。

由各部门产值变化造成的温室气体排放直接变化量为中国将减排18.67万吨~70.33万吨$CO_2$-eq，全球温室气体排放量将减少39.74万吨~137.92万吨$CO_2$-eq，巴西的$CO_2$排放量有轻微的下降。该政策情景最重要的环境影响体现在遏制巴西土地退化方面，低、中、高三种方案将分别减少2.47万~3.75万、4.80万~7.30万和6.88万~10.46万平方公里的土地退化面积，对巴西的热带雨林保护作用非常明显。以各方案减少土地退化面积的中位数3.11万、6.05万和8.65万平方公里计算，假设只有10%的土地退化面积是由热带雨林退化来的，各方案热带雨林保护面积也可以达到31.1万、60.5万和86.5万公顷。按照热带雨林对二氧化碳的吸收系数为1.92吨/（公顷·年）计算，该政策情景低、中、高三种方案将额外减少59.71万吨、116.16万吨和166.08万吨$CO_2$。综合来看，该政策情景各方案将使全球温室气体排放量分别减少52.17万吨、103.91万吨和152.40万吨$CO_2$-eq。

表7-14 巴西出口关税情景的环境影响

| 国家 | 环境指标 | 低方案 | 中方案 | 高方案 |
| --- | --- | --- | --- | --- |
| 中国 | $CO_2$($CO_2$-eq 万吨) | -18.67 | -32.45 | -70.33 |
|  | COD(吨) | -11061.73 | -22226.42 | -33058.77 |
|  | 氨氮(吨) | -565.25 | -1136.66 | -1691.82 |
|  | $SO_2$(吨) | -62.87 | -140.20 | -228.28 |
|  | $NO_x$(吨) | -528.01 | -1066.63 | -1595.87 |
|  | 烟粉尘(吨) | 733.71 | 1464.60 | 2164.48 |
| 巴西 | 土地退化面积（万平方公里） | -(2.47~3.75) | -(4.80~7.30) | -(6.88~10.46) |
|  | $CO_2$($CO_2$-eq 万吨) | -1.27 | -2.07 | -2.23 |
| 世界 | $CO_2$($CO_2$-eq 万吨) | -39.74 | -76.36 | -137.92 |

巴西对大豆征收出口关税情景可以有效减少巴西土地退化面积，以巴西 GDP 减少量作为政策情景的经济成本，得出低、中、高三种方案的土地保护成本分别为 12.9 亿~19.6 亿美元/万平方公里、14.6 亿~22.2 亿美元/万平方公里和 16.4 亿~24.9 亿美元/万平方公里，所以低方案的环境—经济效应最佳。

# 第 8 章
# 结论与政策建议

本章总结全文关于中国加入 WTO 对贸易隐含污染物和实际排放量影响研究的主要结论，提出了未来促进贸易自由化与环境保护协调发展的政策建议，认为今后中国可以通过推进供给侧结构改革，加快先进技术引进和增强自主创新力度，适度扩大进口等措施减缓中国加入 WTO 带来的环境压力。

## 8.1 主要结论

总体上，中国加入 WTO 带来的贸易及生产变化对中国的环境产生了影响，其中既有有利的方面也有不利的方面。定量化分析的结果表明总体负面影响不大，未来可通过政策调整，进一步推进贸易自由化与环境协调发展。

具体来看：

第一，从中国 2002~2011 年贸易隐含温室气体和污染物的变化趋势来看，与中国出口相关的生产活动确实给中国施加了较大的环境压力，温室气体、$SO_x$ 和 $NO_x$ 的出口隐含污染物排放（EEE 值）占全国总排放的 23.35%~33.71%。如果使用中国贸易伙伴的完全排放系数计算进口隐含温室气体、$SO_x$ 和 $NO_x$ 的总量（$EEI_{tp}$ 值），则温室气体、$SO_x$ 和 $NO_x$ 的贸易隐含排放平衡（BEET 值）指标为正值且分别占中国总排放量的比例达到 16.75%、21.95% 和 13.78%，这表明中国国际贸易中隐含巨大的温室气体和污染物排放顺差（即环境逆差）。如果使用中国的完全排放系数计算进口隐含温室气体、$SO_x$ 和 $NO_x$ 的总量（$EEI_d$ 值），则温室气体、$SO_x$ 和 $NO_x$ 的净贸易贡献排放（NECT 值）总量分别占中国总排放量的 -1.55%、1.36% 和 1.44%。从测算的结果看，资源型商品如煤炭、石油、铁矿石、化工和农产品等进口的增加，为中国规避了大量的国内温室气体和污染物排放，间接减轻了中国的环境负担。

第二，从中国国内角度来看，时间维度分解分析表明出口额的增长（规模效应）对出口隐含污染物排放（EEE 值）的增长有着巨大的促进作用。虽然规模效应占主导地位，但技术效应（包括生产效率效应和法规效应）在很大程度上抵消了出口隐含排放的增长，技术效应对规模效应的抵消率达到 46.9% ~ 96.8%。在技术效应中，更严格的国内排放控制政策是首要的减排手段，法规效应对技术效应的贡献率达到 76.9% ~ 90.0%，而生产效率效应仅占 10.0% ~ 23.1%。结构效应在出口隐含污染物排放（EEE 值）的变化过程中并不起主要作用。

通过对比中国与其贸易伙伴的排放强度、进出口中的污染密集型产品专业化程度以及贸易顺差，空间维度的分解分析揭示了中国与其贸易伙伴间存在较高的贸易隐含排放平衡（BEET 值）的原因。虽然中国的排放强度保持持续下降，但仍与其贸易伙伴间存在巨大的差距，这是造成中国在贸易中处于不利环境地位的主要原因。加入 WTO 后的十年（2002 ~ 2011 年），尽管中国的总体排放强度（NEI 值）与部门完全排放强度（SEI 值）均至少降低了 40%，但与中国的发达贸易伙伴相比仍存在较大差距，主要贸易伙伴的总体排放强度（NEI 值）及部门完全排放强度（SEI 值）的加权平均值均比中国低 60% 以上。中国进口的污染密集型产品的专业化程度要高于出口中的专业化程度，这在一定程度上缓解了强度效应的作用。有研究认为过度的贸易顺差不仅困扰着中国国际收支平衡，也造成了中国贸易隐含排放的不平衡（胡涛等，2011）。本研究的结果支持了这一观点，然而与强度效应相比，贸易顺差并不是中国产生大量贸易隐含排放平衡（BEET 值）的主要原因。

"十一五"期间，为缓解能源供需矛盾、保持经济平稳较快发展、推动经济结构调整和产业技术进步、改善环境质量，中国政府综合运用法律、经济、技术和必要的行政手段，出台了一系列推动节能减排的政策措施。节能减排有效降低了中国各行业污染排放强度，即减少了中国出口产品中的隐含污染物排放强度，降低了中国对外贸易中的环境逆差。这说明中国未来应当通过进一步降低总排放强度以及各部门的完全排放强度，以减少由于中国与贸易伙伴排放强度差异而产生的贸易隐含排放平衡（BEET 值）（即降低强度效应作用），同时增强技术效应对出口隐含污染物增长的抵消作用（即增强技术效应），促进贸易自由化与环境协调发展。

第三，中国加入 WTO 后，一方面扩大出口，使得出口隐含温室气体、$SO_x$ 和 $NO_x$ 分别增长 7.94%、7.92% 和 8.01%，增量（△EEE）达到全国总排放量的 1.81%、2.47% 和 1.73%，在一定程度上加重了中国的环境压力。另一方面，中国进口更多的中间投入品和最终消费品可以减少或避免一部分中国的排放，贸易隐含温室气体、$SO_x$ 和 $NO_x$ 平衡由于加入 WTO 分别增长了 6.33%、7.53% 和 7.61%，增量（△BEET）分别占全国总排放量的 1.00%、1.54% 和 0.98%；温室气体、$SO_x$ 和 $NO_x$ 三项指标的净贸易贡献排放增量（△NECT）只占全国总排放量的 0.17%、0.29% 和 0.29%。如果考虑出口和进口中隐含的温室气体和污染物排放的差异，△BEET 表明中国加入 WTO 确实略微加重了中国净污染出口国的地位，意味着中国在加入 WTO 后要比其贸易伙伴负担更多的温室气体和污染物排放；如果考虑进口隐含排放对国内排放的抵消作用，△NECT 表明中国加入 WTO 对贸易隐含排放增长的贡献很小。

第四，从对污染物排放量的直接影响来看，加入 WTO 后，中国温室气体、$SO_x$ 和 $NO_x$ 的排放量分别累计增加了 203.79 Mt（$CO_2$ - eq）、2477.84 kt 和 1291.08 kt，分别占同时期中国总排放量的 0.24%、1.05% 和 0.67%。加入 WTO 对中国国内环境产生了一定的负面影响，但总体影响不大。由于与中国比较优势不同，中国的各主要贸易伙伴各部门温室气体和污染物排放有升有降，其中温室气体和污染物排放均上升的地区是北美自贸区（NAFTA），而欧盟（EU）、巴西和澳大利亚的温室气体和 $NO_x$ 排放量上升但 $SO_x$ 排放量下降，其他地区温室气体和大气污染物排放量均有所下降。总体来看，中国加入 WTO（2002~2011 年）造成全球温室气体和污染物排放的累计增排量分别为 262.98 Mt（$CO_2$ - eq）、1689.8 kt（$SO_x$）和 1150.07 kt（$NO_x$）。

本文从贸易隐含温室气体和污染物以及生产带来的温室气体和污染物实际排放两方面，对中国加入 WTO 造成的环境影响进行分析。通过对比可以发现，加入 WTO 带来生产变化造成的中国温室气体和污染物实际排放的增加量，介于△BEET 和△NECT 之间。这验证了贸易自由化对贸易隐含污染物排放的影响，与生产变动带来的实际污染排放的影响并不相同的观点。

## 8.2 推动贸易自由化与环境协调发展的政策启示

### 8.2.1 以供给侧结构性改革推动出口结构改善

由时间维度驱动力分析结果可知，结构效应对出口隐含污染物变化的作用十分有限。尽管近年来中国出口结构由初级产品主导向工业制成品主导转变，但从环境保护的角度来说，加入 WTO 以来中国出口结构并没有得到有效的改善。同时中国的产业结构问题突出，表现在低附加值产业、高污染和高能耗产业的比重偏高,而高附加值产业、绿色低碳产业的比重偏低。一方面,产业结构的不平衡问题势必会影响到中国出口结构;另一方面,大量出口"两高一资"产品也会加重中国的产业结构问题。

中国目前正在大力推动供给侧结构性改革,对产能严重过剩行业,如钢铁、煤炭、水泥、平板玻璃、电解铝等行业,着力淘汰过剩及落后产能,而这些产能过剩行业,大多都是高耗能高污染行业。因此,推动供给侧结构性改革,有利于我国产业结构绿色化、低碳化转型,而产业结构的改善会相应体现在出口结构调整上。将供给侧结构性改革落实在贸易领域,就要求中国贸易政策进行绿色转型。中国贸易政策调整需要继续完善中国绿色贸易政策体系,综合运用贸易政策手段鼓励资源节约型、环境友好型产品出口,限制"两高一资"产品出口。产业结构与贸易结构的供给侧改革相互促进、相互支持,有利于推动中国贸易自由化与环境保护的协调发展。

### 8.2.2 加快先进技术引进,增强自主创新力度

出口贸易隐含排放及贸易隐含排放平衡的分解分析显示,技术效应和强度效应对贸易环境后果的作用十分重要。中国目前虽然已经采取了较严格的节能减排措施,单位能耗和排放强度也有较大程度的下降,但与发达国家和地区相比仍然存在较大差距,同时生产效率的提升对排放强度降低的贡献不足,仍有较大潜力。

研究表明,国际贸易和 FDI 均对全要素生产率的增长和技术进步有较强的促进作用(李小平等,2008;王滨,2010)。中国应通过进一步的开放,充分利用技术溢出效应提升中国技术水平。"以市场换技术"作为改革开放后一项重大的技术引进方针,目标是促使外商转让先进技术,对中国的技术引进与进步产生了重要影响。"以市场换技术"虽然在一定程度上加速了技术进步,但近年来中国技术进步速度仍然较慢,目前科技创新对 GDP 的贡献率只有 40%

左右，而创新型国家科技创新对 GDP 的贡献率高达 70%，美国和德国更高达 80%[①]。同时，面对国内外复杂严峻的局面以及经济下行和结构调整的压力，中国必须破除各种制约创新能力提升的障碍，大力实施创新驱动发展战略，增强自主创新力度，顺利实现从要素驱动向创新驱动的转变。2016 年 7 月 20 日，国务院常务会议通过"十三五"国家科技创新专项规划，提出在"十三五"期间，将科技进步贡献率提高到 60%。未来应通过提高生产技术，更多发挥生产效率效应的作用，以更少的投入获得更多的产出，提高中国对外贸易的环境地位。

### 8.2.3 适度扩大进口，缓解国内资源环境压力

进口一度被视作经济增长和国内产业发展的减量或消极因素而受到抑制（龚雄军，2007），而其对国内资源和环境压力的缓解作用常常受到忽视。事实上，积极扩大进口在当前尤其具有重大现实意义，它作为中国参与国际分工的重要方面，有助于优化经济结构，改善国内环境以及弥补国内资源缺口（张旭宏，2008；杜建芳，2011）。

近年来，积极扩大进口越来越受到国家的重视。在 2006 年 12 月的中央经济工作会议上，中国首次明确提出要"积极扩大进口"，会议要求在保持出口和利用外资合理增长的同时，积极扩大进口，促进对外贸易平衡发展。随后，中国政府还通过举办进口论坛、国际进口产品洽谈会、全国进口工作会议等一系列举措，强调扩大进口的重要意义，不断推进扩大进口。2012 年 9 月，国务院通过《关于促进外贸稳定增长的若干意见》，指出应"积极扩大进口，重点增加进口先进技术设备、关键零部件以及与人民群众密切相关的生活用品"。2014 年 5 月国务院发布的《关于支持外贸稳定增长的若干意见》则

---

[①] 《二十一世纪经济报道》，《2020 年中国全面转向创新型国家，科技进步贡献率将达 60%》，http://business.sohu.com/20160721/n460232507.shtml。

首先要求扩大国内短缺资源的进口。扩大进口政策的关注点也由平衡贸易逐渐转移到缓解国内资源环境危机。由于中国的资源与环境承载力有限，更由于进口带来的环境资源利益显著，合理地积极扩大进口对于缓解国内环境及资源压力尤为重要。同时，扩大进口也有助于改善国内供给，促进国内外同类行业的竞争，提高经济效率，成为促进国内经济增长的重要动力。

从全球的角度出发，中国主要的进口贸易国如日本、欧盟、美国等，具有较高的清洁生产技术水平，其污染排放系数和资源消耗系数较低，相比于在中国生产，中国扩大从这些国家和地区的进口也有利于减少全球的环境污染和资源消耗。

## 8.3 创新点与未来展望

本文的特色和创新之处主要有以下两点：

1. 区分了贸易自由化对贸易隐含温室气体和污染物及由生产引致的温室气体和污染物实际排放的影响，通过这两套指标量化分析中国加入 WTO 的环境影响，提出贸易自由化与环境协调发展的对策；

2. 通过反现实情景分析和多区域动态 CGE 模型手段相结合的方法评估中国加入 WTO 的环境影响，并综合运用时间维度和空间维度的分解方法分析贸易隐含污染物变化的驱动力，形成一套可用于贸易自由化环境影响分析的方法体系，丰富贸易自由化环境影响分析实践，可为对中国其他贸易自由化举措开展环境影响分析提供有益借鉴。

但本文仍存在一定的局限性，需要在未来进一步研究探讨。
第一，本文尚未建立贸易自由化与污染排放和环境质量变化之间的联系，这是未来需要拓展的研究方向之一；第二，本文仅考虑了生产和服务环节的环境影响，消费环节未纳入考察范围，在进一步研究贸易自由化的环境影响时应综合全面考虑；第三，本文仅考察了中国加入 WTO 对温室气体和大气污染物排放的影响，未来可进一步扩展至水体污染物、固废污染物等方面；第四，中国 2001 年加入 WTO 时关税还处于较高水平，在进行反现实情景模拟时，仅考虑了关税政策的影响，但在目前全球关税水平处于普遍低位的情况下，关税进一步降低的空间已经不大，因此在未来进行贸易自由化环境影响研究时应更多考虑非关税壁垒的影响；第五，受数据所限，本文的相关核算均建立在各部门产出价值量基础上，与使用实物量数据计算结果相比，可能会存在一定偏差。因而，如何进一步挖掘数据潜力、更加全面综合考察贸易自由化环境影响，以及实现贸易自由化对环境质量影响评价应是未来研究的方向。

# 参考文献

Aichele, R., Felbermayr, G., 2012. Kyoto and the carbon footprint of nations. Journal of Environmental Economics and Management 63, 336–354.

Andersen, T. B., Barslund, M., Hansen, C. W., Harr, T., Jensen, P. S., 2014. How much did China's WTO accession increase economic growth in resource-rich countries? China Economic Review 30, 16–26.

Anderson, K., Blackhurst, R., 1992. The Greening of World Trade Issues. University of Michigan Press, Ann Arbor.

Ang, B., 1995. Decomposition methodology in industrial energy demand analysis. Energy 20, 1081–1095.

Ang, B. W., 2005. The LMDI approach to decomposition analysis: a practical guide. Energy policy 33, 867–871.

Ang, B. W., Liu, F. L., Chew, E. P., 2003. Perfect decomposition techniques in energy and environmental analysis. Energy Policy 31, 1561–1566.

Ang, B. W., Zhang, F., 2000. A survey of index decomposition analysis in energy and environmental studies. Energy 25, 1149–1176.

Ang, B. W. , Zhang, F. Q. , Choi, K. H. , 1998. Factorizing changes in energy and environmental indicators through decomposition. Energy 23, 489 – 495.

Antweiler, W. , Copeland, B. , Taylor, M. S. , 2001. Is free trade good for the environment? American Economic Review 91, 877 – 908.

Arto, I. , Roca, J. , Serrano, M. , 2014. Measuring emissions avoided by international trade: Accounting for price differences. Ecological Economics 97, 93 – 100.

Baumol, W. J. , 1971. Environmental Protection, International Spillovers and Trade. Almquit and Wixell, Stockholm.

Birdsall, N. , Wheeler, D. , 1992. Trade Policy and Industrial Pollution in Latin America: Where Are the Pollution Havens? In: Low, P. ( Ed. ) , International Trade and the Environment. World Bank, Washington, DC.

Boyd, G. , McDonald, J. F. , Ross, M. , Hanson, D. A. , 1987. Separating the changing composition of U. S. manufacturing production from energy efficiency improvements: a Divisia index approach. The Energy Journal 8, 77 – 96.

Boyd, G. A. , Hanson, D. A. , Sterner, T. , 1988. Decomposition of changes in energy intensity. Energy Economics 10, 309 – 312.

Bureau, U. C. , 2012. The 2012 Statistical Abstract. Available: http: // www. census. gov/compendia/statab/cats/foreign_ commerce_ aid/exports_and_ imports. html (accessed Jul 10, 2013) .

Burniaux, J. M. , 1992. Green: a multi-sector, multi-region dynamic general equilibrium model for quantifying the costs of curbing $CO_2$ emissions: a technical manual. OECD Economics Department Working Papers.

Caves, D. W. , Christensen, L. R. , Diewert, W. E. , 1982. The economic theory of index numbers and the measurement of input, output, and productivity. Econometrica 50, 1393 – 1414.

Chichilnisky, G., 1994. North-South trade and the global environment. American Economic Review 84, 851 – 874.

Chintrakarn, P., Millimet, D. L., 2006. The environmental consequences of trade: Evidence from subnational trade flows. Journal of Environmental Economics & Management 52, 430 – 453.

Cole, M. A., 2006. Does trade liberalization increase national energy use? Economics Letters 92, 108 – 112.

Copeland, B. R., Taylor, M. S., 1995. Trade and Transboundary Pollution. American Economic Review 85, 716 – 737.

Copeland, B. R., Taylor, M. S., 1994. North-South trade and the environment. Quarterly Journal of Economics 109, 755 – 787.

Copeland, B. R., Taylor, M. S., 2003. Trade and the Environment: Theory and Evidence Princeton University Press, Princeton.

Crippa, M., Janssens-Maenhout, G., Dentener, F., Guizzardi, D., Sindelarova, K., Muntean, M., Van Dingenen, R., Granier, C., 2016. Forty years of improvements in European air quality: regional policy-industry interactions with global impacts. Atmospheric Chemistry and Physics 16, 3825 – 3841.

Cui, L.-B., Peng, P., Zhu, L., 2015. Embodied energy, export policy adjustment and China's sustainable development: A multi-regional input-output analysis. Energy 82, 457 – 467.

Dai, H., Masui, T., Matsuoka, Y., Fujimori, S., 2011. Assessment of China's climate commitment and non-fossil energy plan towards 2020 using hybrid AIM/CGE model. Energy Policy 39, 2875 – 2887.

Daniel, C., 2004. The impact on China of its ascension into the WTO. The Social Science Journal 41, 363 – 374.

Davis, S. J., Caldeira, K., 2010. Consumption-based accounting of $CO_2$ emissions. Proceedings of the National Academy of Sciences 107,

5687 - 5692.

Dean, J. M., 2002. Does Trade Liberalization Harm The Environment? A New Test. Canadian Journal of Economics 35, 819 - 842.

Division, F., 1925. Lidice monetaire et al theorie de la monnaie. Revue Divisia Economic Politique 9, 109 - 135.

Dong, Y., Ishikawa, M., Liu, X., Wang, C., 2010. An analysis of the driving forces of $CO_2$ emissions embodied in Japan-China trade. Energy Policy 38, 6784 - 6792.

Du, H., Guo, J., Mao, G., Smith, A. M., Wang, X., Wang, Y., 2011. $CO_2$ emissions embodied in China-US trade: Input-output analysis based on the emergy/dollar ratio. Energy Policy 39, 5980 - 5987.

Dua, A., Esty, D. C., 1997. Sustaining the Asia Pacific Miracle. Institute for International Economics, Washington, DC.

Eliste, P., Fredriksson, P. G., 1998. Does Open Trade Result in a Race to the Bottom? Cross-Country Evidence. World Bank, Mimeo, Washington, DC.

Esty, D. C., Geradin, D., 1997. Market access, competitiveness, and harmonization: Environmental protection in regional trade agreements. The Harvard Environmental Law Review 21, 265 - 336.

Fæhn, T., Holmøy, E., 2003. Trade liberalisation and effects on pollutive emissions to air and deposits of solid waste. A general equilibrium assessment for Norway. Economic Modelling 20, 703 - 727.

Fischer, C., Fox, A. K., 2012. Comparing policies to combat emissions leakage: Border carbon adjustments versus rebates. Journal of Environmental Economics and Management 64, 199 - 216.

Fouré, J., Bénassy-Quéré, A., Fontagné, L., 2012. The Great Shift: Macroeconomic projections for the world economy at the 2050 horizon. CEPII Working paper 2012 - 03.

Frankel, J. A., Rose, A. K., 2005. Is trade good or bad for the environment? Sorting out the causality. Review of Economics & Statistics 87, 85 – 91.

Gasim, A. A., 2015. The embodied energy in trade: What role does specialization play? Energy Policy 86, 186 – 197.

George, C., 2010. The Truth about Trade: the Real Impact of Liberalization. Zed Books Ltd. press, London & New York.

Ghosh, M., Rao, S., 2010. Chinese accession to the WTO: Economic implications for China, other Asian and North American economies. Journal of Policy Modeling 32, 389 – 398.

Gilbert, J., Wahl, T., 2002. Applied general equilibrium assessments of trade libereralisation in China. World Economy 25, 697 – 731.

Gonnella, C., Holt, J., Hill, L., 2013. A Braunz. Beef Production in Brazil: A Value Chain Approach to Reducing Deforestation. WWF Masters Project. http://dukespace.lib.duke.edu/dspace/bitstream/handle/10161/6795/WWF%20MP%20Final.pdf?sequence=4.

Grossman, G. M., Krueger, A. B., 1991. Environmental impacts of a North American Free Trade Agreement. National Bureau of Economic Research, Working Paper.

Grossman, G. M., Krueger, A. B., 1993. Environmental Impacts of A North American Free Trade Agreement, In "The Mexico-US Free Trade Agreement". MIT Press, Cambridge, MA.

Gumilang, H., Mukhopadhyay, K., Thomassin, P. J., 2011. Economic and environmental impacts of trade liberalization: The case of Indonesia. Economic Modelling 28, 1030 – 1041.

Gustavsson, J., Cederberg, C., Sonesson, U., 2011. Global Food Losses and Food Waste. Food and Agriculture Organization of the United Nations.

He, J. , 2005. Estimating the economic cost of China's new desulfur policy during her gradual accession to WTO: The case of industrial $SO_2$ emission. China Economic Review 16, 364 – 402.

He, J. , Liu, Y. , Yu, Y. , Tang, W. , Xiang, W. , Liu, D. , 2013. A counterfactual scenario simulation approach for assessing the impact of farmland preservation policies on urban sprawl and food security in a major grain-producing area of China. Applied Geography 37, 127 – 138.

Hertel, T. , Zhai, F. , 2006. Labor market distortions, rural-urban inequality and the opening of China's economy. Economic Modelling 23, 76 – 109.

Hoekstra, R. , van den Bergh, J. C. J. M. , 2003. Comparing structural decomposition analysis and index. Energy Economics 25, 39 – 64.

Hulten, C. R. , 1973. Divisia Index Numbers. Econometrica 41, 1017 – 1025.

Hua, X. , & Boateng, A. , 2015. Trade Openness, Financial Liberalization, Economic Growth, and Environment Effects in the North – South: New Static and Dynamic Panel Data Evidence. Emerald Group Publishing Limited.

Huntington, H. G. , 1989. The impact of sectoral shifts in industry on U. S. energy demands. Energy 14, 363 – 372.

Ianchovichina, E. , Martin, W. , 2001. Trade liberalization in China's accession to WTO. Social Science Electronic Publishing 16, 421 – 445.

IPCC, 2006. IPCC Guidelines for National Greenhouse Gas Inventories. IPCC Publishing, Switzerland.

Jakob, M. , Marschinski, R. , 2013. Interpreting trade-related $CO_2$ emission transfers. Nature Climate Change 3, 19 – 23.

Jayanthakumaran, K. , Liu, Y. , 2012. Openness and the environmental Kuznets curve: evidence from China. Economic Modelling

29, 566 – 576.

Kanemoto, K., Moran, D., Lenzen, M., Geschke, A., 2014. International trade undermines national emission reduction targets: New evidence from air pollution. Global Environmental Change 24, 52 – 59.

Kirkpatrick, C., Scrieciu, S. S., 2008. Is trade liberalisation bad for the environment? A review of the economic evidence. Journal of Environmental Planning and Management 51, 497 – 510.

Leamer, E. E., 1980. The Leontief paradox, reconsidered. The Journal of Political Economy, 495 – 503.

Lenihan, H., Hart, M., 2004. The use of counterfactual scenarios as a means to assess policy deadweight: an Irish case study. Environment and Planning C: Government and Policy 22, 817 – 839.

Leontief, W. W., 1936. Quantitative Input and Output Relations in the Economic Systems of the United States. Review of Economics & Statistics 18, 105 – 125.

Leontief, W. W., 1970. Environmental repercussions and the economic structure: an input-output approach. The Review of Economics and Statistics, 262 – 271.

Li, Z., Xu, N., Yuan, J., 2015. New evidence on trade-environment linkage via air visibility. Economics Letters 128, 72 – 74.

Lin, B., Sun, C., 2010. Evaluating carbon dioxide emissions in international trade of China. Energy Policy 38, 613 – 621.

Lin, J., Pan, D., Davis, S. J., Zhang, Q., He, K., Wang, C., Streets, D. G., Wuebbles, D. J., Guan, D., 2014. China's international trade and air pollution in the United States. Proceedings of the National Academy of Sciences 111, 1736 – 1741.

Liu, J., Diamond, J., 2005. China's environment in a globalizing world. Nature 435, 1179 – 1186.

Liu, Q., Wang, Q., 2015. Reexamine SO$_2$ emissions embodied in China's exports using multiregional input-output analysis. Ecological Economics 113, 39 – 50.

Liu, Z., Mao, X., Tu, J., Jaccard, M., 2014. A comparative assessment of economic-incentive and command-and-control instruments for air pollution and CO$_2$ control in China's iron and steel sector. Journal of Environmental Management 144, 135 – 142.

Lu, C., Tong, Q., Liu, X., 2010. The impacts of carbon tax and complementary policies on Chinese economy. Energy Policy 38, 7278 – 7285.

Lucas, E. B. R., Hettige, H., Wheeler, D., 1992. Economic Development, Environmental Regulation, and the International Migration of Toxic Industrial Pollution: 1960 – 1988, in Low, P. (Ed.), International Trade and the Environment. World Bank, Washing-ton, DC.

Lundquist, J. H., 2006. The Black-White gap in marital dissolution among young adults: what can a counterfactual scenario tell us? Social Problems 53, 421 – 441.

Ma, S., Chen, Y., 2011. Estimation of China's embodied CO$_2$ emissions during 2000 – 2009. China & World Economy 19, 109 – 126.

Magee, S. P., Ford, W. F., 1972. Enviromental pollution, the terms of trade and blance of payments of the United States. Kyklos 25, 101 – 118.

Managi, S., Hibiki, A., Tsurumi, T., 2009. Does trade openness improve environmental quality? Journal of Environmental Economics & Management 58, 346 – 363.

Mao, X., Song, P., Kørnøv, L., Corsetti, G., 2015. A review of EIAs on trade policy in China: Exploring the way for economic policy EIAs. Environmental Impact Assessment Review 50, 53 – 65.

Mao, X. Q., Zhou, J., Corsetti, G., 2014. How well have China's recent five-year plans been implemented for energy conservation and air pollution control? Environmental Science & Technology 48, 10036 – 10044.

Munksgaard, J., Pedersen, K. A., 2001. $CO_2$ accounts for open economies: producer or consumer responsibility? Energy policy 29, 327 – 334.

Muradian, R., Martinez-Alier, J., 2001. Trade and the environment: from a 'Southern' perspective. Ecological Economics 36, 281 – 297.

OECD, 1994. Trade and environment: process and production methods. Organization for Economic Co-operation and Development, Working paper, Paris.

OECD, 1997. Reconciling trade, environment and development policies-the role of development co-operation. Organization for Economic Co-operation and Development, Working paper, Paris.

Pan, J., Phillips, J., Chen, Y., 2008. China's balance of emissions embodied in trade: approaches to measurement and allocating international responsibility. Oxford Review of Economic Policy 24, 354 – 376.

Peters, G. P., 2008. From production-based to consumption-based national emission inventories. Ecological Economics 65, 13 – 23.

Pearce. F., 2004. Brazil's beef trade wrecks rainforest. New Scientist 12, 14 – 15.

Peters, G. P., Hertwich, E. G., 2006. Structural analysis of international trade: Environmental impacts of Norway. Economic Systems Research 18, 155 – 181.

Peters, G. P., Minx, J. C., Weber, C. L., Edenhofer, O., 2011. Growth in emission transfers via international trade from 1990 to 2008. Proceedings of the National Academy of Sciences 108, 8903 – 8908.

Peters, G. P., Weber, C. L., Guan, D., Hubacek, K., 2007. China's growing $CO_2$ emissions: a race between increasing consumption and efficiency gains. Environmental Science & Technology 41, 5939 – 5944.

Qi, T. , Winchester, N. , Karplus, V. J. , Zhang, X. , 2014. Will economic restructuring in China reduce trade-embodied $CO_2$ emissions? Energy Economics 42, 204 – 212.

Reitler, W. , Rudolph, M. , Schaefer, H. , 1987. Analysis of the factors influencing energy consumption in industry. Energy Economics 9, 145 – 148.

Ren, S. , Yuan, B. , Ma, X. , 2014. International trade, FDI and embodied CO2 emissions: A case study of Chinas industrial sector. China Economic Review 28, 123 – 134.

Robinson, H. , 1988. International pollution abatement: the impact on the balance of trade. Canadian Journal of Economics 21, 187 – 199.

Runge, F. C. , 1993. Trade liberalization and environmental quality in agriculture. International Environment Affairs 5, 95 – 129.

Rutherford, T. F. , 2005. Gtapingams: the Dataset and Static Model. Ann Arbor, MI. , Available at: http: //www. mpsge. org/gtap6/gtap6gams. pdf (accessed 19. 08. 13. ).

Sánchez-Chóliz, J. , Duarte, R. , 2004. $CO_2$ emissions embodied in international trade: evidence for Spain. Energy Policy 32, 1999 – 2005.

Sakai, M. , Barrett, J. , 2016. Border carbon adjustments: addressing emissions embodied in trade. Energy Policy 92, 102 – 110.

Sato, K. , 1976. The ideal log-change index number. The Review of Economics and Statistics 58, 223 – 228.

Shahbaz, M. , Mallick, H. , Mahalik, M. K. , Loganathan, N. , 2015. Does globalization impede environmental quality in India? Ecological Indicators 52, 379 – 393.

Simon L. Lewis, et al. , 2009. Increasing carbon storage in intact African tropical forests. Nature 459, 1003 – 1007.

Song, P. , Mao, X. , Corsetti, G. , 2015. Adjusting export tax rebates to reduce the environmental impacts of trade: Lessons from China. Journal of Environmental Management 161, 408 – 416.

Stevens, C., 1993. The Environmental Effects of Trade. World Economy 16, 439 – 451.

Su, B., Ang, B., Low, M., 2013. Input-output analysis of $CO_2$ emissions embodied in trade and the driving forces: processing and normal exports. Ecological Economics 88, 119 – 125.

Su, B., Ang, B. W., 2014. Input-output analysis of $CO_2$ emissions embodied in trade: A multi-region model for China. Applied Energy 114, 377 – 384.

Su, B., Huang, H. C., Ang, B. W., Zhou, P., 2010. Input-output analysis of $CO_2$ emissions embodied in trade: The effects of sector aggregation. Energy Economics 32, 166 – 175.

Su, B., Thomson, E., 2016, China's carbon emissions embodied in (normal and processing) exports and their driving forces, 2006 – 2012. Energy Economics 59, 414 – 422.

Tian, X., Imura, H., Chang, M., Shi, F., Tanikawa, H., 2011. Analysis of driving forces behind diversified carbon dioxide emission patterns in regions of the mainland of China. Frontiers of Environmental Science & Engineering in China 5, 445 – 458.

Timmer, M. P., Dietzenbacher, E., Los, B., Stehrer, R., Vries, G. J. D., 2015. An illustrated user guide to the World Input-Output Database: the case of global automotive production. Review of International Economics 23, 575 – 605.

Tukker, A., Koning, A. D., Wood, R., Moll, S., Bouwmeester, M. C., 2013. Price corrected domestic technology assumption - a method to assess pollution embodied in trade using primary official statistics only. with a case on $CO_2$ emissions embodied in imports to Europe. Environmental

Science & Technology 47, 1775 – 1783.

Vennemo, H., Aunan, K., He, J., Hu, T., Li, S., Rypdal, K., 2008. Environmental impacts of China's WTO-accession. Ecological Economics 64, 893 – 911.

Walter, 1973. The pollution content of American trade. Economic Inquiry 9, 61– 70.

Wang, C., Chen, J., Zou, J., 2005. Decomposition of energy-related $CO_2$ emission in China: 1957 – 2000. Energy 30, 73 – 83.

Weber, C. L., Matthews, H. S., 2007. Embodied environmental emissions in U.S. international trade, 1997 – 2004. Environmental Science & Technology 41, 4875 – 4881.

Weber, C. L., Peters, G. P., Guan, D., Hubacek, K., 2008. The contribution of Chinese exports to climate change. Energy Policy 36, 3572 – 3577.

Weitzel, M., Ma, T., 2014. Emissions embodied in Chinese exports taking into account the special export structure of China. Energy Economics 45, 45 – 52.

Wiedmann, T., 2009. A review of recent multi-region input-output models used for consumption-based emission and resource accounting. Ecological Economics 69, 211 – 222.

Wiedmann, T., Lenzen, M., Turner, K., Barrett, J., 2007. Examining the global environmental impact of regional consumption activities-Part 2: review of input-output models for the assessment of environmental impacts embodied in trade. Ecological economics 61, 15 – 26.

Wu, R., Geng, Y., Dong, H., Fujita, T., Tian, X., 2016. Changes of $CO_2$ emissions embodied in China-Japan trade: drivers and implications. Journal of Cleaner Production 112, 4151 – 4158.

Xu, T., Zhang, B., Feng, L., Snowden, S., Höök, M., 2012. Net oil exports embodied in China's international trade: An input-output analysis. Energy 48, 464 – 471.

Xu, Y., Dietzenbacher, E., 2014. A structural decomposition analysis of the emissions embodied in trade. Ecological Economics 101, 10 – 20.

Yan, Y., Yang, L., 2010. China's foreign trade and climate change: a case study of $CO_2$ emissions. Energy Policy 38, 350 – 356.

Yang, R., Long, R., Yue, T., Shi, H., 2014. Calculation of embodied energy in Sino-USA trade: 1997 – 2011. Energy policy 72, 110 – 119.

Yunfeng, Y., Laike, Y., 2010. China's foreign trade and climate change: a case study of $CO_2$ emissions. Energy policy 38, 350 – 356.

Zhang, Y., 2009. Structural decomposition analysis of sources of decarbonizing economic development in China: 1992 – 2006. Ecological Economics 68, 2399 – 2405.

Zhang, Z. H., Zhao, Y. H., Su, B., Zhang, Y. F., Wang, S., Liu, Y., Li, H., 2017. Embodied carbon in China's foreign trade: An online SCI – E and SSCI based literature review. Renewable and Sustainable Energy Reviews 68, 492 – 510.

Zhou, J., Mao, X. Q., Hu, T., Zeng, A., Xing, Y. K., Corsetti, G., 2015. Implications of the 11th and 12th Five-Year Plans for energy conservation and $CO_2$ and air pollutants reduction: a case study from the city of Urumqi, China. Journal of Cleaner Production 112, 1767 – 1777.

陈继勇、刘威、胡艺：《论中国对外贸易、环境保护与经济的可持续增长》，《亚太经济》2005年第4期。

陈迎、潘家华、谢来辉：《中国外贸进出口商品中的内涵能源及其政策含义》，《经济研究》2008年第7期。

成升魁、高利伟：《对中国餐饮食物浪费及其资源环境效应的思考》，《中国软科学》2012年第7期。

党玉婷、万能：《我国对外贸易的环境效应分析》，《山西财经大学学报》2007年第29期。

杜建芳：《积极扩大进口 开启"双赢"局面——"扩大进口"四人谈》，《中国经贸》2011年第19期。

杜荣：《我国对外贸易政策60年变迁探析》，《经济纵横》2009年第8期。

[美]芬斯特拉·泰勒：《国际贸易》，张友仁等译，中国人民大学出版社，2011。

傅京燕、陈红蕾：《国际贸易中产品环境成本内部化研究》，《国际经贸探索》2002年第18期。

龚雄军：《充分认识积极扩大进口在当前我国经济社会发展中的作用》，《国际技术贸易》2007年第4期。

谷祖莎：《贸易、环境与中国的选择》，《山东大学学报（哲学社会科学版）》2005年第6期。

何洁：《国际贸易对环境的影响：中国各省的二氧化硫（$SO_2$）工业排放》，《经济学（季刊）》2010年第2期。

胡涵钧：《新编国际贸易》，复旦大学出版社，2000。

胡俊文：《国际产业转移的基本规律及变化趋势》，《国际贸易问题》2004年第5期。

胡涛、孙炳彦、赵毅红：《加入WTO对中国环境的影响》，《环境与可持续发展》2000年第1期。

胡涛、吴玉萍、庞军、郭红燕、宋鹏：《入世十年我国对外贸易的宏观环境影响研究》，《环境与可持续发展》2011年第36期。

胡越、周应恒、韩一军：《减少食物浪费的资源及经济效应分析》，《中国人口·资源与环境》2013年第12期。

黄逆、宁中华：《从国际禽肉贸易格局的变化看巴西禽业的发展》,《中国畜牧杂志》2007年第16期。

简泽、张涛、伏玉林:《进口自由化、竞争与本土企业的全要素生产率——基于中国加入WTO的一个自然实验》,《经济研究》2014年第8期。

蒋勇、左玉辉:《关于贸易与环境关系的几点认识及其对我国的启示》,《城市环境与城市生态》2000年第13期。

鞠建林:《中国加入世贸组织对环境保护的影响》,《环境污染与防治》2000年第22期。

李丽平:《化工行业贸易政策的环境影响评价》,《环境保护》2007年第15期。

李小平、卢现祥、朱钟棣:《国际贸易、技术进步和中国工业行业的生产率增长》,《经济学(季刊)》2008年第2期。

李小平、卢现祥:《国际贸易、污染产业转移和中国工业$CO_2$排放》,《经济研究》2010年第1期。

刘巧玲、王奇、向筱:《中国对外贸易顺差中隐含的环境逆差研究》,《中国人口·资源与环境》2011年第S2期。

李秀香、张婷:《出口增长对我国环境影响的实证分析——以$CO_2$排放量为例》,《国际贸易问题》2004年第7期。

刘敬东:《入世10年对中国法治建设的影响述评》,《国际经济法学刊》2011年第3期。

刘昭阳、毛显强、胡涛:《中日韩自由贸易协议对中国农业的经济与环境影响研究——基于可计算局部均衡模型的分析》,《北京师范大学学报(社会科学版)》2011年第2期。

陆穗峰:《环境保护与对外经贸》,中国对外经济贸易出版社,1997。

毛显强、李向前、涂莹燕、胡涛、张耀启:《农业贸易政策环境影响评价的案例研究》,《中国人口·资源与环境》2005年第15期。

毛显强、宋鹏:《中国出口退税结构调整及其对"两高一资"行业经济—环境影响的案例研究》,《中国工业经济》2013年第6期。

毛显强、汤维、刘昭阳、周宇、杨舒茜、胡涛、吴玉萍：《贸易政策的环境影响评价导则研究》，《中国人口·资源与环境》2010年第20期。

彭近新：《加入WTO与中国环境法制建设》，《中国环境管理》2002年第4期。

彭水军、刘安平：《中国对外贸易的环境影响效应：基于环境投入——产出模型的经验研究》，《世界经济》2010年第5期。

齐晔、李惠民、徐明：《中国进出口贸易中的隐含碳估算》，《中国人口·资源与环境》2008年第3期。

齐志强、张干、齐建国：《进入WTO前后中国制造业部门结构演变研究——基于制造业部门与工业整体经济增长的灰色关联度分析》，《数量经济技术经济研究》2011年第2期。

曲如晓：《环境外部性与国际贸易福利效应》，《国际经贸探索》2002年第18期。

沈晓悦：《纺织行业贸易顺差下的环境"逆差"》，《环境保护》2007年第15期。

王滨：《FDI技术溢出、技术进步与技术效率——基于中国制造业1999~2007年面板数据的经验研究》，《数量经济技术经济研究》2010年第2期。

王文治、陆建明：《要素禀赋、污染转移与中国制造业的贸易竞争力——对污染天堂与要素禀赋假说的检验》，《中国人口·资源与环境》2012年第22期。

徐黑妹：《中国对外贸易政策的研究》，厦门大学，2007。

叶汝求：《环境与贸易》，中国环境科学出版社，2001。

俞海：《中日韩经济一体化的环境影响初步分析》，《环境经济》2007年第1期。

俞会新、薛敬孝：《中国贸易自由化对工业就业的影响》，《世界经济》2002年第10期。

原小能：《国际产业转移规律和趋势分析》，《上海经济研究》2004年第2期。

张根能、张路雁、秦文杰：《出口贸易对我国环境影响的实证分析——以 $SO_2$ 为例》，《宏观经济研究》2014年第9期。

张海鸥：《WTO 货物贸易协定下的数量限制规则》，中国政法大学，2008。

张宏、张海玲：《2013.碳泄漏、边境碳税调节及对中国出口贸易的影响》，《财政研究》2013年第1期。

张旭宏：《我国扩大进口战略和政策研究》《中国经贸导刊》2008年第17期。

张向晨：《中国加入 WTO 两年半的回顾和思考》，《战略与管理》2004年第3期。

张友国：《中国贸易增长的能源环境代价》，《数量经济技术经济研究》2009年第1期。

赵玉焕：《贸易与环境协调问题研究》，对外经济贸易大学，2001。

郑思宁、黄祖辉：《加入 WTO 对海峡两岸水产品出口波动影响的实证研究——基于福建与台湾的恒定市场分析》，《经济地理》2013年第33期。

中国科学院：《2011中国可持续发展战略报告》，科学出版社，2011。

朱启荣：《我国出口贸易与工业污染、环境规制关系的实证分析》，《世界经济研究》2007年第8期。

# 附　录

## 附录一　指标分解分析与对数平均迪氏指标法综述

分解方法是一种根据研究需要将原始数据转变为简单且恰当的数据集合的技术。这一概念类似于将经济指数用于研究价格和数量水平对总商品消费变化的贡献。因此，命名该方法为指数分解（ID）（即在后续研究中使用的指数分解分析方法）（Ang and Zhang, 2003）。

20世纪80年代IDA方法开始应用于能源消费领域，被用来量化能源消费或能源强度变化的驱动因素（Boyd et al., 1987, 1988; Reitler et al., 1987; Huntington, 1989）。IDA方法可以分为四类：Laspeyres（LASP）、Shapley/Sun（S/S）、对数平均Divisia指数（LMDI）、其他Divisia指数方法（包括算数平均Divisia方法（AMDI）和其他参数Divisia方法）（Ang, 1995）。在应用上逐渐从在分解结果中会存在残差项的传统Laspeyres方法和其他Divisia向LMDI和S/S（特别是LMDI）等不留残差的理想分解方法转变。

以本研究为例，出口隐含污染物排放（EEE）可以表达为：

$$EEE = \sum_i X \times S_i \times F_i = \sum_i X \times S_i \times (F_i \times TFP) \times \frac{1}{TFP} \tag{1}$$

其中，$X$表示总出口额，代表规模效应；$S_i$是部门$i$在总出口额中所占的份额，代表结构效应；$F_i$是各部门的完全排放强度（SEI），$TFP$是全要素生产率，$\dfrac{F_i \times O_i}{I_i}$（或$F_i \times TFP$）是单位生产要素投入的污染排放量，代表了法规效应；$\dfrac{1}{TFP}$代表了生产效率效应。

假设 EEE 由 0 期 $EEE^0$ 变为 T 期的 $EEE^T$，T 期间的变化量可以有两种表达方式：

$$EEE_{tot}^{T-0} = \dfrac{EEE^T}{EEE^0} = D_{scl}^{T-0} D_{comp}^{T-0} D_{reg}^{T-0} D_{eff}^{T-0} \tag{2}$$

和

$$EEE_{tot}^{T-0} = EEE^T - EEE^0 = \triangle EEE_{scl}^{T-0} + \triangle EEE_{comp}^{T-0} + \triangle EEE_{reg}^{T-0} + \triangle EEE_{eff}^{T-0} \tag{3}$$

我们将第一种称为乘积形式分解（multiplicative decomposition），第二种称为加和形式分解（additive decomposition），下标 scl, comp, reg and eff 分别代表了与规模（总出口）、结构、法规和生产效率对应的效应。

Divisia 指数是由 Divisia 发现的积分指数形式。Hulten（1973）进一步对该方法进行了探索。

对 Eq.（1）求导，则有：

$$\dfrac{dln(EEE^T)}{dt} = \sum_i w_i \left[ \dfrac{dln(X)}{dt} + \dfrac{dln(S_i)}{dt} + \dfrac{dln(F_i \times TFP)}{dt} + dln\left(\dfrac{1}{TFP}\right)/dt \right] \tag{4}$$

$w_i = EEE_i^T / EEE^T$ 表示 EEE 的部门结构也是集合计算中部门 $i$ 的权重。

$$ln\left(\dfrac{EEE^T}{EEE^0}\right) = \int_0^T \sum_i w_i \left[ \dfrac{dln(X)}{dt} \right] + \int_0^T \sum_i w_i \left[ \dfrac{dln(S_i)}{dt} \right] + \int_0^T \sum_i w_i \left[ \dfrac{dln(F_i \times TFP)}{dt} \right] + \int_0^T \sum_i w_i \left[ dln\left(\dfrac{1}{TFP}\right)/dt \right] \tag{5}$$

由 Eq. (5) 和 Eq. (2), 可知

$$D_{scl}^{T-0} = \exp\left[\int_0^T \sum_i w_i\left[\frac{dln(X)}{dt}\right]\right] \tag{6}$$

$$D_{comp}^{T-0} = \exp\left[\int_0^T \sum_i w_i\left[\frac{dln(S_i)}{dt}\right]\right] \tag{7}$$

$$D_{reg}^{T-0} = \exp\left[\int_0^T \sum_i w_i\left[\frac{dln(F_i \times TFP)}{dt}\right]\right] \tag{8}$$

$$D_{eff}^{T-0} = \exp\left[\int_0^T \sum_i w_i\left[dln\left(\frac{1}{TFP}\right)/dt\right]\right] \tag{9}$$

因为在经验分析中我们只能得到离散的数据,则权重方程被近似以 0 至 T 期的算数平均权重来替代,这种方法被称为简单平均 Divisia 指数法或算数平均 Divisia 指数法。由于这种近似的假设,在分解结果中会出现残差项。

Sato (1976) 在寻找理想的对数变化指数公式时提出用对数平均的方法取 x 和 y 的权重方程,如下所示:

$$L(x,y) = (y-x)/\ln(y/x) \tag{10}$$

当 y 无限趋近于 x 时,定义 L (x, x) = x, 且 L (0, 0) = 0。Tornqvist 等 (1985) 提出 x 和 y 必须是正值且当 x 不等于 y 时, L (x > y) 的范围为 $(xy)^{1/2}$ < L (x, y) < (x + y) /2。可以看出权重方程式是对称的, 即 L (x, y) = L (y, x) [12]。

将 x 和 y 分别替换成 Eq. (10) 中的 $EEE^T$ 和 $EEE^0$, 则有

$$L(EEE_i^T, EEE_i^0) = (EEE_i^T - , EEE_i^0)/\ln\left(\frac{EEE_i^T}{,EEE_i^0}\right) \tag{11}$$

Sato (1976) 发现该方程可以用来将积分形式的 Divisia 指数方程离散化,且得到一个完全分解的理想指数。使用此权重方程, Eqs. (6) to (9) 可以转化为:

$$\triangle EEE_{scl}^{T-0} = \sum_i \frac{EEE_i^T - EEE_i^0}{\ln EEE_i^T - \ln EEE_i^0}\ln\left(\frac{X^T}{X^0}\right) \tag{12}$$

$$\triangle EEE_{comp}^{T-0} = \sum_i \frac{EEE_i^T - EEE_i^0}{\ln EEE_i^T - \ln EEE_i^0} \ln\left(\frac{S_i^T}{S_i^0}\right) \tag{13}$$

$$\triangle EEE_{reg}^{T-0} = \sum_i \frac{EEE_i^T - EEE_i^0}{\ln EEE_i^T - \ln EEE_i^0} \ln\left(\frac{F_i^T\ TFP^T}{F_i^0\ TFP^0}\right) \tag{14}$$

$$\triangle EEE_{eff}^{T-0} = \sum_i \frac{EEE_i^T - EEE_i^0}{\ln EEE_i^T - \ln EEE_i^0} \ln\left(\frac{\dfrac{1}{TFP^T}}{\dfrac{1}{TFP^0}}\right) \tag{15}$$

此方法即为本研究用来解决 IDA 问题的对数平均 Divisia 指数法 LMDI，它的优点包括不留残差项，是一个完整分解的理想分解方法，而且可以被用来解决数据集中含有 0 值的分解问题。

# 附录二 加入 WTO 对中国环境规制产生正面影响

加入 WTO 后，WTO 关于可持续发展的宗旨、贸易与环境机构的设立、涉环境问题条款、相关原则、争端解决机制和贸易政策审议机制等无不对中国的环境产生深刻影响，主要体现在：确保了处理贸易和经济关系时环境保护的法律地位、加速了环境政策和规章制定的规范化和国际化进程、促进了全社会参与环境保护的制度建设及良好风尚、提高了中国参与和处理国际贸易与环境问题的能力、对环保产业的健康发展提供了公平的竞争环境等。

（1）WTO 协定涉及环境保护的原则和规定，为中国开展贸易相关的环境保护工作提供了依据和参考。

WTO 于 1995 年建立时明确将环境保护作为其基本宗旨，强调"依照可持续发展的目标，考虑对世界资源的最佳利用，寻求既保护和维护环境，又以与它们各自在不同经济水平的需要和关注相一致的方式，加强为此采取的措施"[①]。对世界贸易最具约束力的 WTO，将可持续发展作为自身的基本宗旨，表明了环境保护在国际贸易中的重

---

① WTO. Marrakesh Agreement Establishing the World Trade Organization [EB/OL]. http://www.wto.org/english/docs_e/legal_e/04-wto_e.htm.

要地位。同时，也确保了在处理贸易与经济活动时，保护环境的法律地位，为中国开展相关贸易领域的环境保护工作提供了法律依据和国际参考。

此外，WTO《农业协议》、《实施卫生与植物卫生措施协议》、《技术性贸易壁垒协议》、《服务贸易总协定》、《与贸易有关的知识产权协定》等有关专项协议、协定，都有关于环境的规定。例如，在《农业协议》"非贸易关注"中强调关注"环境保护"，并把"与环境计划有关的研究"和"与环境计划有关的基础设施工程"列入"政府服务计划"之中，成员方在"国内支持承诺"中对农业环境保护可以实行补贴措施，而这种补贴措施对农产品贸易不会或仅有微小影响，成员方无须对其承担约束和削减义务（彭近新，2002）。这些规定体现了环境优先原则，将环境作为例外，具体设置了贸易及相关经济活动中影响环境和公众健康的红线。

（2）加入WTO推动了中国环境政策和规章制定的国际化和规范化进程。

加入WTO对中国环境法治及政策制定产生了巨大而积极的影响。加入WTO后，环境政策制定观念、依据和原则、制度、内容等都按照国际规则作出了相应调整，对规范环境政策和环境管理制度建设发挥了积极作用。

自加入WTO以来，遵照WTO规则和所做承诺，环保部门全面系统地清理了现有规章中与其他部门规章和政策相冲突、与市场经济相违背的政策，共废止或修订了56项部门规章。通过对这些政策的废止或修订，WTO所倡导的统一性、公平性、国民待遇等原则全面反映在环保规章中。WTO相关规则加快了环保行政主管部门职能转变，促进了环境政策和规章的不断完善。

按照WTO规则，所有新制定规章都应"遵循公开、公平和公众的原则"，保证环境政策的公开和透明。根据WTO相关原则和要求，中国新制定《立法法》、《行政法规程序条例》等法律、法规、使立法公开进一步制度化、规范化，公开和透明成为国内立法活动必须遵循的一项基本原则。这些法律和法规特别要求在立法过程中通过书面征求意见，召开研讨会、座谈会、听证会等多种形式和通过新闻媒体、国际互联网等多种途径，公开征求社会各方面的意见，多种渠道反映利益相关者的利益（刘敬东，2011）。环保部门也建立了《环境信息公开办法（试行）》等相关制度，制定了《环境保护行政许可听证暂行办法》等，致力于推动环境信息的公开和透明，例如：在《环境保护法》修改过程中广泛征求社会各界意见，在互联网上开通邮箱收集民意。通过采取这些措施，公众环境意识不断增强，参与环境保护热情逐渐提高，形成了全社会参与环境保护的良好风尚，同时也真正促进了环境保护工作。WTO的法律原则、规则和要求都得到全面和有效贯彻执行，一个符合WTO原则和市场经济总体要求的统一、公正和透明的环境政策体系得以建立（刘敬东，2011）。

（3）参与WTO谈判、贸易政策审议和争端解决三大机制，大大提高了中国参与和处理国际贸易与环境问题的能力。

WTO包括谈判机制、贸易政策审议机制和争端解决机制三大机制，这些机制中无一不涉及环境。2001年WTO多哈新一轮谈判中设立了贸易与环境的谈判议题，包括环境产品与服务的关税与非关税壁垒谈判、贸易与多边环境公约关系谈判等，为参与相关谈判及提供相关谈判技术支持，环保部成立了部长为组长的领导小组，各相关业务司主管司长为成员，同时以环保部政研中心为依托，以北京师范大学等高校专家为智力支持成立了环保部环境与贸易专家组。参加或支持这些谈判开阔了国际视野，提高了相关人员的谈判和研究能力。另外，作为WTO新成员及第二大经济体，中国需接受WTO及各成员的过渡性贸易政策审议及两年一次的贸易政策审议。近年来，这些贸易政策审议中环境相关问题所占比重越来越大。为此，在应对相关的贸易政策审议中，环保部作为成员之一参与到相关工作中并顺利完成相关任务，同时丰富了知识、提升了能力。除此之外，运用中国作为

WTO成员的权利，积极审议其他国家和地区的贸易政策，通过此渠道便捷合法了解其他成员的相关环境政策。在加入WTO后中国被诉的13起争端解决案件中有两起案件涉及相关环境政策，在最后的专家组报告中，中国在环保方面的工作努力得到认可和采纳。参与争端解决机制使中国从国际环境合作的初学者转变为重要参与者，使我们了解到如何将环境政策与贸易政策融合，将环境政策作为例外条款在谈判中加以运用。

综上所述，WTO规则对中国环境的影响是综合的和显著的，从WTO的宗旨、机构设立、专门文件到具体条款中均有涉及，对中国的影响涉及体制、政策的多个方面。下表对WTO相关规则及其对中国环境管理的影响进行了简单概括。

表1　WTO相关规则及对中国环境管理的影响

| 方面 | WTO相关规则 涉及环境或与环境相关的具体内容 | 对中国环境管理的影响 |
| --- | --- | --- |
| 宗旨 | 应依照可持续发展的目标，考虑对世界资源的最佳利用，寻求既保护和维护环境，又以与它们各自在不同经济水平的需要和关注相一致的方式，加强为此采取的措施。 | 总体上确立了在处理贸易和经济关系时，保护环境的法律地位。 |
| 原则 | 透明度原则；非歧视性原则（最惠国待遇原则、国民待遇原则）；市场准入原则；一致性原则 | 加速了环境政策和规章制定的规范化和国际化进程，促进了全社会参与环境保护的制度建设及良好风尚、环保产业发展对内造成开放等；与全球环境公约中贸易规定可能相冲突。 |
| 机构 | 设立贸易与环境委员会 | 确立了处理贸易与环境问题的组织保障，促使商务部安排专门人员负责环境与贸易事务，加强了经济部门对环境的重视。 |
| 机制 | 谈判机制 | 设立环保部环境与贸易领导小组及专家小组；应对环境与贸易谈判，提高了相关人员的能力。增加机构职能和人员设置，处理WTO环境与贸易等事务。 |

续表

| 方面 | WTO 相关规则 | 对中国环境管理的影响 |
|---|---|---|
| | 涉及环境或与环境相关的具体内容 | |
| 机制 | 贸易政策审议机制 | 促进环境政策的国际化，促进相关信息交流，提高了环境政策的透明度；<br>为中国便捷了解其他国家和地区的环境政策提供了渠道和窗口；<br>明确了相关权利和义务；<br>提高了相关人员的能力；<br>扩大了国际法在中国的影响。 |
| | 争端解决机制 | 为解决与贸易有关的资源环境问题提供了环境诉讼平台；<br>提高了相关人员的能力；<br>扩大了国际法在中国的影响；<br>反映了中国在利用 WTO 环境例外条款上的弱势。 |
| 协定 | 《农业协议》、《实施卫生与植物卫生措施协议》、《技术性贸易壁垒协议》、《服务贸易总协定》、《与贸易有关的知识产权协定》中相关环境条款。 | 总体上确立了在处理贸易和经济关系时，保护环境的法律地位；<br>对保护环境是重要的屏障。 |

附表1 本研究使用的各数据库部门集结汇总

| 本研究中的部门集结 | 对用 CGE 模型 GTAP 数据库的部门 | 对应 EIO 模型 WIOD 数据库的部门 |
|---|---|---|
| 农业（AGR） | Paddy rice; Wheat; Cereal grains nec; Vegetables, fruit, nuts; Oil seeds; Sugar cane, sugar beet; Plant-based fibers; Crops nec; Bovine cattle, sheep and goats, horses; Animal products nec; Raw milk; Wool, silk-worm cocoons; Forestry; Fishing | Agriculture, Hunting, Forestry and Fishing |
| 采矿业（MIN） | Coal; Oil; Gas; Minerals nec | Mining and Quarrying |
| 食品加工业（FOM） | Bovine meat products; Meat products nec; Vegetable oils and fats; Dairy products; Processed rice Sugar; Food products nec; Beverages and tobacco products | Food, Beverages and Tobacco |
| 纺织、皮革与服装鞋帽制造业（TLF） | Textiles; Wearing apparel; Leather products | Textiles and Textile Products; Leather, Leather and Footwear |
| 木材及其加工业（WOP） | Wood products | Wood and Products of Wood and Cork |
| 造纸、印刷与出版业（PPP） | Paper products, publishing | Pulp, Paper, Paper, Printing and Publishing |
| 石油精炼、炼焦与核燃料加工业（PCN） | Petroleum, coal products | Coke, Refined Petroleum and Nuclear Fuel |
| 化学工业（CRP） | Chemical, rubber, plastic products | Chemicals and Chemical Products; Rubber and Plastics |
| 非金属矿物制品业（NMP） | Mineral products nec | Other Non-Metallic Mineral |

续表

| 本研究中的部门集结 | 对用 CGE 模型 GTAP 数据库的部门 | 对应 EIO 模型 WIOD 数据库的部门 |
| --- | --- | --- |
| 金属及其制品业（MMP） | Ferrous metals; Metals nec; Metal products | Basic Metals and Fabricated Metal |
| 交通运输设备制造业（TRE） | Motor vehicles and parts; Transport equipment nec | Transport equipment |
| 电子与光学设备制造业（EOP） | Electronic equipment | Electrical and Optical Equipment |
| 其他制造业（OMP） | Machinery and equipment nec; Manufactures nec | Machinery, Nec; Manufacturing, Nec; Recycling |
| 电、水和天然气生产与供应业（EGW） | Electricity; Gas manufacture, distribution; Water | Electricity, Gas and Water Supply |
| 服务业（SER） | Construction; Trade; Transport nec; Water transport; Air transport; Communication; Financial services nec; Insurance; Business services nec; Recreational and other services; Public Administration, Defense, Education, Health; Dwellings | Construction; Sale, Maintenance and Repair of Motor Vehicles and Motorcycles; Retail Sale of Fuel; Wholesale Trade and Commission Trade, Except of Motor Vehicles and Motorcycles; Retail Trade, Except of Motor Vehicles and Motorcycles; Repair of Household Goods; Hotels and Restaurants; Inland Transport; Water Transport; Air Transport; Other Supporting and Auxiliary Transport Activities; Activities of Travel Agencies; Post and Telecommunications; Financial Intermediation; Real Estate Activities; Renting of M&Eq and Other Business Activities; Public Admin and Defence; Compulsory Social Security; Education; Health and Social Work; Other Community, Social and Personal Services; Private Households with Employed Persons |

附表 2　动态 CGE 模型模拟的主要假设

| | AUS | JPN | KOR | TWN | EUR | ASE | CHH | NAF | RUS | BRA | IND | ROW |
|---|---|---|---|---|---|---|---|---|---|---|---|---|
| | \multicolumn{12}{c}{Growth rate(%), 2002} |
| GDP | 3.86 | 0.29 | 7.43 | 3.86 | 1.31 | 4.78 | 9.09 | 1.87 | 4.74 | 3.07 | 3.80 | 1.88 |
| Gross investment | 9.90 | -4.20 | 8.00 | 2.62 | -1.10 | 3.00 | 16.50 | -2.70 | 0.60 | 1.60 | 6.30 | 4.00 |
| Unskilled labor | 0.60 | -2.10 | 0.30 | 2.00 | -0.20 | 2.00 | 0.80 | 0.50 | 0.00 | -0.70 | 0.20 | 2.00 |
| Skilled labor | 3.50 | 1.90 | 4.60 | 5.10 | 3.80 | 5.00 | 4.50 | 2.30 | 1.30 | 7.10 | 4.10 | 2.90 |
| TFP | -0.39 | 2.17 | 3.10 | 1.15 | 1.25 | 2.16 | 1.52 | 1.81 | 3.49 | 1.60 | 0.74 | -0.83 |
| | \multicolumn{12}{c}{Growth rate(%), 2003} |
| GDP | 3.08 | 1.69 | 2.93 | 3.08 | 1.47 | 5.50 | 10.02 | 2.73 | 7.30 | 1.22 | 7.86 | 3.54 |
| Gross investment | 11.83 | -0.42 | 5.56 | 6.70 | 1.21 | 4.85 | 19.66 | 2.36 | 10.34 | 0.98 | 7.15 | 6.15 |
| Unskilled labor | 0.80 | -1.63 | -1.50 | 2.94 | 0.30 | 0.98 | 0.89 | 0.50 | -0.20 | -2.11 | 0.20 | 1.47 |
| Skilled labor | 3.77 | 2.36 | 2.68 | 3.52 | 4.34 | 4.76 | 4.59 | 2.15 | 1.18 | 5.79 | 4.13 | 2.62 |
| TFP | -1.86 | 1.90 | 0.63 | -0.98 | -0.03 | 2.36 | 1.01 | 1.39 | 3.35 | 1.06 | 4.40 | 0.16 |
| | \multicolumn{12}{c}{Growth rate(%), 2004} |
| GDP | 4.16 | 2.36 | 4.90 | 4.16 | 2.51 | 6.49 | 10.08 | 3.73 | 7.18 | 5.66 | 7.92 | 6.95 |
| Gross investment | 7.57 | 3.46 | 5.26 | 26.39 | 4.60 | 12.04 | 15.14 | 7.93 | 8.25 | 1.85 | 9.04 | 13.32 |
| Unskilled labor | 0.39 | -1.97 | 0.40 | 3.81 | 0.10 | 1.94 | 0.79 | 0.00 | -0.43 | -1.65 | 0.00 | 1.84 |
| Skilled labor | 3.35 | 2.11 | 4.84 | 3.86 | 4.06 | 4.55 | 4.39 | 2.49 | 0.98 | 6.80 | 4.15 | 2.75 |
| TFP | 0.83 | 1.35 | 1.81 | -3.12 | -0.11 | -0.42 | 2.66 | 1.05 | 3.68 | 4.42 | 3.81 | 0.32 |

续表

| | AUS | JPN | KOR | TWN | EUR | ASE | CHH | NAF | RUS | BRA | IND | ROW |
|---|---|---|---|---|---|---|---|---|---|---|---|---|
| | | | | | Growth rate(%),2005 | | | | | | | |
| GDP | 3.22 | 1.30 | 3.92 | 3.22 | 2.05 | 5.68 | 11.35 | 3.33 | 6.38 | 3.15 | 9.28 | 5.46 |
| Gross investment | 3.48 | 3.55 | 1.75 | 1.16 | 3.06 | 7.44 | 13.21 | 6.05 | 1.86 | 1.72 | 10.55 | 7.19 |
| Unskilled labor | 2.16 | -1.38 | -0.81 | 2.75 | 0.50 | 1.90 | 0.59 | 0.20 | 0.43 | -2.20 | 0.20 | 2.09 |
| Skilled labor | 5.24 | 2.72 | 3.64 | 3.54 | 4.79 | 4.35 | 4.29 | 2.80 | 1.74 | 6.45 | 4.43 | 3.41 |
| TFP | 0.32 | -0.06 | 2.93 | -2.21 | -0.31 | 0.95 | 4.36 | 0.95 | 3.87 | 4.11 | 4.28 | 2.83 |
| | | | | | Growth rate(%),2006 | | | | | | | |
| GDP | 2.99 | 1.69 | 5.18 | 2.99 | 3.42 | 6.00 | 12.69 | 2.66 | 8.15 | 4.00 | 9.26 | 6.12 |
| Gross investment | 8.19 | 3.82 | 5.24 | 4.71 | 7.60 | 7.69 | 13.26 | 4.47 | 12.75 | 2.26 | 11.22 | 10.89 |
| Unskilled labor | 1.54 | -1.40 | -0.41 | 3.57 | 0.60 | 0.93 | 0.48 | 1.48 | -0.70 | 0.43 | 0.30 | 2.23 |
| Skilled labor | 4.43 | 2.56 | 3.34 | 4.27 | 2.62 | 4.17 | 5.97 | 1.73 | 2.85 | 4.19 | 4.07 | 3.30 |
| TFP | -1.01 | 0.21 | 2.49 | -0.75 | -0.15 | 1.61 | 3.62 | 0.58 | 4.59 | 4.29 | 4.14 | -0.81 |
| | | | | | Growth rate(%),2007 | | | | | | | |
| GDP | 3.76 | 2.19 | 5.46 | 3.76 | 3.08 | 6.53 | 14.19 | 1.80 | 8.54 | 6.01 | 9.80 | 5.51 |
| Gross investment | 2.57 | -4.15 | 2.72 | 3.00 | 4.22 | -2.14 | 6.75 | 7.22 | 20.94 | 3.04 | 11.66 | 3.97 |
| Unskilled labor | 1.70 | -1.20 | -0.31 | 2.59 | 0.49 | 1.85 | 0.39 | 0.88 | -0.38 | -1.17 | 0.10 | 1.27 |
| Skilled labor | 4.67 | 2.85 | 3.32 | 4.10 | 2.48 | 4.80 | 5.79 | 1.43 | 3.32 | 2.46 | 4.07 | 3.54 |
| TFP | 1.60 | 2.51 | 3.86 | 1.19 | 0.93 | 1.64 | 4.08 | -0.68 | -0.73 | 4.84 | 4.53 | 3.79 |
| | | | | | Growth rate(%),2008 | | | | | | | |
| GDP | 3.70 | -1.04 | 2.83 | 3.70 | 0.48 | 4.24 | 9.62 | -0.17 | 5.25 | 5.02 | 3.89 | 3.23 |
| Gross investment | 2.37 | -1.47 | -0.30 | 1.99 | -11.74 | 15.33 | 1.09 | -5.72 | 7.13 | 4.02 | 11.20 | 7.24 |
| Unskilled labor | 1.40 | -1.65 | -1.23 | 3.36 | 0.59 | 1.82 | 0.29 | 1.16 | -2.05 | -0.22 | 0.10 | 1.71 |
| Skilled labor | 4.39 | 2.34 | 2.57 | 3.94 | 2.58 | 4.58 | 5.85 | 1.76 | 1.61 | 3.56 | 4.07 | 2.92 |
| TFP | 1.44 | 0.70 | 2.99 | 0.98 | 4.68 | 0.81 | 3.88 | 0.57 | 2.06 | 4.17 | -1.51 | -1.05 |

续表

| | AUS | JPN | KOR | TWN | EUR | ASE | CHH | NAF | RUS | BRA | IND | ROW |
|---|---|---|---|---|---|---|---|---|---|---|---|---|
| | | | | | Growth rate (%), 2009 | | | | | | | |
| GDP | 1.73 | -5.53 | 0.71 | 1.73 | -4.41 | 1.20 | 9.23 | -2.77 | -7.82 | -0.24 | 8.48 | -0.81 |
| Gross investment | -25.93 | -12.28 | -23.56 | -22.60 | -14.70 | -10.13 | -6.48 | -17.61 | -17.56 | 2.40 | 6.01 | -17.07 |
| Unskilled labor | 0.83 | -3.25 | -0.31 | 2.44 | -0.39 | 1.79 | 0.58 | 0.29 | -2.17 | -0.86 | -0.30 | 1.32 |
| Skilled labor | 3.90 | 0.85 | 3.60 | 4.55 | 1.65 | 5.11 | 6.02 | 0.95 | 1.50 | 3.02 | 3.69 | 2.51 |
| TFP | 2.71 | -0.31 | 2.98 | 1.65 | 1.14 | 1.62 | 5.53 | 1.84 | -3.56 | 3.54 | 3.08 | 3.44 |
| | | | | | Growth rate (%), 2010 | | | | | | | |
| GDP | 1.96 | 4.65 | 6.50 | 1.96 | 2.12 | 8.11 | 10.63 | 2.60 | 4.50 | 7.57 | 10.26 | 5.20 |
| Gross investment | -8.60 | 1.14 | -7.06 | 42.03 | -13.72 | -0.70 | 2.74 | -19.66 | -13.64 | 1.42 | 4.38 | -9.45 |
| Unskilled labor | 0.91 | -2.32 | -0.73 | 3.17 | 0.10 | 0.88 | 0.38 | 0.76 | -1.59 | -0.76 | -0.30 | 1.48 |
| Skilled labor | 3.90 | 1.85 | 3.17 | 4.35 | 2.16 | 4.86 | 5.95 | 1.37 | 2.17 | 3.14 | 3.92 | 3.08 |
| TFP | 3.57 | 2.45 | 4.85 | -1.09 | 2.56 | 2.82 | 6.65 | 2.63 | 3.48 | 4.49 | 4.49 | 3.81 |
| | | | | | Growth rate (%), 2011 | | | | | | | |
| GDP | 2.32 | -0.45 | 3.68 | 2.32 | 1.76 | 4.65 | 9.48 | 1.71 | 4.26 | 3.92 | 6.64 | 4.43 |
| Gross investment | 16.63 | -0.45 | 55.94 | 4.25 | 27.23 | 24.82 | 21.56 | 42.03 | 33.07 | 3.47 | 5.72 | 29.88 |
| Unskilled labor | -0.54 | -1.90 | -0.42 | 3.08 | -0.78 | 1.74 | 0.66 | 0.19 | -0.97 | -1.43 | 0.20 | 1.63 |
| Skilled labor | 2.85 | 1.90 | 2.93 | 3.47 | 1.89 | 3.97 | 3.78 | 1.69 | 0.34 | 2.58 | 3.98 | 2.61 |
| TFP | 1.67 | -0.13 | 2.25 | -1.09 | -0.44 | 0.56 | 3.48 | -0.92 | -1.25 | 4.65 | 3.41 | 0.79 |

注：国家或地区代码分别为：中国 (CHH)，东盟 (ASEAN)，日本 (JPN)，韩国 (KOR)，北美自由贸易区 (美国，加拿大和墨西哥，NAFTA)，中国台湾地区 (TWN)，欧盟 (EU)，印度 (IND)，俄罗斯 (RUS)，巴西 (BRA)，澳大利亚 (AUS) 反世界其他区域 (the rest of the world, ROW)。

附表 3　中国各部门 $CO_2$ 完全排放强度

单位：kt/百万美元

|  | 2002 | 2003 | 2004 | 2005 | 2006 | 2007 | 2008 | 2009 | 2010 | 2011 |
|---|---|---|---|---|---|---|---|---|---|---|
| AGR | 1.11 | 1.10 | 1.01 | 0.96 | 0.87 | 0.73 | 0.56 | 0.56 | 0.50 | 0.43 |
| MIN | 2.81 | 2.93 | 2.78 | 2.61 | 2.37 | 2.13 | 1.82 | 1.81 | 1.58 | 1.35 |
| FOP | 1.39 | 1.34 | 1.25 | 1.18 | 1.05 | 0.90 | 0.74 | 0.73 | 0.65 | 0.56 |
| TEX | 1.47 | 1.51 | 1.51 | 1.44 | 1.30 | 1.15 | 0.95 | 0.93 | 0.82 | 0.71 |
| LUM | 1.68 | 1.71 | 1.65 | 1.55 | 1.38 | 1.19 | 1.01 | 1.01 | 0.88 | 0.76 |
| PPP | 2.02 | 2.04 | 2.05 | 1.91 | 1.78 | 1.54 | 1.36 | 1.35 | 1.18 | 1.01 |
| P_C | 2.91 | 2.93 | 2.58 | 2.28 | 1.96 | 1.78 | 1.34 | 1.57 | 1.27 | 1.00 |
| CRP | 3.04 | 3.03 | 2.78 | 2.59 | 2.35 | 2.06 | 1.73 | 1.74 | 1.51 | 1.29 |
| NMM | 5.42 | 5.75 | 6.28 | 5.61 | 4.98 | 4.21 | 3.76 | 3.62 | 3.18 | 2.74 |
| MMP | 4.31 | 4.16 | 3.84 | 3.63 | 3.07 | 2.60 | 2.10 | 2.17 | 1.86 | 1.57 |
| MTE | 1.65 | 1.60 | 1.51 | 1.46 | 1.32 | 1.19 | 1.05 | 1.09 | 0.93 | 0.81 |
| EEQ | 1.94 | 1.84 | 1.78 | 1.72 | 1.51 | 1.31 | 1.13 | 1.15 | 0.99 | 0.84 |
| OME | 2.17 | 2.15 | 2.04 | 1.97 | 1.72 | 1.49 | 1.28 | 1.31 | 1.13 | 0.95 |
| EGW | 19.76 | 20.40 | 16.54 | 14.90 | 15.66 | 13.20 | 10.51 | 10.58 | 9.34 | 8.08 |
| SER | 1.53 | 1.58 | 1.57 | 1.47 | 1.30 | 1.12 | 0.95 | 1.58 | 1.39 | 1.29 |

附表 4　中国各部门 $CH_4$ 完全排放强度

单位：t/百万美元

|  | 2002 | 2003 | 2004 | 2005 | 2006 | 2007 | 2008 | 2009 | 2010 | 2011 |
|---|---|---|---|---|---|---|---|---|---|---|
| AGR | 77.24 | 72.41 | 63.10 | 61.16 | 57.30 | 47.39 | 38.11 | 38.01 | 34.67 | 29.81 |
| MIN | 158.32 | 140.89 | 123.43 | 113.30 | 102.93 | 91.92 | 83.19 | 75.08 | 66.85 | 57.65 |
| FOP | 34.01 | 33.28 | 31.24 | 30.62 | 28.69 | 24.08 | 19.25 | 19.47 | 17.32 | 14.85 |
| TEX | 18.12 | 18.35 | 18.21 | 18.22 | 17.05 | 14.58 | 11.86 | 11.96 | 10.52 | 9.02 |
| LUM | 20.74 | 20.73 | 19.96 | 19.09 | 17.29 | 14.17 | 12.11 | 12.54 | 10.84 | 9.15 |
| PPP | 13.09 | 13.54 | 13.24 | 13.12 | 12.48 | 10.63 | 9.06 | 9.30 | 8.05 | 6.83 |
| P_C | 72.05 | 69.77 | 56.48 | 49.14 | 40.21 | 35.16 | 26.53 | 32.16 | 25.91 | 19.96 |
| CRP | 21.39 | 22.10 | 21.11 | 20.18 | 18.47 | 15.83 | 13.36 | 14.02 | 12.14 | 10.25 |
| NMM | 23.60 | 26.57 | 26.38 | 25.59 | 24.06 | 19.99 | 17.32 | 17.20 | 15.37 | 13.31 |
| MMP | 25.90 | 28.09 | 26.12 | 24.70 | 22.98 | 18.08 | 15.19 | 15.75 | 13.42 | 11.27 |
| MTE | 10.53 | 10.56 | 9.82 | 9.67 | 9.14 | 7.84 | 7.03 | 7.51 | 6.36 | 5.47 |
| EEQ | 12.00 | 11.94 | 11.27 | 11.05 | 10.20 | 8.46 | 7.43 | 7.76 | 6.62 | 5.53 |
| OME | 13.93 | 14.21 | 13.14 | 12.81 | 11.84 | 9.73 | 8.56 | 8.88 | 7.63 | 6.34 |
| EGW | 31.65 | 31.15 | 27.80 | 26.34 | 25.07 | 20.95 | 17.92 | 16.82 | 15.70 | 13.51 |
| SER | 17.97 | 17.21 | 15.75 | 14.45 | 12.60 | 10.16 | 8.44 | 8.51 | 7.46 | 6.36 |

附表 5　中国各部门 $N_2O$ 完全排放强度

单位：t/百万美元

|     | 2002 | 2003 | 2004 | 2005 | 2006 | 2007 | 2008 | 2009 | 2010 | 2011 |
|-----|------|------|------|------|------|------|------|------|------|------|
| AGR | 5.47 | 5.10 | 4.45 | 4.25 | 3.97 | 3.24 | 2.57 | 2.56 | 2.31 | 2.06 |
| MIN | 0.20 | 0.18 | 0.16 | 0.15 | 0.14 | 0.12 | 0.10 | 0.11 | 0.09 | 0.08 |
| FOP | 2.17 | 2.11 | 2.00 | 1.94 | 1.81 | 1.50 | 1.18 | 1.19 | 1.05 | 0.93 |
| TEX | 0.96 | 0.95 | 0.95 | 0.93 | 0.88 | 0.73 | 0.58 | 0.58 | 0.51 | 0.45 |
| LUM | 1.02 | 1.02 | 1.01 | 0.95 | 0.86 | 0.69 | 0.57 | 0.60 | 0.51 | 0.44 |
| PPP | 0.49 | 0.50 | 0.49 | 0.48 | 0.46 | 0.39 | 0.32 | 0.33 | 0.28 | 0.24 |
| P_C | 0.24 | 0.20 | 0.17 | 0.15 | 0.13 | 0.11 | 0.09 | 0.11 | 0.08 | 0.07 |
| CRP | 1.05 | 0.91 | 0.78 | 0.68 | 0.59 | 0.47 | 0.37 | 0.39 | 0.33 | 0.29 |
| NMM | 0.31 | 0.29 | 0.26 | 0.24 | 0.22 | 0.19 | 0.16 | 0.17 | 0.14 | 0.12 |
| MMP | 0.24 | 0.22 | 0.18 | 0.17 | 0.16 | 0.14 | 0.11 | 0.12 | 0.10 | 0.09 |
| MTE | 0.23 | 0.20 | 0.17 | 0.16 | 0.15 | 0.13 | 0.11 | 0.12 | 0.10 | 0.09 |
| EEQ | 0.25 | 0.22 | 0.19 | 0.19 | 0.17 | 0.14 | 0.12 | 0.13 | 0.11 | 0.09 |
| OME | 0.30 | 0.26 | 0.21 | 0.20 | 0.19 | 0.16 | 0.14 | 0.14 | 0.12 | 0.10 |
| EGW | 0.49 | 0.49 | 0.41 | 0.39 | 0.42 | 0.37 | 0.32 | 0.33 | 0.28 | 0.25 |
| SER | 0.43 | 0.38 | 0.33 | 0.29 | 0.25 | 0.20 | 0.16 | 0.16 | 0.14 | 0.12 |

附表 6　中国各部门 $NO_x$ 完全排放强度

单位：t/百万美元

|     | 2002  | 2003  | 2004  | 2005  | 2006  | 2007  | 2008  | 2009  | 2010  | 2011  |
|-----|-------|-------|-------|-------|-------|-------|-------|-------|-------|-------|
| AGR | 5.93  | 5.60  | 5.21  | 5.01  | 4.54  | 4.09  | 3.49  | 3.37  | 3.12  | 3.05  |
| MIN | 8.91  | 8.12  | 7.36  | 6.96  | 6.31  | 5.53  | 4.80  | 4.52  | 4.05  | 3.90  |
| FOP | 5.36  | 5.08  | 4.53  | 4.36  | 3.78  | 3.35  | 2.90  | 2.82  | 2.58  | 2.52  |
| TEX | 4.97  | 4.94  | 4.70  | 4.61  | 3.95  | 3.53  | 3.05  | 2.94  | 2.67  | 2.61  |
| LUM | 5.42  | 5.37  | 5.03  | 4.87  | 4.10  | 3.55  | 3.14  | 3.12  | 2.79  | 2.69  |
| PPP | 6.71  | 6.47  | 5.98  | 5.69  | 4.93  | 4.21  | 3.84  | 3.76  | 3.37  | 3.27  |
| P_C | 7.75  | 7.51  | 5.96  | 5.43  | 4.16  | 3.81  | 2.89  | 3.48  | 2.84  | 2.49  |
| CRP | 8.48  | 8.26  | 6.99  | 6.70  | 5.74  | 5.16  | 4.44  | 4.43  | 3.94  | 3.79  |
| NMM | 17.34 | 17.01 | 16.49 | 15.80 | 14.55 | 13.39 | 12.31 | 12.02 | 10.89 | 10.59 |
| MMP | 10.60 | 10.04 | 8.31  | 8.03  | 6.67  | 5.66  | 4.74  | 4.88  | 4.28  | 4.07  |
| MTE | 4.72  | 4.38  | 3.86  | 3.86  | 3.33  | 3.05  | 2.79  | 2.87  | 2.51  | 2.46  |
| EEQ | 5.55  | 5.06  | 4.61  | 4.54  | 3.82  | 3.33  | 3.00  | 3.02  | 2.67  | 2.55  |
| OME | 6.04  | 5.78  | 5.19  | 5.15  | 4.28  | 3.74  | 3.32  | 3.35  | 2.97  | 2.81  |
| EGW | 40.84 | 42.63 | 44.09 | 43.65 | 42.33 | 36.30 | 27.95 | 27.32 | 24.82 | 24.19 |
| SER | 5.78  | 5.72  | 4.82  | 4.55  | 3.84  | 3.41  | 3.15  | 3.10  | 2.80  | 2.72  |

附表 7  中国各部门 $SO_x$ 完全排放强度

单位：t/百万美元

| | 2002 | 2003 | 2004 | 2005 | 2006 | 2007 | 2008 | 2009 | 2010 | 2011 |
|---|---|---|---|---|---|---|---|---|---|---|
| AGR | 7.05 | 6.38 | 5.47 | 4.90 | 4.11 | 3.60 | 2.99 | 2.86 | 2.38 | 1.95 |
| MIN | 20.30 | 19.23 | 17.66 | 15.12 | 12.55 | 10.76 | 7.77 | 6.60 | 5.33 | 4.31 |
| FOP | 9.41 | 8.23 | 6.76 | 5.99 | 4.97 | 4.17 | 3.21 | 2.93 | 2.41 | 1.98 |
| TEX | 10.27 | 9.64 | 8.80 | 8.17 | 6.76 | 5.65 | 4.23 | 3.73 | 3.06 | 2.52 |
| LUM | 12.06 | 11.12 | 9.79 | 8.90 | 7.28 | 5.92 | 4.52 | 4.07 | 3.29 | 2.67 |
| PPP | 16.26 | 15.42 | 13.21 | 11.93 | 9.88 | 7.76 | 5.91 | 4.95 | 4.00 | 3.27 |
| P_C | 25.33 | 21.43 | 17.17 | 14.21 | 11.21 | 9.62 | 6.51 | 6.40 | 4.81 | 3.64 |
| CRP | 19.84 | 18.54 | 15.87 | 14.07 | 11.61 | 10.22 | 7.97 | 7.28 | 5.85 | 4.75 |
| NMM | 52.19 | 50.30 | 37.82 | 33.08 | 29.56 | 17.09 | 12.88 | 11.43 | 9.29 | 7.58 |
| MMP | 37.12 | 32.43 | 26.94 | 23.12 | 20.17 | 13.04 | 9.88 | 8.87 | 7.05 | 5.67 |
| MTE | 13.08 | 11.57 | 9.78 | 8.86 | 7.69 | 5.87 | 4.68 | 4.30 | 3.40 | 2.80 |
| EEQ | 14.95 | 12.98 | 11.54 | 10.27 | 8.65 | 6.52 | 5.02 | 4.51 | 3.59 | 2.88 |
| OME | 16.64 | 15.18 | 13.23 | 11.94 | 9.96 | 7.47 | 5.78 | 5.15 | 4.12 | 3.28 |
| EGW | 142.92 | 136.43 | 110.89 | 95.12 | 85.36 | 74.20 | 51.35 | 43.62 | 35.68 | 29.27 |
| SER | 11.40 | 10.67 | 9.09 | 8.05 | 6.72 | 4.99 | 3.80 | 3.41 | 2.75 | 2.25 |

附表 8  中国贸易伙伴各部门 $CO_2$ 综合完全排放强度

单位：kt/百万美元

| | 2002 | 2003 | 2004 | 2005 | 2006 | 2007 | 2008 | 2009 | 2010 | 2011 |
|---|---|---|---|---|---|---|---|---|---|---|
| AGR | 0.69 | 0.65 | 0.60 | 0.59 | 0.53 | 0.45 | 0.39 | 0.40 | 0.36 | 0.32 |
| MIN | 1.94 | 1.89 | 1.78 | 1.64 | 1.45 | 1.37 | 1.22 | 1.20 | 1.11 | 0.99 |
| FOP | 0.68 | 0.65 | 0.62 | 0.61 | 0.55 | 0.50 | 0.44 | 0.44 | 0.40 | 0.35 |
| TEX | 0.91 | 0.94 | 0.92 | 0.92 | 0.85 | 0.78 | 0.62 | 0.64 | 0.57 | 0.50 |
| LUM | 0.83 | 0.80 | 0.77 | 0.74 | 0.68 | 0.61 | 0.55 | 0.57 | 0.51 | 0.46 |
| PPP | 1.00 | 1.02 | 0.99 | 0.97 | 0.91 | 0.82 | 0.75 | 0.76 | 0.68 | 0.61 |
| P_C | 1.59 | 1.45 | 1.25 | 1.11 | 0.96 | 0.89 | 0.69 | 0.86 | 0.75 | 0.61 |
| CRP | 1.46 | 1.38 | 1.26 | 1.22 | 1.12 | 1.02 | 0.90 | 0.93 | 0.82 | 0.73 |
| NMM | 3.96 | 3.92 | 3.90 | 3.68 | 3.37 | 3.04 | 2.73 | 2.72 | 2.47 | 2.17 |
| MMP | 2.36 | 2.31 | 2.00 | 1.93 | 1.85 | 1.57 | 1.28 | 1.37 | 1.23 | 1.08 |
| MTE | 0.78 | 0.73 | 0.67 | 0.66 | 0.62 | 0.56 | 0.52 | 0.54 | 0.47 | 0.43 |
| EEQ | 0.79 | 0.75 | 0.72 | 0.71 | 0.66 | 0.59 | 0.54 | 0.56 | 0.50 | 0.44 |
| OME | 0.92 | 0.89 | 0.83 | 0.82 | 0.75 | 0.67 | 0.61 | 0.64 | 0.57 | 0.50 |
| EGW | 10.21 | 9.90 | 8.80 | 8.48 | 8.39 | 7.56 | 6.56 | 6.61 | 6.03 | 5.38 |
| SER | 0.70 | 0.69 | 0.68 | 0.66 | 0.60 | 0.54 | 0.48 | 0.49 | 0.44 | 0.39 |

附表 9　中国贸易伙伴各部门 CH$_4$ 综合完全排放强度

单位：t/百万美元

|  | 2002 | 2003 | 2004 | 2005 | 2006 | 2007 | 2008 | 2009 | 2010 | 2011 |
|---|---|---|---|---|---|---|---|---|---|---|
| AGR | 42.71 | 39.42 | 37.09 | 38.12 | 35.85 | 30.13 | 26.45 | 27.17 | 24.87 | 22.66 |
| MIN | 53.59 | 48.80 | 43.85 | 41.22 | 38.86 | 35.99 | 34.87 | 32.55 | 29.49 | 26.85 |
| FOP | 15.71 | 15.02 | 14.77 | 15.59 | 14.22 | 12.08 | 10.64 | 10.89 | 9.92 | 9.03 |
| TEX | 6.54 | 6.55 | 6.48 | 6.91 | 6.42 | 5.68 | 4.99 | 4.99 | 4.57 | 4.18 |
| LUM | 9.72 | 9.03 | 8.65 | 8.73 | 7.92 | 6.61 | 6.08 | 6.68 | 5.82 | 5.30 |
| PPP | 5.04 | 4.93 | 4.78 | 4.94 | 4.69 | 4.15 | 3.81 | 3.91 | 3.47 | 3.17 |
| P_C | 20.33 | 20.01 | 16.93 | 15.68 | 13.49 | 12.36 | 10.36 | 12.22 | 10.31 | 8.65 |
| CRP | 7.69 | 7.81 | 7.35 | 7.43 | 6.95 | 6.27 | 5.68 | 5.95 | 5.29 | 4.77 |
| NMM | 8.84 | 9.39 | 9.21 | 9.27 | 8.86 | 7.76 | 7.19 | 7.21 | 6.53 | 6.03 |
| MMP | 8.72 | 9.40 | 8.76 | 8.71 | 8.34 | 7.10 | 6.31 | 6.62 | 5.79 | 5.24 |
| MTE | 4.26 | 4.02 | 3.65 | 3.74 | 3.53 | 3.11 | 2.89 | 3.04 | 2.64 | 2.43 |
| EEQ | 3.83 | 3.78 | 3.64 | 3.78 | 3.55 | 3.07 | 2.88 | 3.03 | 2.66 | 2.39 |
| OME | 5.43 | 5.31 | 4.92 | 4.95 | 4.66 | 3.94 | 3.58 | 3.83 | 3.37 | 3.02 |
| EGW | 17.03 | 14.87 | 12.80 | 12.33 | 11.27 | 9.87 | 8.89 | 8.68 | 8.05 | 7.43 |
| SER | 7.79 | 7.30 | 6.85 | 6.67 | 5.77 | 4.86 | 4.28 | 4.34 | 3.85 | 3.51 |

附表 10　中国贸易伙伴各部门 N$_2$O 综合完全排放强度

单位：t/百万美元

|  | 2002 | 2003 | 2004 | 2005 | 2006 | 2007 | 2008 | 2009 | 2010 | 2011 |
|---|---|---|---|---|---|---|---|---|---|---|
| AGR | 3.20 | 2.64 | 2.72 | 2.92 | 2.64 | 2.08 | 1.78 | 1.83 | 1.64 | 1.53 |
| MIN | 0.06 | 0.06 | 0.05 | 0.05 | 0.05 | 0.05 | 0.04 | 0.04 | 0.04 | 0.03 |
| FOP | 1.05 | 0.95 | 0.98 | 1.05 | 0.95 | 0.76 | 0.66 | 0.67 | 0.60 | 0.56 |
| TEX | 0.31 | 0.31 | 0.31 | 0.34 | 0.32 | 0.27 | 0.23 | 0.23 | 0.21 | 0.19 |
| LUM | 0.54 | 0.48 | 0.48 | 0.49 | 0.43 | 0.34 | 0.31 | 0.34 | 0.29 | 0.27 |
| PPP | 0.19 | 0.18 | 0.18 | 0.19 | 0.18 | 0.15 | 0.14 | 0.14 | 0.12 | 0.12 |
| P_C | 0.07 | 0.16 | 0.05 | 0.05 | 0.04 | 0.04 | 0.04 | 0.04 | 0.03 | 0.03 |
| CRP | 0.41 | 0.35 | 0.34 | 0.32 | 0.28 | 0.23 | 0.20 | 0.21 | 0.19 | 0.17 |
| NMM | 0.12 | 0.11 | 0.10 | 0.10 | 0.10 | 0.08 | 0.08 | 0.08 | 0.07 | 0.07 |
| MMP | 0.09 | 0.08 | 0.07 | 0.07 | 0.07 | 0.06 | 0.05 | 0.06 | 0.05 | 0.04 |
| MTE | 0.09 | 0.08 | 0.07 | 0.07 | 0.07 | 0.06 | 0.05 | 0.05 | 0.05 | 0.04 |
| EEQ | 0.08 | 0.07 | 0.07 | 0.07 | 0.07 | 0.06 | 0.05 | 0.05 | 0.05 | 0.04 |
| OME | 0.15 | 0.15 | 0.12 | 0.12 | 0.11 | 0.09 | 0.07 | 0.08 | 0.07 | 0.06 |
| EGW | 0.21 | 0.20 | 0.19 | 0.19 | 0.19 | 0.17 | 0.16 | 0.16 | 0.15 | 0.13 |
| SER | 0.16 | 0.15 | 0.14 | 0.14 | 0.12 | 0.09 | 0.08 | 0.08 | 0.07 | 0.07 |

附表 11 中国贸易伙伴各部门 NO$_x$ 综合完全排放强度

单位：t/百万美元

|  | 2002 | 2003 | 2004 | 2005 | 2006 | 2007 | 2008 | 2009 | 2010 | 2011 |
|---|---|---|---|---|---|---|---|---|---|---|
| AGR | 4.80 | 4.16 | 4.16 | 4.15 | 3.98 | 3.51 | 3.05 | 3.11 | 2.82 | 2.68 |
| MIN | 5.49 | 5.08 | 4.55 | 4.22 | 3.77 | 3.24 | 3.02 | 3.03 | 2.71 | 2.49 |
| FOP | 3.22 | 2.88 | 3.31 | 3.34 | 3.10 | 2.63 | 2.16 | 2.28 | 1.99 | 1.81 |
| TEX | 3.39 | 3.29 | 2.98 | 3.12 | 2.79 | 2.23 | 1.93 | 1.96 | 1.77 | 1.65 |
| LUM | 3.62 | 3.24 | 3.13 | 3.03 | 2.80 | 2.39 | 2.11 | 2.34 | 1.99 | 1.84 |
| PPP | 3.74 | 3.53 | 3.21 | 3.23 | 2.91 | 2.39 | 2.24 | 2.28 | 2.04 | 1.94 |
| P_C | 3.55 | 3.25 | 2.50 | 2.36 | 1.94 | 1.73 | 1.42 | 1.76 | 1.51 | 1.30 |
| CRP | 4.09 | 3.76 | 3.10 | 3.05 | 2.75 | 2.45 | 2.23 | 2.28 | 2.02 | 1.93 |
| NMM | 11.72 | 11.69 | 10.13 | 9.76 | 9.14 | 8.02 | 7.96 | 8.04 | 7.33 | 6.90 |
| MMP | 5.43 | 5.12 | 3.89 | 3.84 | 3.57 | 2.83 | 2.52 | 2.71 | 2.40 | 2.24 |
| MTE | 2.47 | 2.18 | 1.80 | 1.83 | 1.66 | 1.44 | 1.39 | 1.44 | 1.27 | 1.24 |
| EEQ | 2.41 | 2.18 | 1.93 | 1.95 | 1.76 | 1.50 | 1.45 | 1.51 | 1.34 | 1.27 |
| OME | 2.84 | 2.62 | 2.25 | 2.26 | 2.01 | 1.71 | 1.61 | 1.69 | 1.50 | 1.43 |
| EGW | 25.08 | 23.58 | 21.24 | 21.79 | 20.57 | 17.96 | 15.55 | 15.34 | 14.05 | 13.40 |
| SER | 3.17 | 2.93 | 2.42 | 2.35 | 2.06 | 1.83 | 1.78 | 1.82 | 1.63 | 1.54 |

附表 12 中国贸易伙伴各部门 SO$_x$ 综合完全排放强度

单位：t/百万美元

|  | 2002 | 2003 | 2004 | 2005 | 2006 | 2007 | 2008 | 2009 | 2010 | 2011 |
|---|---|---|---|---|---|---|---|---|---|---|
| AGR | 2.88 | 2.60 | 3.47 | 3.59 | 3.39 | 3.18 | 2.49 | 2.57 | 2.12 | 1.74 |
| MIN | 11.19 | 11.21 | 13.93 | 12.79 | 12.08 | 6.57 | 5.11 | 3.62 | 3.10 | 2.60 |
| FOP | 3.58 | 3.18 | 3.08 | 2.99 | 2.68 | 2.41 | 1.96 | 1.97 | 1.61 | 1.34 |
| TEX | 4.90 | 4.76 | 4.07 | 3.89 | 3.40 | 2.76 | 2.30 | 2.16 | 1.84 | 1.56 |
| LUM | 4.57 | 4.20 | 3.89 | 3.72 | 3.32 | 2.75 | 2.30 | 2.31 | 1.87 | 1.58 |
| PPP | 6.21 | 6.10 | 5.04 | 4.90 | 4.21 | 3.30 | 2.86 | 2.55 | 2.15 | 1.84 |
| P_C | 9.52 | 7.95 | 6.34 | 5.42 | 4.66 | 4.09 | 3.19 | 3.42 | 2.79 | 2.20 |
| CRP | 6.66 | 6.46 | 5.47 | 5.21 | 4.58 | 4.22 | 3.69 | 3.45 | 2.87 | 2.43 |
| NMM | 17.45 | 17.18 | 13.19 | 12.52 | 11.72 | 8.27 | 7.54 | 7.11 | 6.13 | 5.24 |
| MMP | 12.24 | 11.06 | 8.76 | 8.15 | 7.37 | 5.20 | 4.55 | 4.30 | 3.60 | 3.04 |
| MTE | 4.31 | 3.89 | 3.22 | 3.10 | 2.81 | 2.27 | 2.03 | 1.88 | 1.55 | 1.35 |
| EEQ | 4.51 | 4.05 | 3.62 | 3.43 | 3.05 | 2.43 | 2.12 | 1.95 | 1.62 | 1.37 |
| OME | 5.05 | 4.75 | 4.16 | 3.99 | 3.49 | 2.77 | 2.42 | 2.21 | 1.85 | 1.56 |
| EGW | 74.42 | 67.86 | 49.39 | 44.71 | 40.78 | 38.62 | 31.55 | 29.10 | 25.26 | 21.54 |
| SER | 3.68 | 3.47 | 2.96 | 2.79 | 2.42 | 1.92 | 1.67 | 1.52 | 1.28 | 1.10 |

附表 13　中国贸易隐含温室气体和污染物平衡分解

单位：t/百万美元

| | 2002 | 2003 | 2004 | 2005 | 2006 | 2007 | 2008 | 2009 | 2010 | 2011 | TOTAL |
|---|---|---|---|---|---|---|---|---|---|---|---|
| | | | | | GHGs（Mt, $CO_2$ - eq） | | | | | | |
| BEET | 719.6 | 923.5 | 1200.1 | 1497.9 | 1717.6 | 1843.8 | 1801.6 | 1431.5 | 1559.8 | 1530.5 | 14225.9 |
| ΔEI | 885.1 | 1152.0 | 1534.7 | 1819.0 | 2033.9 | 2179.3 | 2325.6 | 1950.3 | 2260.0 | 2310.5 | 18450.4 |
| ΔSP | -222.6 | -275.7 | -380.6 | -494.5 | -632.4 | -754.8 | -1021.3 | -741.2 | -1056.0 | -1132.4 | -6711.6 |
| ΔTB | 57.1 | 47.2 | 46.0 | 173.4 | 316.1 | 419.4 | 497.3 | 222.5 | 355.8 | 352.4 | 2487.2 |
| | | | | | $SO_x$（Kt） | | | | | | |
| BEET | 4075.4 | 4755.9 | 5511.3 | 6319.0 | 6780.8 | 6741.2 | 5738.8 | 4056.0 | 4066.0 | 3749.9 | 51794.2 |
| ΔEI | 5083.8 | 6451.0 | 8079.8 | 9656.4 | 10826.1 | 9620.5 | 9174.1 | 6138.2 | 6766.0 | 7037.3 | 78833.1 |
| ΔSP | -1320.0 | -1939.3 | -2796.4 | -4163.0 | -5512.4 | -4526.4 | -5248.2 | -2781.5 | -3741.0 | -4267.2 | -36295.3 |
| ΔTB | 311.6 | 244.2 | 227.9 | 825.5 | 1467.8 | 1647.1 | 1812.9 | 699.3 | 1041.0 | 979.7 | 9256.5 |
| | | | | | $NO_x$（Kt） | | | | | | |
| BEET | 1336.2 | 1685.3 | 2115.4 | 2748.1 | 2973.6 | 3410.3 | 3377.8 | 2600.9 | 2941.2 | 3362.5 | 26551.3 |
| ΔEI | 1484.9 | 1986.3 | 2563.0 | 3302.9 | 3684.8 | 4270.4 | 4833.8 | 4027.4 | 5009.5 | 5865.4 | 37028.3 |
| ΔSP | -294.8 | -417.3 | -553.1 | -959.5 | -1423.9 | -1798.6 | -2621.3 | -1951.2 | -2917.8 | -3424.1 | -16361.6 |
| ΔTB | 146.2 | 116.2 | 105.5 | 404.7 | 712.8 | 938.5 | 1165.3 | 524.7 | 849.6 | 921.2 | 5884.6 |

## 图书在版编目（CIP）数据

中国贸易与环境协调发展研究：基于中国加入WTO的环境影响分析/刘峥延著． －－北京：社会科学文献出版社，2021.10
 ISBN 978-7-5201-9101-2

Ⅰ.①中⋯　Ⅱ.①刘⋯　Ⅲ.①国际贸易-关系-自然环境-研究-中国　Ⅳ.①F752②X321.2

中国版本图书馆CIP数据核字（2021）第204501号

## 中国贸易与环境协调发展研究
### ——基于中国加入WTO的环境影响分析

著　　者 / 刘峥延

出 版 人 / 王利民
责任编辑 / 王玉山　张丽丽
责任印制 / 王京美

出　　版 / 社会科学文献出版社·城市和绿色发展分社（010）59367143
　　　　　 地址：北京市北三环中路甲29号院华龙大厦　邮编：100029
　　　　　 网址：www.ssap.com.cn

发　　行 / 市场营销中心（010）59367081　59367083
印　　装 / 三河市龙林印务有限公司

规　　格 / 开　本：787mm×1092mm　1/16
　　　　　 印　张：13.5　字　数：186千字
版　　次 / 2021年10月第1版　2021年10月第1次印刷
书　　号 / ISBN 978-7-5201-9101-2
定　　价 / 88.00元

本书如有印装质量问题，请与读者服务中心（010-59367028）联系

**版权所有 翻印必究**